Ulrich Schnabel / Andreas Sentker

Wie kommt die Welt in den Kopf?

**Reise durch die Werkstätten
der Bewußtseinsforscher**

Mit Illustrationen von Regina Otteni

Rowohlt

rororo science
Lektorat Jens Petersen

4. Auflage Dezember 2000

Originalausgabe
Veröffentlicht im Rowohlt Taschenbuch Verlag GmbH,
Reinbek bei Hamburg, Oktober 1997
Copyright © 1997 by Rowohlt Taschenbuch Verlag GmbH,
Reinbek bei Hamburg
Umschlaggestaltung Barbara Hanke
(Foto: Tony Stone Images, John Lund)
Satz Aldus und Syntax PostScript, QuarkXPress 3.32
Gesamtherstellung Clausen & Bosse, Leck
Printed in Germany
ISBN 3 499 60256 3

Dieses Buch ist all den Frauen gewidmet, die unser Bewußtsein verändert haben, gerade dabei sind, es zu verändern, oder es vielleicht in Zukunft verändern werden.

Inhalt

Prolog
Das letzte Rätsel

Für manche angelsächsischen Wissenschaftler ist es einfach das «c-word». «Wenn bei uns die Rede auf Bewußtsein (*consciousness*) kommt», erzählt Christopher Langton vom Santa Fe Institute, «dann sagt gleich irgendeiner: Stop, da ist wieder das C-Wort. Laßt uns hier nicht weiterdiskutieren.» Das Institut in Santa Fe gehört zwar zu den unkonventionellsten Denkfabriken der USA – hier wird über Chaos, Komplexität oder künstliches Leben im Computer nachgedacht –, doch der Begriff «Bewußtsein» ist selbst den dort beheimateten Wissenschaftsfreaks suspekt. Schließlich verstehe darunter jeder etwas anderes, meint Langton und schüttelt abfällig seine langen Locken. Mit den künstlichen Kreaturen, die er in seinem Rechner erschafft, hat der theoretische Physiker keine Probleme. Aber Bewußtsein? Diskussionen darüber verliefen ebenso end- wie ergebnislos. Kurz, ein Thema, das nur Ärger verursache und dem man möglichst aus dem Weg gehen sollte.

Der Frust der Santa-Fe-Forscher ist verständlich. Schließlich gibt es derzeit in der Wissenschaft kaum einen umstritteneren Begriff als den des Bewußtseins. Nahezu jeder namhafte Wissenschaftler, der sich mit diesem eigentümlichen Geisteszustand beschäftigt, vertritt dazu eine eigene Theorie – und hält entsprechend die Entwürfe der Kollegen für ausgemachten Unsinn. Die einen sehen Bewußtsein als ein ausschließlich geistiges Phänomen an, das naturwissenschaftlichem Experimentieren niemals zugänglich sein wird. Andere dagegen betrachten es als gewöhnliche biologische Eigenschaft, prinzipiell erklärbar durch das Zusammenwirken von Nervenzellen im Gehirn. Und ganz optimistische Forscher glauben gar, Bewußtsein lasse sich in nicht allzu ferner Zukunft künstlich in einem Rechner erzeugen.

Dabei hatte man die Frage nach dem Geist zu Beginn des 20. Jahrhunderts noch unzweifelhaft in den Bereich der Philosophie verwiesen. Doch mittlerweile ist sie tatsächlich in die Reichweite der Naturwissenschaften gerückt, und die Forscher entwickeln einen ungeheuren Ehrgeiz bei dem Versuch, sie zu beantworten. Der Wettlauf um die Entdeckung der Welt im Kopf, eines der letzten großen Rätsel der Wissenschaft, hat begonnen. Zu den Konferenzen der Bewußtseinsforscher – wie etwa in Tucson im US-Bundesstaat Arizona – reisen inzwischen Tausende von Teilnehmern an, und von Jahr zu Jahr werden es mehr. Dort streiten Hirnforscher mit Physikern, Robotiker mit Psychologen, Esoteriker mit Neuroanatomen und alle zusammen mit den Philosophen. Doch allen Zwistigkeiten zum Trotz herrscht Aufbruchstimmung. «Wir werden Bewußtsein erklären können», prophezeit etwa selbstsicher Christof Koch, ein deutschstämmiger Neurobiologe, der mit dem Medizinnobelpreisträger Francis Crick am Salk Institute in Kalifornien zusammenarbeitet.

Selbst die Politik hat das Bewußtsein entdeckt. Seit der amerikanische Kongreß die neunziger Jahre zur «Dekade der Hirnforschung» ausrief, fließen jedenfalls die Forschungsmittel reichlich. Doch noch ist die grundlegende Frage offen: Reicht der menschliche Geist hin, sich selbst zu durchschauen?

Die Frage ist unsinnig, glaubt der emeritierte Tübinger Hirnforscher Valentin Braitenberg: «Das ist, als würde man fragen, ob man auf einer Schreibmaschine die Bedienungsanleitung einer Schreibmaschine tippen kann.»

Viele Naturwissenschaftler jedenfalls halten wie Braitenberg das Rätsel des Geistes für lösbar. So nimmt die Zahl der Bewußtseinsforscher von Jahr zu Jahr zu. Dennoch ist bislang noch nicht einmal eine allgemeingültige Definition ihres Untersuchungsgegenstandes in Sicht. Wer «consciousness» nicht einfach als «C-Wort» abtut, sieht sich vor eine paradoxe Situation gestellt:

Zwar besitzen wir alle eine intuitive Vorstellung von «Bewußt-sein», und nichts scheint uns so selbstverständlich wie die Tat-sache, daß wir selbst bewußte Wesen sind; doch werden wir auf-gefordert, dieses geheimnisvolle Phänomen exakt einzugrenzen, stehen wir vor unerwarteten Problemen. Wollen wir diese Eigen-schaft allein dem Menschen vorbehalten? Oder können auch Tiere Bewußtsein besitzen? Wie steht es mit Neugeborenen? Ab wann dürfen wir von «bewußtem Sein» sprechen? Und vor allem: Woran erkennen wir es?

Der verstorbene Physiker Richard Feynman, der sich unter an-derem als begeisterter Bongospieler und Schöpfer der Quanten-elektrodynamik einen Namen gemacht hat, versuchte das Be-wußtseinsproblem mit einem Selbstversuch zu knacken. Als Student nahm er sich vor, jeweils beim Einschlafen sein bewuß-tes Denken zu beobachten. Was passiert da eigentlich? Hören die Gedanken plötzlich auf, oder werden sie nach und nach immer schwächer? Nach vierwöchiger Selbstbeobachtung stellte Feyn-man fest, daß «die Ideen weiterlaufen, aber immer weniger lo-gisch miteinander verbunden sind». Doch das eigentliche Pro-blem hatte er nicht gelöst: «Ich weiß nicht wirklich, wie es ist einzuschlafen, wenn ich mich *nicht* selbst beobachte.»

Dieses Paradoxon drückte er in einem einprägsamen Limerick aus, der leider kaum zu übersetzen ist:

I wonder why. I wonder why.
I wonder why I wonder.
I wonder *why* I wonder why
I wonder why I wonder.

Eine *objektive* Analyse bewußten Seins scheint vor allem deshalb zum Scheitern verurteilt, weil das zu beobachtende Phänomen in allerhöchstem Maße *subjektiver* Natur ist. Was heißt es beispiels-weise, die Farbe Rot zu sehen oder eine Schubert-Sonate auf sich wirken zu lassen? Das kann jeder nur für sich selbst mit Sicherheit beantworten. Aber wie soll dieser individuelle Eindruck objektiv vermittelt werden? Bewußtsein läßt sich eben (noch) nicht per Meßgerät erfassen. Nur der Einfachheit halber nehmen wir beständig an, für unsere Mitmenschen bedeute «bewußtes Sein» dasselbe wie für uns. Doch bei näherer Betrachtung ist diese Sicht nicht mehr als eine unbewiesene Hypothese – wenngleich sie meistens funktioniert.

Die Situation ähnelt fatal der Schwierigkeit, einen anderen allgegenwärtigen Begriff auf den Punkt zu bringen: den der Zeit. Auch dieses Abstraktum scheint uns intuitiv klar zu sein und entzieht sich doch hartnäckig einer grundlegenden Definition. Obwohl die Menschheit seit Anbeginn des Denkens über das Wesen der Zeit sinniert, ist sie heute wieder in vielen Wissenschaftsbereichen zum Problem geworden. Von der Frage, wie die kosmologische Zeit des Universums begann, bis hin zu den Rhythmen und Eigenzeiten des Körpers steckt dieser scheinbar so klare Begriff voller Rätsel. «Was also ist die Zeit? Wenn mich niemand darüber fragt, so weiß ich es; wenn ich es aber jemandem auf seine Frage erklären möchte, so weiß ich es nicht.» An dieser berühmten Antwort des nordafrikanischen Kirchenlehrers Aurelius Augustinus aus dem 4. Jahrhundert kommt auch heute niemand vorbei, der sich ernsthaft mit dem Wesen der Zeit beschäftigt.

Es ist kein Zufall, daß sich das Augustinus-Zitat mühelos auch auf die Frage nach dem Bewußtsein übertragen läßt. Schließlich hängen beide Begriffe eng zusammen. Nicht nur, daß sowohl der Zeit- als auch der Bewußtseinsbegriff höchst abstrakte Schöpfungen des menschlichen Gehirns sind. Zudem enthüllen die Ergebnisse und Theorien der modernen Bewußtseinsforschung nach und nach, daß eines ohne das andere undenkbar wäre: Erst das Bewußtsein ermöglicht die Vorstellung von Zeit – und zeitliche Rhythmen im Gehirn wiederum sind es, die die Basis des Bewußtseins bilden.

Durch den jahrhundertelangen vergeblichen Versuch, das Wesen der Zeit auf den Punkt zu bringen, sollten wir also gewitzt genug sein, auch auf die Frage nach dem Bewußtsein keine schnelle Antwort zu erwarten. «Wir können nur den Ansatz einer Definition liefern, aber keine umfassende, weil jeder von uns zwar weiß, was es heißt, etwas bewußt zu erleben, aber nicht sagen kann, was wir wirklich darüber wissen» – so drückt es die Oxforder Zoologin Marian Stamp Dawkins aus (und liefert damit ihre Version des Satzes von Augustinus).

Einer dieser Definitionsansätze sieht beispielsweise Bewußtsein eng mit Sprache verknüpft. Viele Forscher meinen, erst die Verwendung symbolischer Zeichen und die damit einhergehende Fähigkeit zur Abstraktion erlaube so etwas wie bewußtes Denken. Andere Wissenschaftler machen die Entwicklung des Bewußtseins eher am Gebrauch von Werkzeugen und der Interaktion mit der Umwelt fest. Wieder andere treffen die Unterscheidung zwischen bewußt und unbewußt danach, ob eine Spezies bestimmte Verhaltensweisen zeigt, die man als «typisch menschlich» bezeichnen könnte, Liebe etwa, Mitgefühl, Selbstlosigkeit – oder auch Lüge, Täuschung und Verrat.

Solche Definitionen haben oft nicht zuletzt auch die Funktion, die Spezies Mensch von allen übrigen Lebewesen abzugrenzen. Schließlich galt «bewußtes Sein» lange Zeit als das hervorstechendste Merkmal des Homo sapiens. Der französische Philosoph und Literaturnobelpreisträger Henri Bergson etwa formulierte seine Überzeugung von der Sonderstellung des Menschen in seinem Buch *Schöpferische Entwicklung* folgendermaßen: «Zwischen ihm und dem Tier herrscht nicht mehr nur ein Unterschied des Grades, sondern des Wesens ... derart, daß für die abschließende Analyse der Mensch zum Seinsgrund des gesamten organischen Lebens auf unserem Planeten wird.»

Diese hehre Vorstellung vom Menschen als der Krone der Schöpfung wird freilich inzwischen von vielen Wissenschaftlern angezweifelt. Vor allem Verhaltensforscher vertreten die Meinung, daß auch bepelzten, gefiederten oder geschuppten Vertretern unserer Lebenswelt eine Art Bewußtsein zugebilligt werden muß. Neuere Forschungsergebnisse jedenfalls lassen jene Kriterien, die als Elemente von Bewußtseinsdefinitionen gehandelt werden, in einem neuen Licht erscheinen.

Schon glauben einige Wissenschaftler, die Bewußtseinsforschung könne unser ganzes Selbst- und Menschenbild verändern – mit unvorhersehbaren ethischen und sozialen Konsequenzen. Doch auch darüber gehen die Meinungen weit auseinander. Denn ähnlich unterschiedlich wie die Positionen sind auch die Disziplinen und damit die Blickwinkel, aus denen sich das Phänomen «Bewußtsein» betrachten läßt. Die wichtigsten (und sich zum Teil widersprechenden) Ansätze, Versuche und Denkgebäude sind das Thema dieses Buches.

Dabei soll dieser vergleichsweise schmale Band einen Überblick vermitteln, der dem Leser die Orientierung in einer immer unübersichtlicher werdenden Fülle von Forschungsergebnissen und Buchtiteln erlaubt (die Publikationen zum Thema füllen mühelos eine beachtliche Bibliothek). Das Buch dient als eine Art Führer für die Reise in das lebendige und mitunter verwirrende Reich des Geistes. Wir laden Sie ein, die wichtigsten Gedanken und Theorien der Bewußtseinsforschung kennenzulernen, präsentieren Ihnen interessante Aussichtspunkte und weniger bekannte Sehenswürdigkeiten.

Acht große Kapitel umreißen jeweils die Methodik und die mit diesen Methoden gewonnenen Beiträge der einzelnen Disziplinen: Verhaltensforscher untersuchen mit Experimenten an Affen, Papageien oder Delphinen das tierische Bewußtsein. Paläontologen und Anthropologen erkunden Geburt und Geschichte des menschlichen Geistes. Philosophen sind – in wachsender Konkurrenz zu den experimentellen Wissenschaften – dem subjektiven Erleben und dem freien Willen auf der Spur. Anatomen und Neurobiologen versuchen dagegen, die materielle Struktur des Geistes zu beschreiben. Um die Abbildung der Wirklichkeit und die oft bizarren Störungen in ihrer Wahrnehmung geht es in der

Psychophysik und Neuropsychologie. Die Neurophysiologen wiederum sind bemüht, sich einen Reim auf die Paradoxien der Zeitwahrnehmung und die eigentümlich verschachtelten Rhythmen des Gehirns zu machen. Mit den «Bauplänen des Bewußtseins» stellen wir die ambitionierten Theorieentwürfe dreier Nobelpreisträger vor und die ersten zaghaften Versuche, so etwas wie Bewußtsein künstlich zu erzeugen. Schließlich kommen Drogendesigner und Neuropharmakologen zu Wort, die anhand von psychedelischen Trips und anderen rätselhaften Bewußtseinsveränderungen die Chemie des Geistes zu erklären versuchen.

In all diesen Kapiteln geht es weniger darum, die zum Teil verstörenden wissenschaftlichen Ergebnisse in allen Einzelheiten zu beschreiben, sondern vielmehr um die wesentlichen Gedanken und Argumente, die mitunter zu heftigen Debatten innerhalb der Wissenschaft führen. Unser Reiseführer soll schließlich nicht zum Lexikon geraten, sondern vor allem Orientierung in unwegsamem Gelände bieten.

Wir wollen Sie allerdings nicht nur mit nüchternen Forschungsergebnissen und Theorien vertraut machen. Wissenschaft wird von Menschen gemacht, und darum ist sie oft alles andere als objektiv: vorläufig, fehlerhaft, spekulativ, vor allem aber aufregend und manchmal sogar charmant. Auf den folgenden Seiten stellen wir daher Affenforscherinnen und Bewußtseinsphilosophen vor, besuchen theoretische Physiker, Psychiater und Drogen-Designer, die alle etwas über die Mechanismen des Geistes zu berichten haben. Sie lernen hoffnungsvolle Jungforscher und ehrwürdige Nobelpreisträger kennen, geniale Köpfe ebenso wie unbeirrbare Spinner.

So bietet dieses Buch eine Reise im doppelten Sinne: Zum einen durchmessen wir die Gedankengebäude der Psychologen und Philosophen, erkunden die Rätsel des Drogenrausches und der Neurophysiologie. Zum anderen besuchen wir die Werkstätten der Bewußtseinsforscher in Leipzig oder San Francisco, Tucson oder Tübingen. Zwischen jedem der ausführlicheren Kapitel finden sich daher kurze Exkurse, in denen wir einzelne Personen porträtieren oder beispielhafte Forschungsstätten beschreiben, Exkurse, die nach manch schwieriger Etappe Zeit zum Atemholen lassen und gleichzeitig als Einführung in die jeweils nachfolgenden Kapitel gelesen werden können.

Dabei ist die Reihenfolge dieser Ausflüge zwar aufeinander abgestimmt, aber nicht zwingend vorgegeben. Jedes Kapitel, jeder Exkurs mag auch für sich allein gelesen werden, und es spricht nichts dagegen, zuerst mit der Chemie des Geistes zu beginnen und sich erst danach der Philosophie zuzuwenden. Denn die Faszination der Bewußtseinsforschung liegt gerade darin, daß uns wohl am Ende erst eine Zusammenschau all der geschilderten Erkenntnisse erklärt, wie die Welt – so wie wir sie kennen – in den Kopf kommt.

Eines können und wollen wir dem Leser freilich nicht abnehmen: das eigene Entdecken. Wir werden nicht *die* eine, einzig wahre Bewußtseinstheorie präsentieren, und wir werden nicht jeden Streit unter den Fachleuten auflösen. Das überlassen wir anderen, Berufeneren. Und auch sie werden dazu wohl noch Jahre, wenn nicht Jahrzehnte benötigen. Mitunter müssen sich daher unsere Mitreisenden auch selbst mit widersprüchlichen Argumenten auseinandersetzen (wofür wir im Anhang ausführliche Literaturtips zur Vertiefung anbieten). Doch solche Herausforderungen und Erfahrungen machen bekanntlich ja erst den Reiz eines unbekannten Landes aus. Gute Reise.

Stationen

Ein Buch wie dieses entsteht mit der Hilfe (und der geduldigen Rücksichtnahme) vieler Menschen. All diejenigen aufzuzählen, die uns auf unseren mitunter etwas halsbrecherischen (und häufig nächtlichen) Expeditionen durch die Welt des Bewußtseins unterstützt, ermutigt, bekocht und beraten haben, wäre unmöglich. Einige aber sollen dennoch erwähnt werden.

Da sind vor allem die Wissenschaftler, die wir in den vergangenen Monaten besucht haben. Unser Dank gebührt (in alphabetischer Reihenfolge):

Heinrich Bülthoff, der uns genüßlich den Zusammenhang von Keksen und Computern erklärte (natürlich bei einer erlesenen Auswahl der ersteren);

den Philosophen David Chalmers, Patricia und Paul Churchland sowie Daniel Dennett, die wir bei einer Bewußtseinskonferenz im staubigen Tucson mit unseren Fragen quälen durften;

Hanna und Antonio Damasio, die uns nicht nur ihre neurologische Abteilung durchstöbern ließen, sondern auch zu anregenden Diskussionen in ihr gemütliches Haus einluden;

dem Medizin-Nobelpreisträger Gerald Edelman, der uns in sein wissenschaftliches Kloster in San Diego einführte, und Olaf Sporns, der uns dort den Bewußtseinsroboter NOMAD vorstellte;

dem Tübinger Augenarzt und Biologen Manfred Fahle und vor allem seiner Mitarbeiterin Gudrun Bachmann, die uns nicht nur in das kleine Einmaleins des Sehens einwiesen;

dem Bremer Hirnforscher Hans Flohr, mit dem wir uns in Worpswede in die Tiefen der Neuropharmakologie vortasteten (und seiner Frau, die uns dabei mit einem üppigen Frühstück unterstützte);

Angela Friederici, Direktorin des Leipziger Max-Planck-Instituts für kognitive Neuropsychologie, die mit uns über die Bedeutung der Sprache nachdachte;

dem Neurobiologen Christof Koch, mit dem wir (unter anderem) in einem überfüllten Oldenburger Stadtbus gewagte Spekulationen über die Zukunft der Bewußtseinsforschung anstellten, was die Umstehenden mit Kopfschütteln quittierten (sie waren offensichtlich erleichtert, als wir ausstiegen);

dem amerikanischen Neurophysiologen Benjamin Libet, der uns in einem kleinem Büro voller wankender Papierstapel geduldig seine Experimente erklärte;

dem Philosophen Thomas Metzinger, der uns unermüdlich mit Rat und Anregungen zur Seite stand;

dem kanadischen Psychologen Michael Persinger, mit dem wir an einem verregneten Wochenende im Keller der Universität Sudbury epileptische Ratten fütterten;

dem indischen «Experimentalepistemiologen» Vilajanur Ramachandran, der im Zuge seiner Forschungen ganz nebenbei ein altes Zen-Rätsel löste: «Wie klingt das Klatschen einer Hand?»;

der Delphinforscherin Diana Reiss, mit der wir in einem überfüllten New Yorker Café stundenlang über tierisches Bewußtsein diskutierten;

dem Neuropsychologen und Pflanzen-Aficionado Oliver Sacks, der uns unter Hamburger Palmfarnen geduldig Auskunft gab;

dem Paläoanthropologen Friedemann Schrenk, mit dem wir in Afrika und auf dem Knochenboden des Hessischen Landesmuseums in Darmstadt nach den Spuren unserer Vorfahren suchten;

dem Philosophen John Searle, der an der kalifornischen Universität Berkeley gegen die Verfechter der «Künstlichen Intelligenz» andenkt;

der Arbeitsgruppe von Terrence Sejnowski, die uns am Salk Institute in San Diego ihren Umgang mit den Tücken der Wahrnehmung erklärte;

Rick Seymour von der Free Clinic in San Francisco, der seine Erfahrungen mit Drogen und Drogenabhängigen bereitwillig mit uns teilte;

Wolf Singer, Direktor des Frankfurter Max-Planck-Instituts für Hirnforschung, der geduldig die Rhythmen im Gehirn erklärte;

der KI-Philosophin Lynn Stein, die am Massachusetts Institute of Technology gegen Skeptiker wie John Searle andenkt;

der Neurophysiologin Petra Stoerig, mit der wir zwei heiße Münchner Nachmittage lang diskutierten und dabei ihre letzten Zuckervorräte in den Tee rührten;

und der United States Information Agency, die durch ein großzügiges Stipendium viele Besuche und Gespräche in den Vereinigten Staaten erst möglich machte.

Ein besonderer Dank gilt Angela Friederici, Thomas Metzinger, Friedemann Schrenk, Wolf Singer und Gero von Randow, die einzelne Teile des Manuskripts gegengelesen und uns vor groben Schnitzern bewahrt haben. Sollten sich dennoch Fehler eingeschlichen haben, so sind sie allein auf unsere Nachlässigkeit zurückzuführen.

Ulrich Schnabel
Andreas Sentker
im Juni 1997

Exkurs 1
Gedankenspiele
Ein Bewußtseinsquiz

Im April 1996 veröffentlichte die englische Zeitung *Times* in ihrer Hochschulbeilage einen recht ungewöhnlichen Fragebogen. «Wir wollen mit dieser Erhebung herausfinden, was die Menschen wirklich über Bewußtsein denken», informierte das Blatt seine Leser und stellte ihnen vier einfache Fragen (und natürlich hoffen wir, daß nun auch unsere Leser zu Papier und Bleistift greifen):

1. Zum Aufwärmen zunächst ein Gedankenexperiment. Wie würden Sie das bewußte Erleben folgender Wesen mit Ihrem eigenen vergleichen?

eine Schlange	a	b	c	d	e	f
eine Fledermaus	a	b	c	d	e	f
ein Schimpanse	a	b	c	d	e	f
ein extrem intelligenter Computer	a	b	c	d	e	f
Sie selbst, wenn ein Teil Ihres Gehirns durch einen Siliziumchip ersetzt ist	a	b	c	d	e	f
Ihr auf einen Chip kopiertes «Gehirnprogramm»	a	b	c	d	e	f
ein anderer Mensch	a	b	c	d	e	f
ein Zombie	a	b	c	d	e	f

(a) gleich, (b) verschieden in der Intensität, (c) verschieden in der Qualität, (d) verschieden in Intensität und Qualität, (e) nicht vorhanden, (f) das Beispiel ist unmöglich

2. Wie beurteilen Sie die Bedeutung folgender Quellen für die Erforschung des Bewußtseins?

Physik	a	b	c	d
Hirnforschung	a	b	c	d
Philosophie	a	b	c	d
Kunst	a	b	c	d
Innenschau	a	b	c	d
experimentelle Psychologie	a	b	c	d
andere Spezies	a	b	c	d
andere Kulturen	a	b	c	d
Computer	a	b	c	d
veränderte Bewußtseinszustände	a	b	c	d
übersinnliche (paranormale) Ereignisse	a	b	c	d

(a) eher irreführend, (b) irrelevant, (c) nützlich, (d) unabdingbar

3. Welche Art von Bewußtseinstheorie finden Sie am einleuchtendsten?

(a) Bewußtsein ist eine Art Rechenprozeß, die «Hardware» spielt keine Rolle.

(b) Bewußtsein kann auf die Grundlagen der Physik zurückgeführt werden.

(c) Bewußtsein kann auf etwas zurückgeführt werden, das neu ist und wahrscheinlich mit Information zu tun hat.

(d) Bewußtsein hängt mit den Nervenzellen und ihren Verschaltungen zusammen.

(e) Bewußtsein hat etwas mit dem ganzen Körper zu tun und der Welt, in der dieser Körper existiert.

(f) Jeder der genannten Bereiche trägt auf besondere Weise dazu bei, daß Bewußtsein möglich wird.

(g) Es gibt das Reich des Geistes und das der Materie, Bewußtsein hat ausschließlich mit Geist zu tun.

4. *Wie stehen die Aussichten, das sogenannte hard problem –*
Wie führen physikalische Prozesse im Gehirn zu subjektiver Er-
fahrung? – zu lösen?

(a) Es kann prinzipiell nicht gelöst werden.
(b) Es kann praktisch nicht gelöst werden.
(c) Es wird möglicherweise eines Tages gelöst.
(d) Es wird auf jeden Fall gelöst.
(e) Es ist nicht existent oder schon gelöst.

Natürlich erhebt ein solcher Test keinen Anspruch auf Wissenschaftlichkeit. Sein Witz liegt auch weniger im Finden der einzig
richtigen Antwort, sondern vielmehr im eigenen Nachdenken
darüber. Ist mein Bewußtsein von dem eines Schimpansen nur
verschieden in der Intensität? Oder in der Qualität? Und wie
steht es mit einem anderen Menschen? Oder gar einem «Zombie», einem Phantasiewesen, das sich wie ein Mensch bewegt,
spricht und reagiert – nur eben kein Bewußtsein besitzt? Kann
ein solches Wesen (wenn auch nur theoretisch) überhaupt exi-
stieren?

Knifflige Fragen, in der Tat. So simpel dieses Quiz auch erscheinen mag, die Neuronen kommen dabei ganz schön in
Schwung. Im Kern haben die *Times*-Redakteure tatsächlich die
grundlegenden Probleme benannt, über die Hirnforscher und
Bewußtseinsphilosophen heute streiten. Wer von unseren Lesern
bislang immer noch eine eigene Stellungnahme vermeidet, dem
sei versichert, daß zur Beantwortung dieses Fragebogens kein
Expertenwissen erforderlich ist. Nur Mut.

Wer allerdings eine Auflösung im Sinne eines Kreuzworträt-
sels erwartet, wird enttäuscht. Die Ergebnisse der *Times*-Aktion
lassen sich nur in Form einer statistischen Analyse vorstellen.
Denn bislang kennt niemand die richtigen Antworten auf die vier
gestellten Fragen. Auch zeigen unsere eigenen Recherchen dazu,
daß sich die Einschätzung des allgemeinen Lesepublikums von

Haben Schimpansen ein anderes Bewußtsein als Menschen?

dem der Experten offenbar nicht allzusehr unterscheidet. In einer (nichtrepräsentativen) Stichprobe legten wir den *Times*-Fragebogen den deutschen Hirnforschern Hans Flohr, Gerhard Roth, Wolf Singer, Petra Stoerig und dem Bewußtseinsphilosophen Thomas Metzinger vor. Deren Anworten – wie die der *Times*-Leser – zeigen vor allem eines: Am Bewußtsein scheiden sich die Geister. Weder die deutschen Bewußtseinsforscher noch die rund einhundert englischen Quizteilnehmer waren sich auch nur bei einer einzigen Frage einig. Manche Optimisten hielten es zum Beispiel für durchaus möglich, daß ein extrem intelligenter Computer eines Tages denselben Bewußtseinsgrad wie sie selbst erreicht. Eine genauso große Gruppe war dagegen überzeugt, eine solche Maschine werde nie gebaut werden können.

Auch um den richtigen experimentellen Zugang zum Bewußtsein wird heftig gestritten. 30 Prozent aller Teilnehmer meinten, die Beiträge der Physik seien «unabdingbar» für die Erforschung des Bewußtseins – und genauso viele hielten dieses Fachgebiet für «eher irreführend» oder «irrelevant».

Und wer meint, größeres Fachwissen führe zu einheitlicheren Einschätzungen, sieht sich getäuscht: Wolf Singer, Direktor des Frankfurter Max-Planck-Instituts für Hirnforschung, schreibt nur seinen Mitmenschen Bewußtsein zu und erklärt sämtliche anderen Beispiele – vom Schimpansen bis zum Siliziumchip – rundheraus für «unmöglich». Sein Bremer Kollege Hans Flohr dagegen betrachtet sein auf einen Chip kopiertes Gehirnprogramm und einen hypothetischen «Zombie» durchaus als ebenso bewußt wie sich selbst.

Doch bei allen Differenzen läßt sich aus dem Bewußtseinsquiz auch so etwas wie ein allgemeiner Konsens ablesen, sozusagen der «gesunde Menschenverstand». So zeigen die mehrheitlich gewählten Antworten eindeutig einen gewissen «Kohlenstoffchauvinismus», wie Times-Redakteur Tony Durham bei der Auswertung des Bewußtseinsquiz diagnostizierte. Die meisten Leser waren sich einig, daß Wesen auf Kohlenstoffbasis ein höherer Bewußtseinsgrad zuzuordnen sei als etwa solchen auf Siliziumbasis. Immerhin 68 Prozent hielten Schlangen für bewußt, noch deutlicher war das Votum für bewußte Fledermäuse (85 Prozent) und Schimpansen (97 Prozent). Die Mehrheit dagegen wollte weder einem superintelligenten Computer noch ihrem auf einen Chip kopierten «Gehirnprogramm» Bewußtsein zubilligen. Damit steht die allgemeine Einschätzung eindeutig etwa der Meinung des Microsoft-Chefs Bill Gates entgegen, der öffentlich erklärte, er sehe nichts Einzigartiges an der menschlichen Intelligenz. Schließlich funktionierten alle Neuronen im Gehirn binär: «Eines Tages können wir das in einer Maschine reproduzieren», sagte er in einem Interview des Time Magazine. Nach der Geburt seiner ersten Tochter fügte er dieser radikalen Aussage allerdings den sibyllinischen Nachsatz hinzu, er halte den menschlichen

Geist gleichwohl für eine Schöpfung, «die man nicht mit Software vergleichen sollte».

Während sich Gates naturgemäß eher mit künstlichen Geistern herumschlägt, tendiert das allgemeine Publikum mit Vorliebe zu tierischen Vergleichen. Immerhin ein Sechstel aller Zeitgenossen glaubt dem *Times*-Test zufolge, ein Schimpanse habe das gleiche Bewußtsein wie sie selbst. Wie für diese Menschen wohl ein Zoobesuch verläuft? Ebenfalls interessant ist der Vergleich mit dem bewußten Erleben anderer Menschen: Zwar spricht kaum jemand diese Fähigkeit seinen Mitmenschen ab, doch mehr als ein Fünftel ist der Meinung, deren Bewußtsein unterscheide sich von ihrem eigenen in der Qualität oder Intensität. «Alle Menschen sind bewußt, aber manche sind bewußter als andere?» fragen sich daher die *Times*-Redakteure irritiert.

Doch insgesamt erwiesen sich die Quizteilnehmer als recht aufgeschlossen, etwa wenn es darum ging, die Relevanz verschiedener Fachgebiete zu bewerten. Im Schnitt führte eine Antwort nicht weniger als acht der elf angegebenen Forschungsdisziplinen als «nützlich» oder «unabdingbar» auf.

Kein Wunder daher auch, daß 40 Prozent der *Times*-Leser angaben, sie hielten jene Bewußtseinstheorie für die wahrscheinlichste, zu der jeder Bereich, von der Physik bis zur Neurologie, etwas beitrage. Damit erwies sich dieser Vorschlag einer «emergenten» Theorie als absoluter Spitzenreiter. Von der Hirnforschung erwarten zwar die meisten entscheidende Beiträge, aber nur wenige (12 Prozent) glauben, das Verständnis von Nervenzellen und ihren Verschaltungen allein reiche für eine plausible Bewußtseinstheorie aus. «Die Botschaft lautet: Die Wissenschaft des Bewußtseins ist wirklich multidisziplinär», fassen die *Times*-Redakteure das Ergebnis ihres Tests zusammen.

Bei der Abschlußfrage traten freilich die größten Unterschiede zwischen Fachleuten und Laien zutage: Wird eines Tages die Frage beantwortet, wie aus physikalischen Hirnprozessen die subjektive Erfahrung von Geruch, Farbe, Angst oder Hoffnung erwächst? Während nur ein Viertel aller *Times*-Leser meinte, dieses «hard problem» werde «auf jeden Fall gelöst», und 40 Prozent vorsichtig angaben, es werde möglicherweise gelöst, war bei den befragten Experten das Zahlenverhältnis genau umgekehrt. Im Gegensatz zum großen Publikum hielt kein einziger Bewußtseinsforscher dieses Problem für gänzlich unlösbar.

Ist es verwunderlich, daß die Experten soviel Überzeugung demonstrierten? Wohl kaum. Schließlich gehört Berufsoptimismus auch in der Wissenschaft zu den unverzichtbaren Voraussetzungen des Erfolgs.

Kapitel 1
Tierisch bewußt
Von Affen, Delphinen und Papageien

Am Yerkes Regional Primate Research Center in Atlanta untersucht die Biologin und Psychologin Sue Savage-Rumbaugh seit 1975 die Intelligenz und Kommunikationsfähigkeit von Menschenaffen. Um den Primaten das «Sprechen» beizubringen, hat sie die Symbolsprache «Yerkese» entwickelt: einzelnen Begriffen wie «Apfel», «Banane», «sofort» oder «kommen» werden dabei bestimmte Symbole auf einer Computertastatur zugeordnet. Zunächst muß das Tier lernen, was die Symbole bezeichnen. Ist ihm das gelungen, kann es mit Hilfe der Tastatur kurze Sätze bilden. Beim Drücken leuchtet die jeweilige Taste auf, und das entsprechende Symbol erscheint auf einem Bildschirm. Zunächst arbeitete die Forscherin mit Schimpansen, denen sie im Schnitt 75 bis 90 Wörter beibringen konnte – ein vergleichsweise beschränktes Vokabular.

Anfang der achtziger Jahre wandte sie sich den Zwergschimpansen (Bonobos) zu, überzeugt, daß deren Sprachvermögen ausgeprägter sei als das ihrer Vettern. Die aus den zentralafrikanischen Regenwaldgebieten stammenden Bonobos waren erst kurz zuvor als eigenständige Gruppe erkannt worden. Sie leben in komplex organisierten Gemeinschaften und zeigen viele Verhaltensweisen, die mancher intuitiv als menschlich bezeichnen würde.

Doch der Versuch, den Bonobos die Bedeutung von Symbolen beizubringen, erwies sich zunächst als äußerst mühsam. Die Zwergschimpansin Matata, mit der Savage-Rumbaugh anfänglich arbeitete, beherrschte nach zwei Trainingsjahren und dreißigtausend Versuchen gerade sechs Symbole. Den enttäuschten

Primatenforschern drohte das Ende ihrer Studien. Angesichts solcher Ergebnisse war kaum zu erwarten, daß die Gutachter eine weitere Forschungsfinanzierung bewilligen würden.

Da brachte eines Tages Matatas zweijähriger Sohn Kanzi die Biopsychologin völlig aus der Fassung. Der Kleine war während der Sprachübungen seiner Mutter oft wild im Raum umhergeturnt, hatte sich aber scheinbar nie für den Zusammenhang zwischen Symbolen auf der Tastatur und ihren Bedeutungen interessiert. Als er jedoch erstmals ohne seine Mutter vor die Tastatur gesetzt wurde, erwies er sich als wahres Sprachgenie. «Ich konnte zunächst nicht glauben, was ich sah», beschreibt Sue Savage-Rumbaugh in ihrem Buch *Kanzi, der sprechende Schimpanse* ihre Überraschung. «Kanzi bediente sich der Tasten nicht nur zur Kommunikation, sondern er wußte auch, was die Symbole bedeuten – obwohl seine Mutter das nie gelernt hatte.» Spielerisch hatte der Zwergschimpanse offenbar einen Großteil der Begriffe verinnerlicht, die Savage-Rumbaugh seiner Mutter vergeblich einzutrichtern versucht hatte.

Eines von Kanzis beliebtesten Spielen bestand beispielsweise darin, zuerst auf das Symbol «Apfel» und danach auf «Fangen» zu drücken. Dann nahm er sich einen Apfel, blickte seine Lehrerin an und lief erwartungsvoll davon, in der Hoffnung, Savage-Rumbaugh würde nun mit ihm «Apfel-Fangen» spielen. Mit sechs beherrschte der Menschenaffe bereits 150 Begriffe, zum Beispiel «Karotte», «Schlange», «sofort» oder «offen» – und er lernte von Jahr zu Jahr dazu. Virtuos tippte der Zwergschimpanse auf seiner tragbaren Tastatur herum, begann einfache Sätze zu verstehen und reagierte selbst dann richtig, wenn sich durch eine Umstellung des Satzbaues der Sinn veränderte. Überdies gab er eigenständig Äußerungen von sich, etwa «Matata Gruppenraum kitzeln», womit er ausdrückte, daß er zusammen mit seiner Mutter an einem Kitzelspiel im Gruppenraum teilnehmen wollte. Sein Sprachverständnis, meint Sue Savage-Rumbaugh, entspricht damit ungefähr dem eines Kleinkindes.

Der kluge Hans

Sind solche Fähigkeiten bereits ein Beweis für tierische Intelligenz, für Bewußtsein gar? Die Geschichte der Tiersprachenforschung lehrt, daß bei solchen Schlußfolgerungen Vorsicht geboten ist. Als in den sechziger und frühen siebziger Jahren die ersten Ergebnisse von Kommunikationsexperimenten mit Menschenaffen bekannt wurden, feierten sie einige Forscher wie auch die Medien ebenso enthusiastisch wie vorschnell als Beweis dafür, daß Menschenaffen im Prinzip auf dieselbe Art und Weise wie Menschen kommunizieren können. Ergo, so schlossen Tierfreunde bereitwillig, besitzen sie auch so etwas wie Bewußtsein. Schließlich erfordert Sprache die Fähigkeit, Begriffe zu bilden, sinnlich erfahrbare Gegenstände mit abstrakten Zeichen, Gesten oder Lauten zu identifizieren und diese auch noch zueinander in Beziehung zu setzen – alles Hinweise darauf, daß man seine Umwelt bewußt wahrnimmt und nicht nur instinkthaft einem inneren Programm folgend auf sie reagiert.

Wenige Jahre später schlug die Begeisterung über die tierischen Kommunikationsexperimente in Häme um. Verschiedene Sprachwissenschaftler traten auf den Plan und kritisierten die Befunde als fehlerhaft oder – schlimmer noch – als Betrug. Die Affen, so lautete der Vorwurf, ahmten nur ihre Pfleger nach und zeigten in Wirklichkeit keinerlei eigenes Sprachvermögen.

Der amerikanische Linguist Thomas Sebeok warf den Forschern vor, sie seien demselben Trugschluß erlegen wie der Besitzer des «klugen Hans». Dieses Pferd verblüffte im 19. Jahrhundert das Varietépublikum, indem es Rechenaufgaben löste. Das Pferdegenie tippte so oft mit dem Huf auf, wie es die Lösung erwarten ließ. Später stellte sich heraus, daß Hans dabei auf eine unbewußte Kopfbewegung seines Eigentümers Wilhelm von Osten oder auf das Verhalten der Zuschauer reagierte. War der Fragende hinter einer Wand verborgen, so schienen Hans' Künste wie weggeblasen. Von eigener Rechenleistung keine Spur.

1979 machte sogar der bekannte Affenforscher Herbert Terrace sich und seiner Zunft den Vorwurf der Selbsttäuschung. In einem aufsehenerregenden Artikel in der Fachzeitschrift *Science* schilderte er seine Arbeit mit dem Schimpansen Nim, der angeblich über 125 Zeichen gelernt hatte – doch bei näherer Analyse stellten sich Nims Fähigkeiten eher als schlichte Imitation seiner Lehrer heraus. Terrace und seine Mitarbeiter fanden jedenfalls, wie sie schrieben, «keinerlei Hinweise darauf, daß Affen eine Grammatik anwenden können».

Die Pioniere der Affensprachforschung hätten sich nicht ausreichend mit der Frage nach der Bedeutung von Worten beschäftigt, meint auch Sue Savage-Rumbaugh. «Offenbar hatte man alles hingenommen, was ein Affe an Zeichen von sich gab», schreibt sie. Dadurch geriet eine ganze Disziplin in Verruf, und Wissenschaftler, die sich mit tierischer Kommunikation beschäftigten, hatten lange mit dem Vorurteil zu kämpfen, unseriöse Forschung oder gar «nonscience» zu betreiben.

Von Delphinen, Seelöwen und Papageien

Zum zweifelhaften Ruf der Forscher trugen auch die Arbeiten des Neurophysiologen John Lilly bei, der in den sechziger Jahren den Mythos von der überragenden Intelligenz der Delphine prägte. In seinen Büchern stellte Lilly wilde Spekulationen an. Er behauptete, die Meeressäuger hätten ihre eigene Sprache und seien gleichsam die Menschen der Ozeane. Doch die einzigen Daten, auf die er sich berufen konnte, waren Größenvergleiche der Gehirne von Mensch und Delphin. «Er machte es für Leute, die mit Delphinen arbeiteten, sehr schwer, ernst genommen zu werden», sagt heute die Kommunikationswissenschaftlerin Diana

Reiss, die an der Columbia University in New York lehrt und selbst das Sprachvermögen von Delphinen erforscht.

Bei ihren Experimenten in der kalifornischen Marine World Foundation erwies es sich als unmöglich, die Pfeifsprache der Delphine eindeutig zu interpretieren oder mittels computergenerierter Pfeiftöne mit den Meeressäugern zu kommunizieren. Immerhin konnte Reiss zeigen, daß auch Delphine eine abstrakte Symbolsprache verstehen und anwenden können. Dazu bekamen sie eine Art Unterwasser-Keyboard in ihr Bassin eingelassen, auf dem verschiedene dreidimensionale Symbole zu sehen waren. Drückten die Delphine ein Symbol, so erklang ein mit ihm gekoppeltes spezielles Pfeifsignal, und es wurden bestimmte, den Symbolen zugeordnete Spielgeräte ins Wasser geworfen, etwa ein Ball, ein Ring oder ein Gummireifen. Vor allem die Jungtiere Pan und Delphi lernten rasch die Bedeutung der Symbole (obwohl diese ihren Platz auf der Unterwassertastatur ständig wechselten) und begannen, auch die dazugehörigen Pfeiftöne nachzuahmen. Hin und wieder stießen sie die Signale sogar aus, bevor sie das entsprechende Symbol berührten. Und sie benutzten die neugelernte «Pfeifsprache» auch untereinander: Während die pfiffigen Meerestiere etwa miteinander Ball spielten, intonierten sie das Signal für «Ball».

Auch von anderen Tiersprachforschern sind verblüffende Resultate bekannt. Ronald Schustermann etwa brachte dem Seelöwen «Rocky» bei, 190 menschliche Gesten richtig zu deuten. Louis Herman zeigte, daß Große Tümmler auf abstrakt verschlüsselte Befehle reagieren können. Und Irene Pepperberg von der University of Arizona in Tucson bewies, daß selbst Vögel ein beachtliches Sprachvermögen entwickeln können.

Dabei machte Pepperberg das Prinzip zur Methode, das bei Kanzi eher zufällig zum Erfolg geführt hatte: Sie versuchte nicht, ihren afrikanischen Graupapagei «Alex» direkt zu unterweisen, sondern «spielte» ihm gewissermaßen die Lernszenen mit einem Forscherkollegen vor. Alex lernte also vorwiegend durch Beobachtung und durch die pure Lust an sozialer Teilhabe – wie kleine Kinder, die ältere Vorbilder beobachten und ganz natürlich ein Interesse für deren Tun entwickeln.

Das Ergebnis war verblüffend: Nach zehn Unterrichtsjahren hatte sich Alex ein Vokabular von 70 Wörtern angeeignet, er konnte sieben Farben und verschiedene Formen und Materialien unterscheiden. Wurde er zum Beispiel gebeten, aus mehreren Objekten dasjenige auszuwählen, das als einziges blau war, so löste er dieses Problem mit einer Treffergenauigkeit von 95 Prozent richtig. Auch logischen Verknüpfungen zeigte er sich gewachsen: So konnte Alex angeben, durch welches spezifische Merkmal (Form, Farbe oder Material) sich verschiedene Gegenstände unterschieden. Das galt im übrigen auch dann, wenn man ihm neue, unbekannte Objekte präsentierte – ein möglicher Hinweis darauf, daß Alex tatsächlich das zugrunde liegende logische Konzept erfaßt hatte.

Der Streit um die Syntax

Einen hartgesottenen Linguisten dürften jedoch selbst solche Befunde nicht erschüttern. Schließlich, so meint etwa der einflußreiche Sprachforscher Noam Chomsky vom Massachusetts Institute of Technology, könne von Sprache nur dann die Rede sein, wenn auch eine grammatische Struktur vorliege. Erst eine Syntax zeige, daß Gedanken sinnvoll in einen Zusammenhang gebracht werden könnten, und diese Fähigkeit sei allein dem Menschen als Teil seiner biologischen Ausstattung gegeben. Tatsächlich zeigen Untersuchungen an Kindern, die in Mischkulturen aufwachsen, daß es vermutlich eine Art Urgrammatik gibt, die dem Menschen offenbar angeboren ist. Gilt so etwas auch für Tiere?

Wenn überhaupt jemand diese Frage beantworten kann, dann

wohl am ehesten der Zwergschimpanse Kanzi, der unbestritten als «Albert Einstein unter den Menschenaffen» gilt. Schließlich lernte er mehr Wörter, wandte sie anscheinend grammatisch korrekter an und kommunizierte flüssiger als je ein Artgenosse vor ihm.

Um seine Fähigkeiten richtig würdigen zu können, begann Sue Savage-Rumbaugh mit der Linguistin Patricia Greenfield zusammenzuarbeiten, die durch Studien über kindlichen Spracherwerb bekannt geworden war. Gemeinsam stellten sie Kriterien für das Vorhandensein einer Grammatik auf und zeigten, daß Kanzi diese in begrenztem Umfang durchaus erfüllte. Der entscheidende Punkt war dabei allerdings ihre Feststellung, daß Kanzis Fähigkeiten nicht an der anthropozentrischen Meßlatte eines erwachsenen Menschen gemessen werden dürfen. Wenn Affen über irgendeine Art von Grammatik verfügen, so das Argument von Greenfield und Savage-Rumbaugh, dann werden diese Syntaxregeln mit Sicherheit den Anforderungen eines Affen entsprechen und nicht denen eines Menschen.

Auf die Frage «Haben Affen eine Sprache?» laute die Antwort «natürlich nein», meint Sue Savage-Rumbaugh. «Aber was sagen wir bei einem einjährigen Menschenkind? Hat es eine Sprache? Und ein zweijähriges? Ein fünfjähriges?» Wenn man die Entwicklung des tierischen Sprachgefühls verstehen wolle, müsse man vor allem nach Parallelen zwischen Affen- und Menschensprache in ihren ersten Entwicklungsstadien suchen und feststellen, wie weit die Affen auf dem menschlichen Weg vorankommen. «Wenn Kinder gelegentlich neue Worte hervorbringen, nennt man das lexikalische Innovation. Tun Schimpansen das gleiche, bezeichnet man es als unklar», schrieb sie 1990 zusammen mit Patricia Greenfield. Die Affensprachforscherinnen werfen den orthodoxen Linguisten vor, sie würden zweierlei Maß anlegen – nur so könnten sie die Vorstellung von der Einzigartigkeit des Menschen aufrechterhalten.

Tatsächlich lassen sich am Anfang der Entwicklung kaum

grundlegende Unterschiede zwischen Kindern und Menschenaffen entdecken. Auch Kanzi bildet (wie Kleinkinder) Kurzsätze aus zwei bis drei Wörtern, zum Beispiel «Milch gib» oder «Mama komm». In manchen Bereichen, etwa der körperlichen Geschicklichkeit oder dem Umgang mit Gesten, schneiden Schimpansen zunächst sogar besser ab. Affen können schon nach zwei Wochen ihre Arme ausstrecken oder den Kopf aufrecht halten – Kinder dagegen erst nach etwa 20 Wochen. Doch nach einiger Zeit holen die Kinder auf und entwickeln sich dann in raschen Schüben weiter. Selbst der intelligenteste Schimpanse kommt nie über das Drei-Wörter-Stadium hinaus. Kinder dagegen stellen schon im Alter von fünf Jahren tiefsinnige Fragen: «Warum geht morgens die Sonne auf?» oder «Wo kommen die Babies her?»

Ein weiterer Unterschied: Menschen können mehrere Aufgaben gleichzeitig lösen, Schimpansen dagegen immer nur eine. So wäre es für Kanzi ein großes Problem, zu kommunizieren und gleichzeitig zu spielen. Auch die Fähigkeit zur Synthese abstrakter oder realer Objekte ist möglicherweise allein dem Menschen vorbehalten, wie Kathleen Gibson von der University of Texas bemerkte. Affen können zwar mit Leichtigkeit Dinge kaputt machen – sie sind jedoch niemals in der Lage, die Trümmer wieder zusammenzusetzen, wie es etwa Menschenkinder versuchen.

Abbildung 1: Im Laufe der Säugetierevolution vergrößert sich die Oberfläche der Hirnrinde. Je komplexer das Gehirn eines Säugers ist, desto stärker ist die Auffaltung des Cortex (die Abbildung zeigt die Gehirne nicht maßstabsgetreu). Bei der Ratte weisen die Großhirnhälften noch eine relativ glatte Oberfläche auf. Im Gehirn der Katze tritt die Faltung etwas stärker zutage, doch erst bei Mensch und Affe ist sie deutlich ausgeprägt. In der Großhirnrinde sind die höheren Hirnfunktionen wie Erkennen, Denken und beim Menschen auch die Sprache lokalisiert. Ist für die Entwicklung von Bewußtsein eine bestimmte Komplexität des Cortex erforderlich? Einige Forscher glauben, erst mit der zunehmenden Vergrößerung der Hirnrinde seien Bereiche entstanden, die für die Entwicklung von Sprache genutzt werden konnten.

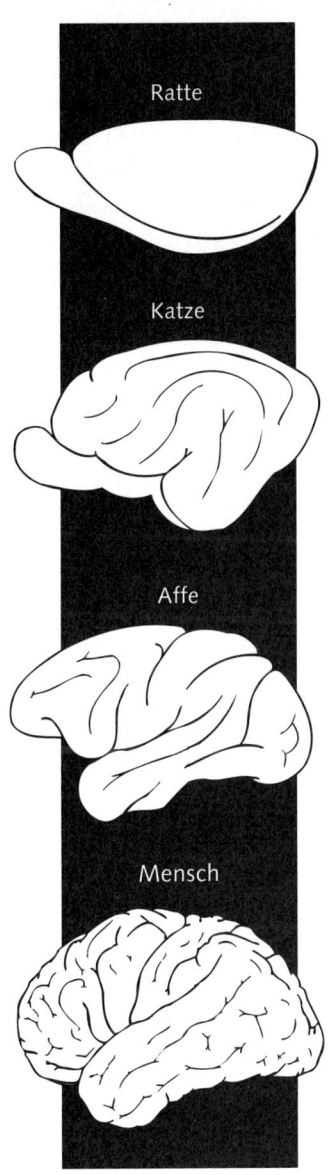

Auffaltung der
Großhirnrinde

Ratte

Katze

Affe

Mensch

Die entscheidende Frage freilich lautet: Wenn Sprache eine Be-
dingung für Bewußtsein ist und – wie die Arbeiten von Sue Savage-Rumbaugh und anderen Tiersprachforschern zeigen – die
sprachlichen Fähigkeiten von Affen und Menschen zumindest
am Anfang durchaus gleichrangig sind, wie kann dann noch eine
klare Trennlinie gezogen werden? Wollen wir Kindern bewußtes
Sein erst von einem bestimmten Alter an zubilligen? Oder
schreiben wir Menschenjungen einfach per definitionem Bewußtsein zu, Schimpansen vom Schlage Kanzis jedoch nicht,
auch wenn sie während einer bestimmten Entwicklungsstufe
sprachlich durchaus ebenbürtig sind? Weder das eine noch das
andere Vorgehen scheint völlig überzeugend zu sein. «Schimpansen gehen den Weg zur Sprache, wenn sie in der richtigen Umgebung aufwachsen, aber sie gehen ihn langsamer als Menschen
und nicht so weit», resümiert Sue Savage-Rumbaugh ihre Arbeiten. Läßt sich diese These von Sprache und Bewußtsein als gra-
duellen Phänomenen möglicherweise anhand anderer Verhaltensweisen erhärten?

Im Gorillakäfig

Im Sommer 1996 berichteten Zeitungen rund um den Globus
eine rührende Geschichte aus Chicago: Im dortigen Zoo war ein
dreijähriger Junge in ein Gorillagehege gefallen. Blutend und bewußtlos lag das Kind im Revier der gewaltigen Menschenaffen.
Da kam ihm die achtjährige Gorillafrau Binti zu Hilfe. Sie hob
den Jungen auf, verteidigte ihn gegen die neugierigen Zugriffs-
versuche der anderen Gorillas und brachte das verletzte Menschenkind zu einer Tür ihres Geheges, wo es die aufatmenden
Wärter in Empfang nehmen konnten.
   Warum erregte dieses Ereignis weltweites Aufsehen? «Ich
glaube, der Schock der Binti-Geschichte bestand darin, daß die

Menschen sahen: Hier liegt ein mitfühlendes, moralisch richtiges Verhalten vor – von einem Gorilla», meint der Affenforscher Frans de Waal, der wie Sue Savage-Rumbaugh am Yerkes Regional Primate Research Center arbeitet. Die Versuche anderer Wissenschaftler, das Ereignis als «verwirrten mütterlichen Instinkt» zu deuten, hält der gebürtige Niederländer für Unsinn. «Schließlich hatte dieses Gorillaweibchen ihr eigenes Kind bei sich, und der Menschenjunge sah nun wirklich anders aus: viel größer, hellblond, weißhäutig, bekleidet und so weiter», argumentiert de Waal. Doch genau diese Tatsache rief bei vielen Menschen offenbar eine Art Wiedererkennungsschock hervor – Gorillas sind nicht nur untereinander zu mitfühlenden Handlungen fähig, sondern können dieses Mitgefühl offensichtlich auch auf Mitglieder einer anderen Spezies übertragen.

Solche Geschichten sind keine Einzelfälle. Ähnliche «typisch menschliche» Verhaltensweisen haben Primatenforscher inzwischen in allen möglichen Situationen beobachtet. Es scheint, als seien Menschenaffen durchaus in der Lage, Regungen wie Trauer, Mitgefühl, Neid oder Haß zu entwickeln – Gefühle also, die bisher geradezu als Unterscheidungsmerkmal unserer eigenen Spezies galten. Schließlich deuten solche Seelenzustände darauf hin, daß zumindest ein rudimentäres Wissen um die eigene «Person» und ihre Stellung und Bedeutung im sozialen Kontext vorhanden ist. Beweist ein gefühlvoller (oder hinterhältiger) Affe nicht auch, daß er bewußt mit der ihn umgebenden Welt umzugehen vermag?

Gut dokumentiert ist beispielsweise ein Phänomen, das man bei Menschen wohl als «Depression» bezeichnen würde: Wenn Jungtiere von ihrer Mutter getrennt werden, machen sie zunächst eine Phase der Verzweiflung durch, in der sie nach der Mutter suchen. Später versinken sie in eine Art Apathie – die mitunter bis zum Tod führen kann. Die Schimpansenforscherin Jane Goodall, die jahrzehntelang Studien im Gombe-Nationalpark in Tansania betrieb, beobachtete etwa, wie der Schimpansenjunge Flint auf den Tod seiner Mutter Flo reagierte. Stundenlang saß er neben dem Leichnam, zupfte gelegentlich an dessen Hand und schaute ins Leere. In den folgenden Tagen zeigte er sich immer lustloser, fraß wenig und starb vier Wochen nach seiner Mutter – vermutlich an einer Darminfektion. Die eigentliche Ursache für den Tod des Jungen, so meint Jane Goodall, sei vermutlich darin zu suchen, daß Flint durch den Verlust seiner Mutter psychisch und körperlich geschwächt worden war und anfällig für Krankheiten wurde.

Die Parallelen zwischen Mensch und Affe beschränken sich jedoch keineswegs auf positiv besetzte Eigenschaften wie Fürsorge, Liebe oder Mitgefühl. Auch Verhaltensweisen wie Lüge, Täuschung und Verrat sind nicht allein dem Menschen vorbehalten. Im weltweit größten Schimpansenfreigehege im Zoo von Arnheim beobachtete Frans de Waal mehrmals, wie Schimpansenweibchen auf eine Niederlage in einem Streit reagierten: Mit freundlichem Gesicht und versöhnlich ausgestreckter Hand ging die Unterlegene auf ihre Rivalin zu, scheinbar bereit zur Versöhnung. Doch wenn daraufhin die Gegnerin vertrauensvoll näherkam, wurde sie plötzlich ohne jede Vorwarnung angegriffen. Noch raffinierter war die Strategie eines Pavianweibchens gegenüber einem Männchen, das von seinem Futter nichts abgeben wollte. Das Weibchen näherte sich – scheinbar ohne jegliches Interesse am Futter – und begann, das Männchen zu kraulen und zu streicheln. Als der vermeintliche Pascha sich entspannt zurücklehnte, schnappte sich die Verführerin sein Futter und rannte mit ihrer Beute davon.

Zumeist herrscht freilich unter den Menschenaffen eine eher altruistische Haltung des gegenseitigen Gebens und Nehmens. Da wird die Nahrung geteilt oder das Opfer eines Angriffs von seinen Gefährten getröstet. Selbst das Gefühl der Empörung scheint unseren tierischen Vettern nicht fremd zu sein: Frans de Waal berichtet von einem Schimpansenpaar, das regelmäßig seine Nahrung teilte. Als das Männchen eines Tages nichts von seinem Futter abgeben wollte, bettelte und bettelte das Weibchen, bis es zuletzt so wütend wurde, daß es ihren Gefährten angriff und verfolgte – was es normalerweise nie tun würde. «Es ist klar, daß das Weibchen Gegenseitigkeit erwartet hat», meint de Waal, «im Sinne von: Ich gebe dir, du mir, wir teilen doch immer, warum nicht heute?»

Fast scheint es, als seien Tiere die besseren Menschen. Moralisch handelnde Schimpansen und mitfühlende Gorillas rühren unser verstocktes Herz. Und wer hat nicht schon davon gehört, daß auch Delphine mitunter Menschen retten? Seit der Antike werden kluge Meeressäuger besungen, die Schiffbrüchigen zu Hilfe eilen und sie zum rettenden Ufer tragen. Doch niemand weiß besser als die Verhaltensforscher selbst, wie sehr dieses naturromantische Bild trügen kann. «Wir hören eben nie etwas von den Schiffbrüchigen, die von Delphinen auf den Ozean hinausgetragen werden», mokiert sich die Delphinforscherin Diana Reiss.

Auch der Graupapagei Alex plappert zwar «I am sorry», wenn er jemanden gebissen hat – das hindert ihn aber nicht daran, gleich danach wieder zuzuschnappen. Und selbst die «moralischen» Schimpansen erweisen sich unter anderen Umständen als reichlich herzlos: Als etwa das Schimpansenkind Flint den Tod seiner Mutter betrauerte, nahm die restliche Affengesellschaft keinerlei Anteil am Leid des Waisenkindes.

Selbst Frans de Waal, dessen neuestes Buch den provozierenden Titel *Der gute Affe* trägt, betont: «Ich sage nicht, daß Tiere Moral haben.» Ein Schimpanse, der seine Nahrung teile, tue dies wohl vor allem deshalb, weil sich ein solches Verhalten im Laufe der Evolution als vorteilhaft für das Überleben erwiesen habe. Doch die Beobachtungen an unseren äffischen Vettern zeigten immerhin, daß auch die «moralischen» Maßstäbe des Menschen nicht aus dem Nichts entstanden sind. «Es darf angenommen werden, daß unsere Vorfahren die Gefühle der Dankbarkeit und Verpflichtung, der Vergeltung und Empörung schon lange kannten, bevor ihre Sprachfähigkeit einen moralischen Diskurs erlaube», meint de Waal. Was er und andere Verhaltensforscher heute im Tierreich nachwiesen, seien sozusagen die «Bausteine zum Aufbau der Moralität».

Natürlich bestehen immer noch große Unterschiede zum moralischen Empfinden des Homo sapiens – obwohl das Verhalten mancher Vertreter dieser Spezies durchaus Zweifel daran wecken könnte. Doch immerhin: Menschen sind prinzipiell in der Lage, über Moral nachzudenken. Sie unterscheiden nicht nur zwischen akzeptablem und verwerflichem Verhalten, sondern bedenken auch die übergeordneten Werte, die dahinterstehen. Und sie versuchen, ein in sich logisches moralisches System zu entwerfen. All das tun Tiere nicht.

Die entscheidende Frage lautet jedoch, ähnlich wie bei den Erkenntnissen zur Sprachfähigkeit von Tieren: Sind diese Unterschiede grundsätzlicher oder eher gradueller Natur? Frans de Waal ist überzeugt, daß sich im Tierreich eine klare Trennlinie nicht ziehen läßt: «Die Unterschiede im Bewußtsein zwischen Schimpansen und den anderen nichtmenschlichen Primaten scheinen graduell und nicht fundamental zu sein. Genau wie Menschen und Menschenaffen viele psychologische und geistige Merkmale teilen, so existiert ein Kontinuum zwischen ihnen und der übrigen Primatenreihe.»

Spieglein, Spieglein an der Wand

Weder die Experimente zum Spracherwerb noch die Untersuchungen zum «moralischen» Empfinden von Tieren liefern also eine eindeutige Antwort auf die Frage, wo und wie Bewußtsein beginnt. Doch immerhin eines läßt sich überraschend einfach testen: ob ein Wesen Selbstbewußtsein besitzt oder nicht.

Der Psychologe Gordon Gallup, der an der State University of New York lehrt, benötigte dazu lediglich etwas Farbe und einen

Spiegel. Nachdem seine Versuchstiere betäubt worden waren, schminkte ihnen Gallup Augenbrauen und Ohren rot und setzte sie dann vor einen Spiegel. Nach dem Aufwachen erkannten die meisten Affenarten ihr Spiegelbild nicht als ihr eigenes. Manche versuchten etwa, die roten Stellen des «fremden» Wesens im Spiegel näher zu untersuchen. Schimpansen dagegen zeigten ein grundlegend anderes Verhalten: Nach einem entsetzten Blick auf ihr Ebenbild faßten sie sich an die *eigenen* Ohren und versuchten, die rote Farbe abzureiben.

Diese Fähigkeit zur Selbsterkenntnis, die Schimpansen mit Orang-Utans und Bonobos teilen, hängt allerdings von zwei Voraussetzungen ab: Zum einen müssen die Affen zuvor den Umgang mit dem Spiegel gelernt haben (was gewöhnlich einige Tage dauert). Zum anderen müssen sie im sozialen Kontakt mit anderen Artgenossen aufgewachsen sein – nur dann entwickeln die Menschenaffen offenbar so etwas wie ein «Ich-Bewußtsein». Dieses Wissen um die eigene «Person» zeigt sich auch darin, daß für die Menschenaffen ein Spiegel zum unerschöpflichen Spielgerät werden kann. Schimpansen schneiden sich selbst Fratzen, nehmen ihr eigenes Hinterteil in Augenschein oder legen sich Gemüse auf den Kopf, um sich zu «schmücken».

Ein ähnliches Verhalten ist von keiner anderen Tierart bekannt – außer vielleicht von Delphinen. Als Diana Reiss und ihre Mitarbeiter in das Wasserbecken ihrer Delphine einen Spiegel einführten, da zeigten die Tiere ebenfalls eine Art «investigatives Verhalten», wie es die Delphinforscherin in einem Interview nennt: «Die Delphine kamen herangeschwommen, öffneten zum Beispiel ganz langsam ihren Mund und drehten ihre Körper in einer auffälligen Weise vor dem Spiegel.» Dabei war klar, daß sie ihre Spiegelbilder nicht einfach mit ihren Artgenossen verwechselten, denn anderen Tieren gegenüber zeigten die Delphine diese Verhaltensweisen nicht. Das Verblüffendste für Diana Reiss waren jedoch die sexuellen Spiele ihrer Schützlinge: «Normalerweise trieben sie diese überall im Wasserbecken. Wenn der Spiegel jedoch da war, taten sie es mit Vorliebe davor und wandten dabei auch ihre Köpfe dem Spiegel zu. Es wirkte fast voyeuristisch.»

Diese Beobachtungen legen für Diana Reiss nahe, daß auch die Meeressäuger sich selbst erkennen und von anderen unterscheiden können: «Ich persönlich denke, daß diese Tiere vermutlich Selbstbewußtsein besitzen. Aber mit solchen Interpretationen müssen wir extrem vorsichtig sein. Wir brauchen einfach mehr und definitivere Nachweise.»

Babies und Pantoffeltierchen

Skeptische Verhaltensforscherinnen wie Diana Reiss und Sue Savage-Rumbaugh kennen die Gefahr, bei Experimenten das gewünschte Ergebnis in die Beobachtung hineinzuinterpretieren. Dies gilt freilich nicht nur für die Erforschung von tierischen Fähigkeiten, sondern auch für die der Menschen. Wie interpretieren wir etwa den Befund, daß Kinder erst im Alter von etwa 18 Monaten beginnen, sich selbst im Spiegel zu erkennen?

Fairerweise dürften wir ihnen erst von diesem Moment an ein Selbst-Bewußtsein zuerkennen – falls wir bei Affen und Menschen dieselben Kriterien anwenden würden. Wie sehr sich jedoch der «gesunde Menschenverstand» gegen solche Vergleiche wehrt, zeigt etwa die heftige Reaktion, die der australische Ethiker und Philosoph Peter Singer mit seinen Thesen hervorruft. Singer versucht, ethische Richtlinien für den Umgang mit Abtreibung oder Sterbehilfe zu definieren, indem er die «Bewußtheit» eines Lebewesens als Maßstab für dessen «Lebensinteresse» heranzieht. «Nur eine Person mit Selbst-Bewußtheit, die weiß, was es bedeutet, wenn ihr Leben beendet wird, kann sich auch wünschen, weiterzuleben. Das kann ein Lebewesen ohne Selbst-Bewußtsein nicht», behauptet Singer in einem Essay, der in der *Woche* erschien.

Für ein Pantoffeltierchen würden wir so eine Argumentation wohl ohne weiteres gelten lassen. Und auch bei höheren Tieren bedient sich die Gesellschaft gerne solcher Kategorien, um etwa Tierversuche zu rechtfertigen. Singer dreht nun den Spieß um und schließt, daß auch Menschen erst dann ein eigenes Lebensinteresse haben, wenn sie ein Selbst-Bewußtsein besitzen. Neugeborene oder Komapatienten, die sich ihres Daseins nicht bewußt seien, hätten demnach kein größeres Lebensinteresse als Tiere, denen eine solche Bewußtheit vermutlich fehle.

Zu Recht stößt eine solche Argumentation – zumal in Deutschland – auf heftigen Widerstand. Das Lebensinteresse nur am Bewußtseinsgrad festzumachen, ist unmenschlich und klingt wie eine Neuauflage der Nazi-Parole vom «unwerten Leben». Und wenn Singer mit seiner Argumentation die Möglichkeit nahelegt, Menschenaffen ähnlich wie behinderte Menschen mit eingeschränkten Ausdrucksmöglichkeiten einzustufen, dann wehren sich auch Affenforscher wie Frans de Waal vehement. Für Angehörige unserer eigenen Spezies gelten nun einmal andere Maßstäbe als für nichtmenschliche Arten. Doch auch wenn man über die Argumentation des australischen Philosophen trefflich streiten kann, so zeigt sie doch eines: Der Gedanke von der Sonderstellung des Homo sapiens beruht auf moralischen und kulturellen Vorstellungen. Aus Bewußtsein allein läßt er sich nicht begründen.

Umgekehrt gilt: Hinsichtlich ihrer geistigen Fähigkeiten sind Kinder nicht schon allein qua biologischer Zugehörigkeit zur Gattung Mensch allen anderen Geschöpfen überlegen. Sowohl Gordon Gallups Spiegelexperimente als auch die Untersuchungen zu Sprachvermögen oder Moralverhalten zeigen, wie schwer es ist, eine solche klare Trennung aufrechtzuerhalten. Viel natürlicher scheint der Gedanke, daß Bewußtsein eine Eigenschaft ist, die sich bei Kindern im Laufe ihrer Entwicklung immer mehr entfaltet – und daß ebenso im Tierreich mehr oder weniger hohe Grade von Bewußtsein zu beobachten sind.

«Ich glaube nicht, daß Bewußtsein ein Ding ist», meint Diana Reiss stellvertretend für viele andere Verhaltensforscher. «Man kann nicht sagen, ein Organismus habe Bewußtsein oder nicht. Viel eher ist es ein Kontinuum. Bewußtsein besteht aus einem Satz von Verhaltensweisen, und es gibt verschiedene Stufen von Bewußtsein.»

Nur der Vollständigkeit halber sei erwähnt, daß dies auch für die Fähigkeit zum Werkzeuggebrauch gilt, die oft als weiteres Kriterium für bewußtes Sein genannt wird. Jane Goodall etwa beobachtete, daß Schimpansen regelrechte «Angelruten» herstellen, um damit Ameisen oder Termiten zu fangen: Sie brechen Zweige von den Bäumen, streifen die Blätter ab und halten sie dann in Ameisen- oder Termitenbauten. Und der Bonobo Kanzi bewies, daß er sogar messerartige Steinwerkzeuge herstellen kann: Vorsätzlich zerschmetterte er mit einem Stein einen zweiten Brocken zielgenau, so daß Bruchstücke mit scharfen Kanten übrigblieben. Die ersten derartigen Versuche unserer Vorfahren vor etwa zweieinhalb Millionen Jahren dürften ganz ähnlich ausgesehen haben.

Heute, wo wir wissen, daß das Genom des Homo sapiens mit dem der Schimpansen zu 99 Prozent übereinstimmt, erscheint es immer schwieriger, eine klare Trennlinie zwischen unserer und den übrigen Arten auf diesem Planeten zu ziehen. Die Frage nach «dem Bewußtsein» ist daher falsch gestellt. Vermutlich gibt es in der Natur viele verschiedene Formen von Bewußtsein, und der Mensch hat lediglich eine besonders ausgefeilte Form dieser Fähigkeit entwickelt. Fragen wir daher lieber in den folgenden Kapiteln nach den Besonderheiten dieses *menschlichen* Bewußtseins: Wie ist es entstanden? Wodurch zeichnet es sich aus? Und welche Entwicklungsmöglichkeiten birgt es?

Exkurs 2
Am Anfang war kein Wort
Ein Besuch bei Angela Friederici

Kennen Sie Maga Pon? Der Name klingt so rätselhaft wie verheißungsvoll. Ein exotisches Eiland? Eine schöne Frau? Weit gefehlt: Maga Pon hieß in den zwanziger Jahren ein beliebtes Waschmittel – heute firmiert unter diesem Namen ein Szenetreff in der Innenstadt von Leipzig, Gottschedstraße 11.

Hier treffen die Besucher des nahen Theaters nach der Vorstellung auf Studenten, die Beutel mit Dreckwäsche unter den Arm geklemmt haben. Eine Zehn-Kilo-Packung «Das grüne Sumax» wartet auf reinliche Kundschaft. Denn Maga Pon ist Waschsalon und Kneipe zugleich. Saubere Unterhosen und süffiges Bier – die ultimative Verbindung des Nützlichen mit dem Angenehmen. Ganz Leipzig scheint eine Wäsche dringend nötig zu haben. Der Abendhimmel ist schmutzig grau wie viele Fassaden, spärliche Beleuchtung läßt triste Straßen noch ein wenig düsterer erscheinen.

Doch der erste Eindruck täuscht. Im Licht des nächsten Morgens beginnen die Handwerker zu rumoren. Die Stadt brummt. Baustelle reiht sich an Baustelle, der historische Bahnhof – der größte Europas – ist hinter hohen Gerüsten verschwunden. Inmitten der Leipziger Bauwüste steht das 1994 gegründete Max-Planck-Institut für neuropsychologische Forschung. Wer das Institut im zweiten Stock eines imposanten Altbaus betritt, ist angenehm überrascht. Großzügige Räume, helles Holz, hier ist gründlich renoviert worden – ein wenig zu gründlich vielleicht. Auf den ersten Blick wirkt dieser Ort der Wissenschaft so kühl und steril wie eine überdimensionale Zahnarztpraxis.

Auch das Büro von Angela Friederici ist aufgeräumt, fast unpersönlich: keine Spur von heimeliger Studierstube, keine wankenden Bücherstapel, keine Manuskriptberge. Der Schreibtisch ist leergefegt. Auch die Sprachforscherin selbst erfüllt keines der üblichen Klischees. Gehobenes Management, denkt man im ersten Moment, wenn sich die Wissenschaftlerin im Stuhl zurücklehnt und ihr Gegenüber taxiert. Das elegante Kostüm sitzt wie angegossen, dezenter Schmuck verstärkt den Eindruck von Noblesse. Immer wieder streicht sich die Vierundvierzigjährige die blonden Locken aus dem Gesicht. Dann beginnt Angela Friederici zu reden – und gibt noch einmal Anlaß, das Bild von ihr zu korrigieren. Diese Frau ist von der Wissenschaft fasziniert. Und vor allem: Sie kann dabei ein ungeheures Temperament entwickeln.

«Bewußtsein?» fragt Friederici. «Was ist das? Ich glaube nicht, daß man Bewußtsein definieren kann. Und über einen Gegenstand etwas zu sagen, den man nicht definieren kann, das halte ich schlicht für unwissenschaftlich.»

Das strenge Diktum paßt zur Lebensgeschichte der impulsiven Frau. Angela Friederici hat eine Bilderbuchkarriere in der Forschung gemacht. Mit 24 Jahren hatte sie ihren Doktortitel in der Tasche. Zehn Jahre später war sie habilitiert. Seit 1994 besetzt sie einen der beiden Direktorenposten am Leipziger Max-Planck-Institut. Sie hat Germanistik, Romanistik, Linguistik, Psychologie und Neurobiologie studiert. Sie war an den Universitäten in Bonn, Lausanne, Boston, Gießen und Berlin. Sie hat in Cambridge, San Diego und im niederländischen Nijmwegen geforscht. Wie macht man so etwas?

«Ganz einfach», sagt Friederici. «Ich habe zeit meines Lebens eine einzige Frage untersucht: Was ist Sprache und wie ist sie im Hirn repräsentiert? Und da sind die so unterschiedlich erscheinenden Aspekte und Tätigkeiten nur kleine Fenster, die einen Blick auf das Thema eröffnen. Wenn ich Patienten untersuche, mit Kindern Sprachexperimente durchführe, Erwachsene teste, wenn ich verschiedene bildgebende Verfahren einsetze, wenn ich Verhalten untersuche, dann sind das alles nur Mosaiksteinchen

Angela Friederici

zu einem Bild der Sprachverarbeitung.» Den Bildausschnitt habe sie dabei sehr eng gewählt. Ihr gehe es schließlich nur um das Verstehen von Sprache.

«Diese Frage hat mich durch mein ganzes Leben getrieben», gesteht die Neuropsychologin. «Mich hat zum Beispiel die Psychologie nie als Psychologie interessiert, sondern als Werkzeug. Dann habe ich gemerkt, daß ich noch ein Training in Neurowissenschaft brauche. Irgendwann stellt man dann fest, daß im Laufe der Jahre einiges zusammengekommen ist.» Eines wird im Gespräch mit der eloquenten Forscherin sehr schnell klar: Wer Sprachverstehen verstehen will, braucht einen möglichst breiten Zugang zum Thema. Was macht eine Grammatik aus? Welche

Bedeutung hat der Wortschatz? Welche Regionen im Gehirn sind beim Verständnis von Sprache beteiligt? Wie arbeiten sie zusammen? Was macht menschliche Sprache aus? Solche Fragen lassen sich nur im Team beantworten. «Hier arbeiten heute Psychologen, Linguisten, Biologen, Mediziner, Physiker, Chemiker. Ich weiß nicht, ob ich noch jemanden vergessen habe.»

Wer der Sprache im Hirn auf die Spur kommen will, braucht viel Geduld im Umgang mit Versuchspersonen und Patienten, technisches Wissen und vor allem viel Phantasie bei der trickreichen Komposition von Experimenten. «Wir lassen unsere Versuchspersonen Sätze hören und messen die Hirnströme mit Hilfe von EEG und MEG», erklärt Friederici. «Nehmen wir einen typischen Satzanfang wie ‹Er hat im …› Jeder erwartet jetzt ein Nomen wie ‹Sessel›. Wir haben das Nomen einfach weggelassen und gleich das Verb angehängt: ‹Er hat im gesessen.› Die Idee war, daß das Gehirn dann sozusagen aufschreit. Und das haben wir auch zeigen können. Nach 200 Millisekunden, noch bevor das System die Wortbedeutung kennt, reagiert es auf den Fehler – ganz automatisch.»

Heute unterscheidet Angela Friederici drei fundamentale Phasen des Verstehens. In einer ersten Phase, eben nach jenen 200 Millisekunden, analysiert das Gehirn die grammatische Struktur eines Satzes. «Die grammatischen Informationen bilden ein fest geschlossenes, sich abertausendmal wiederholendes System. Das Gehirn tut gut daran, dieses Wissen sozusagen in seine Hardware zu schreiben und nicht mehr darüber nachzudenken», erklärt Friederici die erstaunlich hohe Geschwindigkeit.

Das interne Lexikon dagegen ist längst nicht so schnell zur Hand. Erst in einer zweiten Phase, noch einmal 200 bis 400 Millisekunden später, werden die Wörter auf ihre Bedeutung hin analysiert. Phase drei gleicht nach etwa 600 Millisekunden Satzstruktur und Wortbedeutung gegeneinander ab. Meldet das System einen Fehler, schließt sich ein erneuter Analyseprozeß an.

Ist dieses hochentwickelte System eine exklusive Eigenheit des menschlichen Gehirns? Friedericis Antwort: «Die Syntax, die Grammatik, das ist das, was menschliche Sprache ausmacht. Wenn es einen Teil der Sprachverarbeitung gibt, der sozusagen in den Neuronen festgelegt ist, dann vermutlich dieser. Vokabeln können auch Affen oder Papageien lernen.»

Ist die menschliche Grammatik angeboren, wie einige Wissenschaftler behaupten? «Die Grammatik selbst vermutlich nicht, aber bestimmt die Fähigkeit, ein solches Regelwerk zu lernen», glaubt Friederici. Eben diesem Lernprozeß ist sie auf der Spur. Bei Kleinkindern hat sie die schnelle Reaktion nach 200 Millisekunden noch nicht nachweisen können. Das Signal trifft erst nach 300 bis 350 Millisekunden ein. «Kinder benutzen die gleichen Hirnareale zur Sprachverarbeitung, sie sind nur noch nicht so hochautomatisiert», schließt Angela Friederici aus ihren Ergebnissen. Augenscheinlich lernen wir Grammatik wie Fahrradfahren: Wir hören auf, über Nomen, Verben oder Adjektive nachzudenken. Die Struktur der Sprache nehmen wir nicht mehr bewußt wahr, wir nutzen sie einfach.

Welche Bedeutung das Erbe der Sprache für den Menschen hat, das wissen die Forscher aus Untersuchungen an sogenannten deprivierten Kindern, die aus unterschiedlichen Gründen niemals oder erst sehr spät eine Sprache gelernt haben. Wolfskinder oder historische Figuren wie Kaspar Hauser gehören dazu, ebenso aber gehörlose Kinder, deren Behinderung zu spät entdeckt wurde. Einige von ihnen haben trotz intensiver Betreuung niemals richtig sprechen gelernt. Sie können sich zwar Vokabeln aneignen und einfache Drei-Wörter-Sätze bilden, bestimmte Konzepte des abstrakten Denkens aber fehlen einigen von ihnen völlig. Ihr Sinn für Kausalzusammenhänge ist schlecht entwickelt, und nur selten formulieren sie Gedanken über die Zukunft.

Seit den sechziger Jahren des 19. Jahrhunderts faszinieren und entsetzen solche Fälle die Neurologen, geben Aufschluß über die Mechanismen des Spracherwerbs und die Auswirkungen des (fehlenden) Sprachvermögens. «Sprache und Denken sind für uns immer persönlich – unsere sprachlichen Äußerungen sind, wie auch die innere Sprache, ein Ausdruck unserer selbst. Daher fühlt sich unsere Sprache oft wie ein Ausströmen an, wie eine spontane Übermittlung des Selbst», erklärt etwa der New Yorker Neurologe und Autor Oliver Sacks in seinem Buch *Stumme Stimmen* nach einer Begegnung mit gehörlosen Kindern.

Da kann es kaum verwundern, daß viele Forscher Sprache für das entscheidende Merkmal halten, das den Menschen von allen anderen Tieren trennt – und das ihn ein höheres Bewußtsein erlangen läßt als seine Umwelt. Für manche sind Sprache und Bewußtsein gar untrennbar miteinander verbunden.

«Bewußtsein?» fragt Friederici noch einmal zurück und wird dabei diesmal etwas lauter als zuvor. «Erklären Sie mir doch mal, was das ist, dann versuche ich, darauf zu antworten.» Der Frager kommt ins Stottern. Unzählige Definitionen schwirren ihm durch den Kopf. Nehmen wir also – zum Warmwerden – eine ganz einfache Ebene. Definieren wir Bewußtsein als die Summe von Kognition, Wachheit, Aufmerksamkeit. Die Liste ließe sich fortsetzen.

Angela Friederici ist nicht zufrieden. «Haben Tiere Bewußtsein?» fragt sie und dreht damit den Spieß ein zweites Mal um. «Tiere haben schließlich all diese Eigenschaften: Wachheit, Aufmerksamkeit, Kognition. Wo also hört das Bewußtsein auf?» Könnte Bewußtsein nicht ein graduelles Phänomen sein, eines, das hier schwächer, dort stärker zutage tritt? «Das hängt von der Definition ab», erklärt die Wahlleipzigerin bestimmt. Damit ist für sie das Thema schon beinahe beendet.

Dann setzt sie doch noch einmal an: «Wenn es so etwas wie Bewußtsein gibt und wenn man es denn unbedingt untersuchen will, dann müßte Bewußtsein eher etwas mit Selbstreflexion zu tun haben. Und schon sind wir doch bei der Frage: Kann man ohne Sprache denken? Ich glaube schon. Es gibt bestimmt Dinge in meinem Kopf, die ich denken kann, ohne direkt eine Benennung, ein Label dafür zu haben.» Das Argument stimmt nur zur Hälfte. Die amerikanische Sprachforscherin Hilde Schlesinger hat die Entwicklung gehörloser Kinder untersucht, die nur in Lautsprache unterrichtet worden waren. Bestimmte Konzepte des Denkens scheinen sich bei ihnen erst verspätet auszuformen. Das Prinzip eines Fragesatzes etwa bleibt ihnen lange ein Rätsel. «Mit acht Jahren verstehen viele gehörlose Kinder Fragen nur mit einer Verzögerung», schreibt Schlesinger. «Sie neigen immer noch zu plakativen Bezeichnungen und geben Antworten, denen die ‹zentralen Bedeutungen› fehlen.» Doch die Sprachforscher weisen darauf hin, daß es zur Überwindung solcher Schwächen nicht unbedingt der gesprochenen Sprache bedarf. Auch die Gebärdensprache ermöglicht Abstraktion und Reflexion.

Hilde Schlesinger nennt noch weitere Defizite in der sprachlichen Kompetenz der untersuchten Kinder: Sie beziehen sich in ihren Äußerungen nur auf Objekte in ihrer unmittelbaren Umgebung, kennen Konzepte wie Entferntheit oder Eventualität nicht, formulieren keine Hypothesen, vollziehen nur selten den Schritt in übergeordnete Kategorien und sind allgemein auf eine im Grunde vorbegriffliche, eine reine Sinneswelt beschränkt.

Also doch: Brauchen wir abstrakte Sprache – in welcher Form auch immer – und die damit verbundenen Konzepte von Vergangenheit, Gegenwart, Zukunft als Basis unseres Bewußtseins? Ist Sprache die Voraussetzung für die Unterscheidung von Wirklichkeit und Wahrscheinlichkeit? Macht erst Sprache das nicht Vorhandene, nicht Greifbare kommunizierbar und damit erfahrbar?

Friederici macht deutlich, in welche Zwickmühle die Kopplung von Sprache und Bewußtsein führt: «In meinen Augen ist es die Syntax, die die menschliche Sprache von anderen Kommunikationssystemen unterscheidet. Aber gerade die ist doch hochautomatisch und damit völlig unbewußt. Wenn wir jetzt sagen, der Mensch hat ein besonderes Bewußtsein, weil er Sprache benutzt, und das entscheidende Merkmal menschlicher Sprache ist unbewußt, dann stimmt da doch irgendwas nicht.»

Wo ist der Ausweg aus dem Dilemma? «Wir brauchen eine Begriffsklärung. Wir wissen nicht einmal, was Unbewußtsein ist. Habe ich, wenn ich in Narkose liege, eine andere Art von Unbewußtsein, als wenn ich Dinge tue, an die ich mich nicht mehr erinnern kann, weil sie automatisiert ablaufen? Wenn ich Bewußtsein nicht definieren kann, kann ich auch kein experimentelles Paradigma erstellen, in dem ich dann Bewußtsein teste.»

Angela Friederici konzentriert sich lieber auf die Erforschung der Informationsverarbeitung im Gehirn. Schon die habe in Deutschland verspätet eingesetzt. «Als ich aus den USA nach Europa zurückkam, habe ich zu meinem Mann gesagt: Was soll ich in Deutschland? Was man in Amerika machen kann, gibt es hier einfach nicht. Das war 1979/80, das erste Jahr der Cognitive Science am MIT, eine total aufregende Zeit.»

«Naja, ich habe dann einfach brav ausgeharrt und gearbeitet, zehn Jahre lang.» Geduld und Arbeitseifer haben sich bezahlt gemacht. 1989 fand die ehrgeizige Forscherin schließlich ihre erste feste Stelle als Professorin in Berlin. «Es gab dort keine Kognitionswissenschaft. Ich habe dann eben ein Cognitive-Science-Labor aufgebaut. Als ich weg war, war es am nächsten Tag vom Erdboden verschwunden. Das frustiert natürlich.» Gibt es also allen Verheißungen zum Trotz immer noch keine Chance für die Kognitionswissenschaft in Deutschland? «Solche Forschung hängt sehr stark von den Personen ab, die sie betreiben – auch in den USA. In Deutschland hat der Aufbruch vor fünf Jahren stattgefunden. Da sind viele junge Leute dabei. Es hat sich einfach was verändert.»

Doch der Frust der Jungforscher ist bereits programmiert. Es gibt immer weniger Stellen, das Geld ist – wie überall – knapp. Sicherheiten kann die Grundlagenforschung heute kaum noch jemandem bieten. Eine ausweglose Situation? «Man muß halt heute das machen, woran man Spaß hat», sagt Angela Friederici bestimmt, «und vor allem Durchhaltevermögen mitbringen.» Kann sie sich etwas anderes vorstellen als die Wissenschaft?

«Wenn ich handwerklich etwas geschickter wäre, würde ich vielleicht ein Handwerk betreiben. Aber außer Schürzchen nähen habe ich nichts gelernt.»

Kapitel 2
Vom Geist unserer Ahnen
Spurensuche in der Vergangenheit

Wir schreiben das Jahr 1924. Raymond Dart hat ausnahmsweise seinen besten Anzug aus dem Schrank geholt. Der südafrikanische Anatom soll heute die Braut eines Freundes zum Altar führen. Doch kaum hat er sich angekleidet und die Krawatte zurechtgerückt, ist es vorbei mit der Ruhe der Hochzeitsvorbereitungen. Ein Fuhrunternehmen liefert zwei große Holzkisten ab, eine Fracht, auf die Dart seit Wochen ungeduldig wartet. Ein paar Minuten bleiben ihm noch, um wenigstens einen kurzen Blick auf ihren Inhalt zu werfen.

Dabei enthalten sie nichts anderes als alte Knochen, fossilisierte Gebeine aus einem Kalksteinbruch in Taung, einem kleinen Ort am Rande der Kalahari-Wüste, rund 550 Kilometer von Johannesburg entfernt. Jahrmillionen haben die Fossilien im Kalk überdauert, nun kann der begeisterte Forscher keine Sekunde mehr warten, bis er die Funde zu Gesicht bekommt.

Die erste Kiste hat Dart schnell aufgestemmt. Ein Blick, dann schiebt er sie enttäuscht beiseite. Sie enthält nichts, was auf Anhieb sein Interesse weckt. Doch oben auf den Skelettfragmenten in der zweiten Kiste liegt ein nußförmiges Gebilde, das der Mediziner auf den ersten Blick erkennt: Es ist der Ausguß eines Schädels, ein in Stein nachgebildetes Gehirn.

Schon Darts Londoner Lehrer, der Anatom Grafton Elliot Smith, hatte ihn auf eine Methode hingewiesen, die Gehirne ausgestorbener Menschen und Tiere zu studieren: Man kann ihr Schädelinneres mit Gummi ausgießen und die so entstandenen Hohlformen nach dem Erhärten durch eine der Schädelöffnungen herausziehen. Nicht nur die Größe, auch einzelne Strukturen der längst verwesten Organe können dann präzise vermessen und verglichen werden. Tatsächlich läßt sich an den Ausgüssen eine Fülle anatomischer Details erkennen. Die Falten und Furchen der Großhirnrinde zeichnen sich mehr oder weniger deutlich im Knochen ab. Auch der Verlauf der Blutgefäße wird auf der Oberfläche des Schädelinneren sichtbar.

Doch vor Dart liegt kein von Menschenhand gegossenes Modell. Dieses steinerne Hirn hat die Natur geschaffen. Es hat sich aus kalkhaltigem Wasser und Schlamm gebildet, das irgendwann in grauer Vorzeit in den Schädel eingedrungen war. Das Wasser war verdunstet, der Schädel hatte sich erneut gefüllt, und so war durch den Kreislauf des einsickernden und verdunstenden Wassers Kalkschicht für Kalkschicht ein detailgetreuer mineralischer Abdruck des Schädelinneren entstanden. Eine der Sprengungen im Bergwerk von Taung hatte vermutlich die umgebende Schädelkapsel zerstört, so daß die Arbeiter nur noch das Kalkgebilde bergen konnten.

Bis heute sind gerade sieben solcher natürlicher Hirnabdrücke entdeckt worden. Alle stammen von Australopithecinen, den frühen Vormenschen des südlichen Kontinents. Damit solche Gebilde heranwachsen können, bedarf es besonderer geologischer Bedingungen, die zum Leidwesen der Paläontologen nur an wenigen Orten auf der Welt herrschen. Die Höhlen Südafrikas gehören dazu.

Im Jahr 1924 ist der unscheinbare Klumpen noch ein einzigartiger Fund. Das Kristallhirn, das Dart in der Hand hält, ist anders als alles, was der erfahrene Anatom je gesehen hat. Schon wenige Augenblicke nach der aufregenden Entdeckung ist er davon überzeugt, die Überreste eines Lebewesens in der Hand zu halten, das – vor langer Zeit ausgestorben – dereinst eine Zwischenstellung zwischen Mensch und Affe einnahm. Dart nennt das Geschöpf Australopithecus africanus, «südlicher Affe aus Afrika». Anhand der Strukturen auf der Hirnoberfläche glaubt der Anatom viele Ähnlichkeiten mit dem Menschen entdecken zu können.

Trotz der Erfahrung in vergleichender Anatomie, die Dart beim Studium verschiedener Wirbeltiere erworben hatte, irrte der Forscher. Australopithecus africanus besaß, wie spätere Analysen zeigten, ein Gehirn, das dem eines Schimpansen deutlich ähnlicher war als dem eines Menschen. Und doch begründeten Darts Untersuchungen des Fundes die afrikanische Paläoanthropologie. Seine Interpretationen machten die Forscher im fernen Europa auf die afrikanischen Wurzeln der Menschheitsgeschichte aufmerksam. Ohne seinen Irrtum wäre der Ursprung der Menschheit wohl erst Jahrzehnte später entdeckt worden.

Gebeine, Gene und Gehirn

Afrika, heute als Wiege der Menschheit in aller Munde, galt zu jener Zeit als paläoanthropologisches Niemandsland. Zwar hatte Darwin schon 1871 vermutet, das Rätsel der menschlichen Evolution lasse sich nur in Afrika lösen, doch die Vorstellung, der unterentwickelte Kontinent berge den Ausgangspunkt der Menschheitsgeschichte, bereitete seinen Zeitgenossen Unbehagen. Aus der Sicht der westlichen Wissenschaft mußte der Ursprung der Menschheit in Europa zu finden sein. Nach Funden in China und auf Java stand auch Asien hoch im Kurs. Aber Afrika? Höchstens die biblischen Schauplätze am Rande des Mittelmeers kamen noch als Geburtsort der menschlichen Spezies in Frage.

Als 1911 aus einer Kiesgrube in England ein nahezu vollständig erhaltener Schädel geborgen wurde, sahen sich die traditionsbewußten Europäer in ihrer Überzeugung bestätigt. Natürlich stand die Wiege der Menschheit – Triumph des Royalismus – nahe dem britischen Königshaus. Die Geologische Gesellschaft in London feierte im Dezember 1912 den ersten versteinerten Europäer als Boten der ruhmreichen Vergangenheit westlicher Zivilisation. Erst vier Jahrzehnte später erwies sich der sogenannte

Piltdown-Schädel als Fälschung. Die Schädelkapsel stammte von einem neuzeitlichen Menschen, der Unterkiefer von einem Orang-Utan. Und bei genauerem Hinsehen waren deutliche Spuren einer Bearbeitung des Fundes zu erkennen.

Darts Lehrer Grafton Elliot Smith hatte einen Ausguß des britischen Schädels noch als «urtümlichstes und affenähnlichstes menschliches Gehirn» gepriesen, «das bis jetzt aktenkundig wurde». Ein verhängnisvoller Irrtum: Lange Zeit galt Smith als einer der Hauptverdächtigen im Betrugsfall Piltdown, und noch heute hält das Rätselraten um den Täter an. In einem aber hatte Elliot Smith recht, auch wenn der Kronzeuge seiner Argumentation niemals existiert hat: «Der Schädel von Piltdown ist deshalb besonders interessant, weil er die Auffassung bestätigt, daß das Gehirn bei der Evolution des Menschen die führende Rolle spielt.» Die moderne Paläoanthropologie bestätigt diese These: Das Gehirn ist – neben dem aufrechten Gang – der entscheidende Faktor der menschlichen Entwicklung.

Anders als zu Darts Zeiten sind heute die Tresore der Forscher mit Versteinerungen gefüllt. Systematische Erkundungen haben in den vergangenen Jahren mehr Fossilien zutage gefördert als in der gesamten Zeit zuvor. Schon herrscht heftiges Gerangel um die besten Plätze im menschlichen Stammbaum. Und doch haben die Paläontologen noch immer Probleme damit, in der Reihe unserer Vorfahren klare Übergänge von ursprünglicheren zu fortgeschritteneren Formen zu benennen. Tatsächlich gibt es nur zwei eindeutige Entwicklungen: Als sich die Affen zum aufrechten Gang erhoben, war die Gattung Australopithecus geboren. Dieser *Vormensch* betrat die afrikanische Bühne vermutlich vor etwas mehr als fünf Millionen Jahren. Der *Urmensch* der Gattung Homo dagegen – sein Kennzeichen ist die deutliche Zunahme des Hirnvolumens – entwickelte sich allem Anschein nach erst vor etwa zweieinhalb Millionen Jahren.

Ist unser Gehirn einzigartig? Wenn ja – wie konnte es zu seiner Entwicklung kommen? Antworten auf solche Fragen sind, glaubt man dem amerikanischen Neurobiologen Christopher Wills, nur zu erwarten, wenn man Gebeine, Gene und Gehirn zusammen betrachtet. Und noch eines gilt es einzubeziehen: die Umwelt. Der südafrikanische Paläontologe Philip Tobias, Nachfolger von Raymond Dart, plädiert für eine Gesamtschau. Für ihn sind auch Klima und Kultur entscheidende Faktoren der menschlichen Entwicklung. Darauf haben sich die Forscher schon recht früh geeinigt: Biologische und kulturelle Evolution sind in einer immerwährenden Rückkopplungsschleife miteinander verbunden.

«Mit zunehmender Komplexität unserer Kulturen nahm die Komplexität unseres Gehirns zu, was wiederum eine Steigerung der Ansprechbarkeit des Körpers für Außenreize und – die Schleife vollendend – eine weitere Steigerung der kulturellen Komplexität bedingte», schreibt Christopher Wills, einer der besten Kenner der Szene. Große und intelligente Gehirne hatten weiterentwickelte Kulturen zur Folge. Konnten unsere Vorfahren die Vorteile dieser Kulturen nutzen, führte dies wiederum zu noch größeren und intelligenteren Gehirnen. Damit war der Kreis geschlossen, und ein neuer Zyklus konnte beginnen.

Dumm und schlau im Labyrinth

Hinweise auf die Rückkopplung von Gehirn und Umwelt beobachteten amerikanische Forscher schon vor einigen Jahrzehnten im Tierversuch an Ratten. Die Frage ist nur: Wie bedeutsam ist der Anteil der Gene an der Evolution des Geistes, wie groß der Einfluß der Umwelt?

Robert Tyron von der University of California in Berkeley gelang es, zwei verschiedene Rattenstämme heranzuzüchten: Die Tiere des einen Stamms fanden sich in einem weitverzweigten Labyrinth mühelos zurecht, denen des anderen fiel es generell schwer, sich in dem Gewirr von Gängen, Ecken und Sackgassen zu orientieren. Offenbar schien die Intelligenz der Tiere erblich zu sein. Nach nur drei Generationen hatte Tyron einen labyrinthschlauen und einen labyrinthdummen Rattenstamm vor sich. Weitere Kreuzungsversuche ließen die Unterschiede zwischen den beiden Gruppen in den folgenden Generationen noch deutlicher hervortreten.

David Krech und David Rosenzweig – auch sie arbeiteten in Berkeley – hatten dagegen in den siebziger Jahren zwei genetisch nahezu identische Rattenstämme herangezogen. Einziger Unterschied: Die Tiere wuchsen unter verschiedenen Umweltbedingungen auf. Während die Mitglieder der einen Gruppe, schalldicht von der Außenwelt und voneinander isoliert, in kahlen, schwach beleuchteten Käfigen ihr Dasein fristeten, durften sich die anderen Nager in einer an Sinnesreizen reichen Umgebung austoben. Ergebnis: Die zweite Gruppe löste Orientierungsaufgaben in einem Labyrinth mit Bravour, Vertreter der ersten Gruppe hingegen brauchten sehr viel länger, um das in den Gängen versteckte Futter aufzuspüren. Diese Ergebnisse wurden erst kürzlich am kalifornischen Salk Institute bestätigt – diesmal mit Mäusen als Versuchstieren.

Also schienen tatsächlich nicht nur die Gene, sondern auch die Bedingungen der Umwelt einen Einfluß auf die Hirnentwicklung der Tiere zu haben, und der durch die Intensität der Außenreize hervorgerufene Unterschied in der Nagerintelligenz zeigte sich nicht nur im Verhalten der Ratten und Mäuse, sondern ließ sich auch an der Anatomie ihrer Hirne nachweisen. Zwar war die Großhirnrinde der stimulierten Tiere nur unwesentlich dicker als die ihrer gelangweilten Artgenossen, doch die Zahl der Verschaltungen zwischen ihren Nervenzellen übertraf die ihrer verarmten Vettern bei weitem. Je genauer die Forscher die Nagerhirne untersuchten, desto mehr Unterschiede zwischen stimulierten und nichtstimulierten Gehirnen traten zutage.

Die Psychologin Marian Diamond setzte die Versuche ihrer

Kollegen fort. Sie zog wiederum zwei genetisch identische Rattenpopulationen auf: die einen wie gewohnt in lebendiger Umgebung zusammen mit unzähligen Artgenossen, die anderen wiederum voneinander isoliert, allerdings diesmal nicht in einem dunklen Verlies, sondern in ebenso hellen und freundlichen Käfigen wie die erste Gruppe. Ergebnis der sozialen Isolation: Die Unterschiede zwischen den Gehirnen waren am Ende des Versuchs genauso groß wie bei den Umweltversuchen von Krech und Rosenzweig. Das Fehlen sozialer Kontakte schien also in weitaus stärkerem Maße als die Komplexität der Umgebung Ursache für die verminderte Hirnentwicklung zu sein.

Für viele Forscher sind solche Versuche ein entscheidender Hinweis auf die Rückkopplung von Hirnevolution und kultureller, sprich sozialer Entwicklung. Schon in den achtziger Jahren hatten die beiden Biologen Charles Lumsden und Edward O. Wilson versucht, diese Verzahnung in genetische und mathematische Formeln zu pressen. Den Genen im Erbgut unserer Vorfahren stellten sie sogenannte Culturogena gegenüber. Ein Culturogenum konnte ein einfaches Werkzeug sein oder das komplexe grammatikalische Regelwerk der gesprochenen Sprache, eine bestimmte soziale Struktur innerhalb einer Gruppe oder ein Bestattungsritus. Doch die beiden Theoretiker begingen einen entscheidenden Fehler: Sie begriffen die Rückkopplung als allzu direkte Beziehung zwischen allzu spezifischen Faktoren und stießen deshalb auf heftige Kritik. Und doch ist ihr mathematischer Ansatz nicht völlig gescheitert. Luigi Luca Cavalli-Sforza, Humangenetiker an der Stanford University in Kalifornien, entwickelte zusammen mit seinem Kollegen Mark Feldman ein mathematisches Modell für die kulturelle Evolution. Und siehe da: Im Computer überflügelte die kulturelle Entfaltung rasch die der Gene, die soziale und geistige Evolution schritt weitaus schneller voran als der Wandel im Erbgut. Die eine Entwicklung trieb gleichsam die andere voran.

Kultur als Katalysator für die Genetik des Geistes und umgekehrt? Die Tierversuche weisen ebenso darauf hin wie die simulierten Szenarien im Rechner. Doch oft führen solche Modelle zu allzu einfachen Interpretationen. Es gibt eben kein einzelnes Gen, das den urzeitlichen Jäger plötzlich zum Speerwerfen befähigte. Keine spontane Mutation läßt den Menschen einen Videorekorder programmieren. Erst das komplexe Zusammenspiel von Genen, Umwelt und sozialem Gefüge befähigte den Menschen, nahezu jeden Lebensraum der Erde zu erobern, sich an unterschiedlichste klimatische Bedingungen anzupassen und sich schließlich auch im Labyrinth der Moderne zurechtzufinden.

Frauen und Krieger

Was genau jedoch die menschliche Kultur und damit das Wachstum des Gehirns beförderte, bleibt weiterhin unklar. Über die Bedingungen und Ursachen der Menschwerdung streiten vor allem die Paläoanthropologen. Sie stehen vor dem großen Problem, aus wenigen Knochenfragmenten eine Geschichte herauslesen zu müssen, von der kein Augenzeuge, keine Überlieferung berichten kann.

Der Darmstädter Paläontologe Friedemann Schrenk markiert die Grenzen seines Metiers: «Mehr als 99,9 Prozent der Menschheitsentwicklung sind nicht durch Fossilienfunde gedeckt. Statistisch steht uns zur Rekonstruktion von hundert Generationen nur ein Individuum zur Verfügung.» Der britische Philosoph Karl Popper hat das Dilemma der Geschichtswissenschaften als «Elend des Historizismus» bezeichnet: das Bemühen der Forscher, Fakten und Vorgänge zu rekonstruieren, ohne dabeigewesen zu sein oder einen Zeugen befragen zu können. «Auch die Paläontologie ist eine historische Wissenschaft», erklärt Schrenk. «Wir kennen kein Wahr oder Falsch, sondern immer nur ein Wahrscheinlich oder Unwahrscheinlich.»

So wurde und wird also heftig um die Wahrscheinlichkeit von Thesen gestritten. Der amerikanische Autor Robert Ardrey etwa war noch vor einigen Jahrzehnten davon überzeugt, die männlichen Tugenden Jagdgeschick und Kampflist hätten Kommunikation und Kooperation unter Jägern und Kriegern notwendig gemacht und damit die kulturelle Entwicklung vorangetrieben. Ardreys martialische Vorstellung geht auf eine Theorie von Raymond Dart zurück, der glaubte, die Vormenschen seien notorische Killer gewesen, «fleischfressende Kreaturen, die sich ihrer lebenden Opfer mit Gewalt bemächtigten, sie erschlugen, in Stücke rissen und ihre Glieder abtrennten, gierig ihren Durst mit dem heißen Blut der Beute löschten und das lebendige, zuckende Fleisch fraßen». Darts Theorie ist längst überholt, der Killer rehabilitiert. Jeder neue Fund verändert das Weltbild der prähistorischen Forschung. So sind viele Spekulationen des Südafrikaners wie die seiner Kollegen auf dem Müllhaufen der Wissenschaftsgeschichte gelandet. Als wahrscheinlicher gilt heute, daß unsere frühen fleischfressenden Vorfahren vor allem von Aas lebten, das ihnen die Raubtiere hinterließen, wenn sie sich satt gefressen hatten. Der Mensch konkurrierte mit Geiern und Hyänen. Keine sonderlich sympathische Vorstellung und vor allem keine Spur menschlicher Überlegenheit.

Auf Ardreys blutrünstiges Kriegerszenario, in dem die Männer die Hauptrolle spielten, antwortete die 1989 verstorbene amerikanische Anthropologin Nancy Tanner mit einer dezidiert feministischen Sicht: Es seien die Frauen gewesen, die das Sozialgefüge der frühen Menschengruppen entscheidend gestaltet hätten, während sich die Männer in der Vorgeschichte herumtrieben. «Das Verhalten von Frauen und Kindern – für die zum Beispiel die frühe Entwicklung der Intelligenz und das Entstehen von Weinen, Lächeln und kindlichen Lauten wichtige Grundlagen für das Überleben gewesen sein können – wurde bis zum letzten Viertel dieses Jahrhunderts fast völlig vernachlässigt», schimpfte Tanner. Die Rolle der Frau bei der Fortpflanzung habe natürlich Beachtung gefunden. Aber ihr Anteil an der Beschaffung von Nahrungsmitteln, der Gewährung von Schutz, bei Spiel und Kommunikation wie auch der Herstellung von Werkzeugen sei größtenteils ignoriert worden.

Heute geht der Kampf der Geschlechter weiter: Einige Forscher glauben, die Hirnentwicklung habe tatsächlich zunächst bei den Männern eingesetzt – diesmal aber nicht der Jagd, sondern gerade der Frauen wegen. Gewitztere Junggesellen hätten bei Frauen mehr Glück gehabt als ihre tumben Konkurrenten. Vor allem die Entwicklung von Kunst und Kultur in der jüngeren Menschheitsgeschichte soll – glaubt man den Theorien – im Flirt ihren Ursprung haben.

Jonathan Kingdon, ein Zoologe an der Universität Oxford, hält nicht die Fortschritte der Galanterie, sondern die technische Evolution für den entscheidenden Motor der kulturellen Entwicklung. «Menschen wurden von Anfang an in eine menschengemachte Welt geboren, ja selbst die ersten Menschen übernahmen die Welt von einer Reihe von Vorgängern, die Werkzeuge benutzten», sagt der gebürtige Kenianer. Den Faktor Klima hält er dabei für überbewertet. «Mit der Ausbreitung der prähistorischen Menschen über Afrika hinaus entstanden ihre offensichtlichen Anpassungen wie schwarze oder weiße Haut nicht nur als Reaktion auf das Klima, sondern auch als Folge ihrer Technologie und Kultur, welche die Menschen über ihre biologischen Grundlagen hinausbrachten.» Weiße Haut als Folge technischer Fertigkeiten? Indirekt schon. Nur wer Kleidung herstellen oder Hütten bauen kann, dringt erfolgreich auch in kältere Gebiete der Erde vor. Hier wird die dunkle Haut als Schutz vor der Sonneneinstrahlung schließlich überflüssig. Mehr noch: Die Sonne dringt tiefer in die bleichen Körper ein und kurbelt so die Produktion des lebenswichtigen Vitamins D an. Am Ende sind Weiße, wie Jonathan Kingdon sagt, «Exafrikaner, die ihre Pigmente verloren haben».

Krieger und Bastler, Mütter und Schürzenjäger: Die Konzepte

scheinen sich zu widersprechen. Die Konkurrenz der Theorien ist allerdings weniger in ihnen selbst angelegt, sondern resultiert vielmehr aus dem Wettstreit der Forscher. Zwangsläufig bilden sich so verschiedene Schulen aus, die ihre Hypothesen wie Glaubenssätze verfechten. Heftige Auseinandersetzungen sind die Folge, rhetorische Gefechte, die weniger den wissenschaftlichen Fortschritt zum Ziel haben als dazu dienen, den jeweiligen Urheber eines Gedankens bekannt und möglichst erfolgreich werden zu lassen. Wer am Ende recht hat? Vielleicht alle. Die Zusammenhänge zwischen Geist, Kultur und Genen sind mit Sicherheit viel komplexer, als viele Forscher annehmen. Wahrscheinlich hat nicht nur die Kriegs-, sondern auch die Friedenstechnik das Fortkommen des Menschen befördert, und Frauen und Männer dürften zu gleichen Teilen an der kulturellen Evolution der Menschheit beteiligt gewesen sein.

Hirn ißt mit

Wenn es aber tatsächlich eine Rückkopplung zwischen Genen, Gehirnen und Kultur gegeben hat, warum war sie augenscheinlich nur beim Menschen so ausgeprägt? Warum haben nur wir eine derart komplexe Sozialstruktur entwickelt, warum haben gerade wir so große Hirne? Und ab wann wurde das Gehirn unserer Ahnen im Laufe der Evolution dem eines modernen Menschen ähnlicher als dem eines Affen?

Tatsächlich ist das Wachstum des Gehirns durch natürliche Faktoren beschränkt. Der Betrieb seines Denkorgans kostet einen neugeborenen Menschen etwa 60 Prozent der Energie des gesamten Körperhaushalts. Ein Erwachsener nutzt in Ruhestellung immerhin noch ein Viertel seiner Ressourcen für den Unterhalt des Gehirns – ein immenser Aufwand. Wieso können wir ihn uns leisten?

«Das Feuer», sagt Friedemann Schrenk, «hat dem Gehirn beim Wachsen geholfen.» Die überwiegende Mehrheit der Tiere, auch der Primaten, wende den größten Teil der verfügbaren Energie für Nahrungserwerb und Verdauung auf. Beim Menschen hingegen, darauf verweisen Untersuchungen des Zürcher Anthropologen Bob Martin, ist der Darm vergleichsweise verkürzt. Indem unsere Vorfahren sich neue, energiereichere Nahrungsquellen erschlossen, sparten sie bei der Verdauung Energie ein.

Winzige, nur unter dem Mikroskop erkennbare Strukturen an fossilen Zähnen offenbaren Wissenschaftlern wie Schrenk das prähistorische Menü. Der Vormensch Australopithecus ernährte sich vor allem von Pflanzen. Er kaute Baumrinden, Blätter und Nüsse – sichere und leicht verfügbare Nahrung. Doch ein Klimawandel strich den vorgeschichtlichen Vegetariern vermutlich ihre Leibgerichte von der Speisekarte. Vor etwa 2,7 Millionen Jahren setzte in Afrika eine heftige Dürreperiode ein, die Pflanzennahrung wurde seltener und vor allem härter. Bei vielen Tiergruppen begannen sich daher die Kiefer und Zähne zu vergrößern.

Auch bei den frühen Vormenschen kam es zu entsprechenden Veränderungen. Doch während einige Gruppen sich nur auf ihr Gebiß verließen, sich auf harte Pflanzennahrung spezialisierten und eine immer mächtigere Kaumuskulatur entwickelten, griffen andere Hominiden zu Werkzeugen und wurden zu Allesfressern. Die Gattung Homo entstand. Die Fleischnahrung versorgte ihre Vertreter mit hinreichenden Eiweißreserven. Mit der Entdeckung und Nutzung des Feuers verringerten sie den Aufwand für die Verdauung der Nahrung und brauchten zudem weniger starke Zähne und Kaumuskeln, um die Mahlzeiten zu zerkleinern.

Die vorgeschichtlichen Vegetarier hingegen, die robusten Australopithecinen, starben schließlich aus. Dem evolutionären Wettlauf mit anderen Pflanzenfressern wie etwa den Antilopen waren sie auf Dauer nicht gewachsen. Der Homo geht als Sieger aus der Nahrungskonkurrenz hervor. Ein Sieg mit Folgen: Die energiereichere Nahrung bietet genügend Reserven, um ein sich stetig vergrößerndes Gehirn zu betreiben. Die schwächer werdende Kaumuskulatur schafft Platz für entsprechende anatomische Veränderungen am Schädel.

Nur ein Problem gilt es noch zu lösen: Ein Organ, das derartig viel Energie verbraucht wie das Gehirn, erzeugt einen gewaltigen Wärmeüberschuß – Hitzewallungen unter der Schädeldecke. Wird diese Wärme nicht rechtzeitig abgeführt, schädigt sich das Hirn durch seine Stoffwechselaktivität selbst.

Wissenschaft in der Werkstatt

Wissenschaft findet nicht nur im Labor statt. Zuweilen werden geniale Ideen auch vor dem flackernden Kamin oder unter der Dusche geboren, auf nächtlichen Highways oder menschenleeren Flughäfen. Der Hitzestau im Hirn begann sich in einer Autowerkstatt aufzulösen. Der etwas betagte Mercedes der amerikanischen Paläoanthropologin Dean Falk mußte dringend zur Inspektion. Walter Anwander, ein Mechaniker im amerikanischen Lafayette, nahm den Motor des Wagens vollständig auseinander, reinigte die Einzelteile und baute die Maschine schließlich wieder zusammen. Dabei ließ er es sich nicht nehmen, Falk in all die kleinen Geheimnisse unter der Motorhaube einzuweihen. «Er war ein Zauberkünstler in Sachen Autos», schwärmt die Forscherin noch heute. Während des Nachhilfeunterrichts deutete Anwander auf den Kühler des Wagens und sagte: «Der Motor darf nur so groß sein, daß der da ihn noch kühlen kann.»

«Damals dachte ich nur wenig über diesen Satz nach», bekennt die Forscherin und versteht im nachhinein selbst nicht mehr, warum sie sich so lange mit der Lösung ihres Problems schwertat. Eine Arbeit der amerikanischen Gefäßphysiologin Mary Ann Baker brachte sie schließlich auf die entscheidende Idee. «Ein Anstieg der Körpertemperatur um vier bis fünf Grad Celsius über den Normwert», schrieb Baker, «reicht schon aus, die Gehirnfunktionen zu beeinträchtigen. So ist möglicherweise die Temperatur das ausschlaggebende Kriterium, ob Menschen oder andere Tiere in einem heißen Habitat überleben können.»

Leben in der Savanne – nur eine Frage des Kühlsystems? Noch fehlte der Beweis für die faszinierend einfache These. Der französische Physiologe Michel Cabanac arbeitete zeitgleich mit Dean Falk an einer Untersuchung der ableitenden Blutbahnen im Hirn, der sogenannten Emissarien. «Möglicherweise entstanden die Emissarien, um das Gehirn vor Überhitzung zu schützen», überlegte der Franzose. «Parallel zur Entwicklung des aufrechten Gangs wurde auch das Gehirn immer größer; deshalb wurde mit zunehmendem Hirnvolumen auch der Bedarf nach einem stärkeren Kühlaggregat größer.»

Drei Tage, nachdem Falk einen entsprechenden Brief von Cabanac erhalten hatte, wachte sie plötzlich mitten in der Nacht auf. Die Puzzlesteine hatten sich zusammengefügt, Mercedesmotor und menschliches Hirn weisen eine entscheidende Parallele auf: Ohne Kühlung laufen sie heiß. Wenn also das Hirn wachsen soll, muß mit ihm der Kühler optimiert werden.

Noch im Dunkeln zog sich die Wissenschaftlerin an und fuhr ins Labor, um das Schädelvolumen der verschiedenen Hominiden mit den Daten über ihre Schädelvenen zu vergleichen. Die Nachtfahrt sollte sich lohnen. Jahrelang hatte Falk in den Museen der Welt Schädelabgüsse gesammelt. Immer wieder hatte sie mit viel Charme, aber auch unerbittlichem Durchsetzungsvermögen die Forscher dazu gebracht, Kopien ihrer Kostbarkeiten herauszugeben. Nun konnte sie das Material vergleichen. In den vergangenen zwei Millionen Jahren, entdeckte Falk, hat die Zahl der Venenaustrittsstellen am Schädel in gleichem Maße zugenommen wie das Wachstum des menschlichen Gehirns: «Gehirn und Schädelvenen haben eindeutig eine gleichzeitige, rasch verlaufende Evolution durchgemacht.»

Was so einfach klingt, war das Ergebnis mühevoller Arbeit und jahrelanger Erfahrung, zu dem aber auch der Mut zu gewagten Interpretationen beigetragen hatte. Denn selten zeichnen sich die Gefäße an der Innenseite der Schädeldecke wirklich eindeutig ab. Der Zahn der Zeit hat an den fossilen Knochen genagt, und kaum ein Schädel ist wirklich vollständig. Nur Experten sind unter solchen Bedingungen noch in der Lage, anhand der verschwommenen Strukturen anatomische Einzelheiten zu erkennen.

Doch Falks Ergebnisse können sich sehen lassen, wenn sie auch bis heute angefochten werden. Bei den Australopithecinen, den Vormenschen, sorgten nur drei kräftige Venen im Hinterkopf für Abkühlung durch den Blutstrom. Beim Homo habilis, einem Urmenschenvertreter, der vor etwa zwei Millionen Jahren die afrikanische Savanne durchstreifte, ist das Gehirn bereits von einem engmaschigen Netz feiner Blutgefäße umgeben, die ein wesentlich verbessertes Kühlsystem bildeten – in der glühendheißen Umgebung dieses Urmenschen ein wesentlicher Vorteil.

Hilfreicher Engpaß

Nun scheinen – theoretisch – alle Voraussetzungen für die Evolution des menschlichen Gehirns gegeben. Es wird mit genügend Nahrung versorgt und hinreichend gekühlt. Damit kann es wachsen. Doch um die Fähigkeiten des menschlichen Geistes zu erklären, reicht der bloße Verweis auf die Volumenzunahme des Gehirns nicht aus. Schließlich haben etwa Elefanten oder Delphine deutlich größere Hirne als der Mensch.

Ein Engpaß hilft dem menschlichen Geist auf die Sprünge: das weibliche Becken. Schimpansen- und Menschenbabys kommen etwa mit dem gleichen Hirnvolumen zur Welt. Ein größerer Kopf würde einen normalen Geburtsvorgang unmöglich machen.

Während jedoch die Hirnentwicklung des jungen Affen bei der Geburt nahezu abgeschlossen ist und sein Hirnvolumen danach nur noch wenig zunimmt, kommt es beim menschlichen Säugling zu einer geradezu explosiven Ausdehnung des Gehirns. Das Hirnvolumen eines Vierjährigen hat sich seit seiner Geburt verdreifacht. Danach wächst es langsamer, bis es ein Volumen von etwa 1400 Kubikzentimetern erreicht hat.

Der größte Teil der menschlichen Hirnentwicklung findet also außerhalb des Mutterleibes statt. Der evolutionäre Kollisionskurs von Hirn und Becken hat zur Folge, daß das menschliche Kleinkind während der längsten Zeit seiner Hirnentwicklung mit unzähligen Reizen aus der Außenwelt bombardiert wird, von denen das Schimpansengehirn weitgehend unbeeinflußt bleibt. Für die Evolution zum menschlichen Gehirn genügt anscheinend nicht schon längerer Kontakt mit der Umwelt, «sondern darüber hinaus muß diese Umwelt auch noch hochkomplex sein», schreibt Christopher Wills.

Und schon trumpfen wieder die Verfechter der sozialen Rückkopplungstheorie auf. Und erneut werden listige Krieger, treusorgende Mütter und vor allem Werkzeuge als wichtige Faktoren auf dem Weg zum Geist genannt. Roh behauene Steine, sogenannte *pebble tools*, gelten als die ersten, 2,5 Millionen Jahre alten Hinweise auf die werdende menschliche Kultur. Marvin Harris, Anthropologe an der University of Florida und einer der einflußreichsten Vertreter seines Faches, hält jedoch den Werkzeugkult für übertrieben. «Tiere brauchen keine großen Gehirne, um mit Werkzeugen umgehen zu können. Selbst Insekten verwenden Werkzeuge. Die Wespe Amophila urnaria zum Beispiel stampft die Wände ihres Baus mit Hilfe eines Kiesels fest, den sie mit den Mundwerkzeugen hält.»

Dennoch gibt auch Harris zu, daß die ersten Schritte auf dem Weg zum menschlichen Gehirn eng mit der Werkzeugkultur verknüpft waren: «Mit der Anfertigung von steinernen Faustkeilen und Schabern, angespitzten Grabstöcken, Lederriemen und Fellbeuteln und mit dem Herumtragen und Aufbewahren der Werkzeuge und Materialien hatte das Affenhirn die Grenzen seiner Kapazität erreicht.»

Neuronen zum Davonlaufen

Die Rückkopplung zwischen Hirnvolumen und Werkzeugentwicklung sei vielleicht eine gute Erklärung für die Evolution von den Australopithecinen zum Homo habilis, dem «geschickten Menschen», räumt Marvin Harris ein, doch beim mutmaßlichen Nachfolger des Habilis, dem Homo erectus, komme dieser Mechanismus schon nicht mehr zum Tragen. Er habe keine so großen Fortschritte im Umgang mit Werkzeugen gemacht, daß die Weiterentwicklung der Technik die deutliche Zunahme seines Hirnvolumens erkläre. Der Anthropologe favorisiert eine Theorie, die Konrad Fialkowski, ein Mitglied des Ausschusses für evolutionäre und theoretische Biologie an der polnischen Akademie der Wissenschaften, aufgestellt hat: «Das Gehirn war gut zum Rennen.»

Abbildung 2: In der Evolution des Menschen spielt die Zunahme des Hirnvolumens eine entscheidende Rolle. Sie ist für die Paläoanthropologen das charakteristische Merkmal der Gattung Homo. Die Entwicklung vom Vormenschen Australopithecus, charakterisiert durch den aufrechten Gang, zum Urmenschen Homo (hier in Gestalt von Homo habilis) führen die Forscher auf eine Veränderung des menschlichen Speisezettels sowie auf den Beginn der Werkzeugkultur zurück. Eine Rückkopplungsschleife zwischen kultureller wie sozialer Entwicklung und der Evolution des Gehirns hat vermutlich das Organ anschwellen lassen. Die Ursache für das Hirnwachstum bei Homo erectus ist jedoch umstritten. Seine Fortschritte im Umgang mit Werkzeugen etwa reichen nicht aus, um sein vergrößertes Gehirn zu erklären. Vielleicht entwickelten sich zusätzliche Nervenzellen als Sicherheitsreserve, um das Gehirn bei Belastungen vor einem Kollaps zu bewahren.

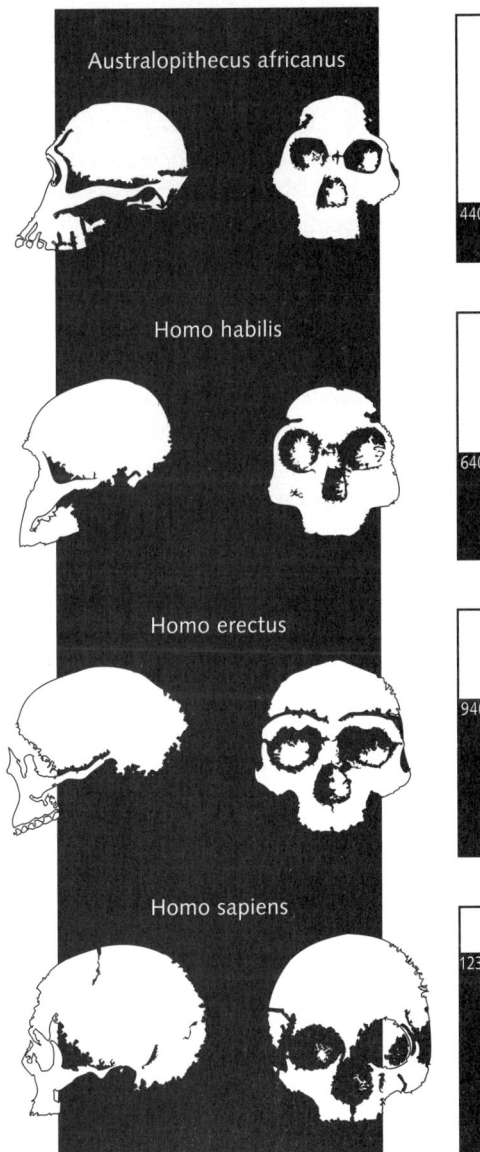

Evolution des menschlichen Gehirns

Australopithecus africanus

440

Homo habilis

640

Homo erectus

940

Homo sapiens

1230

Volumen der Hirnkapseln in Kubikzentimetern

Fialkowskis These liegt zunächst die gleiche Überlegung zur klimatischen Entwicklung zugrunde, die auch Dean Falk schließlich zur Kühlertheorie führte: Hirnzellen sind gegen Hitzebelastung deutlich anfälliger als die Zellen anderer Organe. Der Pole spekuliert jedoch nicht auf Kühlung, sondern auf einen anderen Schutzmechanismus: Zusätzliche Neuronen könnten den Homo erectus beim Rennen über längere Strecken davor bewahrt haben, einen Kollaps zu erleiden. Schließlich lasse sich die Verläßlichkeit eines Systems dadurch steigern, daß man die Menge funktionsgleicher Elemente und ihrer Verbindungen erhöhe. Falle dann eines aus, trete ein anderes an seine Stelle.

Aber wohin rennt Erectus, und warum muß er gerade diese Eigenschaft optimieren? Natürlich, gibt Marvin Harris zu, sei der Mensch weit davon entfernt, der schnellste Läufer im Tierreich zu sein. Aber wenn es darum gehe, weite Strecken zurückzulegen, seien wir imstande, jedes andere Tier in Grund und Boden zu rennen. Harris zieht ethnologische Befunde heran, um Fialkowskis These zu stützen. Den Untersuchungen zufolge hat es Eingeborenenvölker gegeben, die ihre Beutetiere unerbittlich zu Tode hetzten, manchmal über mehrere Tage. Haben die Urmenschen ähnlich gejagt? Sollte das der Fall gewesen sein, dann hatte der Jäger mit den meisten Hirnzellen wohl auch die größten Überlebenschancen – Neuronen zum Jagen und Davonlaufen.

Die Frage läßt sich heute wohl kaum noch beantworten. Doch Fialkowskis These vom Läuferhirn läßt sich faszinierend weiterspinnen. Harris: «Als die Gehirnzellen dank der Zunahme, die sie im Interesse der Ausfallsicherung durch natürliche Auslese erfuhren, eine kritische Masse erreicht hatten, waren die Neuronenbahnen von Erectus bereit für eine rasche und grundlegende Reorganisation.» Damit könnten auch die geistigen Fähigkeiten des Menschen und mit ihnen das Bewußtsein – wie fast alle evolutionären Entwicklungen – das zufällige Ergebnis eines Prozesses sein, der ursprünglich einem ganz anderen Zweck diente.

Hutmacher dürfen aufatmen

Die Spuren der Vergangenheit weisen in eine eindeutige Richtung: Hatte Homo habilis vor etwa zweieinhalb Millionen Jahren noch ein Hirnvolumen von 590 bis 700 Kubikzentimetern, so wies Homo erectus schon eine Million Jahre später stolze 800 bis 900 Kubikzentimeter auf. Das Gehirn des Homo sapiens der Gegenwart erreicht ein Volumen von 1100 bis 1500 Kubikzentimetern. Ein Trend, der anhält? Werden die Menschen der Zukunft mit Köpfen wie Melonen herumlaufen? Wohl kaum. Der Höhepunkt der Hirnentwicklung – wenigstens was die Größe betrifft – war schon zu Zeiten des Neandertalers überschritten. Seither hat die Größe des Schädels wie auch das Volumen des Organs, das er schützend umgibt, wieder leicht abgenommen.

Auf den ersten Blick sollte man zwar erwarten, daß unsere Entwicklung noch längst nicht abgeschlossen ist. Denn der Homo sapiens ist gerade 200000 Jahre alt, ein Youngster der Entwicklungsgeschichte. Dennoch hält der amerikanische Paläontologe Stephen Jay Gould die Evolution des Sapiens für beendet. «Der Mensch entwickelt sich bereits seit Zehntausenden von Jahren nicht mehr», sagt er in einem Interview. «Fast alle erfolgreichen Arten bleiben über lange geologische Zeiträume stabil. Wir akzeptieren dies für Schaben, Ratten oder Tauben. Nur vom Menschen meinen wir, er müsse irgendwie besser – intelligenter – werden. Das ist eine weitverbreitete Fehleinschätzung.»

Tatsächlich haben wir die Faktoren der Evolution selbst erfolgreich ausgeschaltet. Die Zeiten, in denen nur die widerstandsfähigsten Vertreter einer Art überlebten, sind für den Menschen längst vorbei. Perioden, in denen kleine Gruppen unserer Vorfahren abgespalten wurden und sich getrennt von anderen entwickelten, gehören der Vergangenheit an. Zwei deutsche Skinheads können sich genetisch deutlicher voneinander unterscheiden als von dem schwarzafrikanischen Asylanten, den sie als Fremden mit Gewalt aus dem Land treiben wollen.

Auch Informatiker der British Telecom Laboratories in Ipswich halten die Entwicklung zumindest des menschlichen Hirns für beendet. In einer Studie über informationsverarbeitende Systeme stellten sie fest, Größe und Zahl der Nervenzellen sowie der sie versorgenden Blutgefäße seien so präzise ausbalanciert, daß eine wesentliche Steigerung der Hirnkapazität unmöglich erscheine. Auch die Geschwindigkeit der Signalübertragung, so die britischen Forscher, habe ihre Grenze erreicht, ja sie würde bei einer Vergrößerung des Gehirns wieder abnehmen. Vielleicht eine gute Botschaft: Melonenköpfige Vertreter von Homo sapiens bevölkern höchstens die Science-fiction-Literatur. Hutmacher dürfen aufatmen.

Dennoch scheint es Entwicklungen zu geben. So überragen nachfolgende Generationen meist ihre Eltern. «Die Studenten sehen nicht mehr so aus wie in alten Anatomielehrbüchern», stellt Holger Preuschoft, Anthropologe und Humangenetiker an der Universität Bochum, fest. Merkmale wie die zunehmende Körpergröße allerdings führen Forscher wie Preuschoft nicht auf einen Wandel der Gene, sondern auf soziale Faktoren wie Ernährung oder Erziehung zurück. So ist inzwischen nachgewiesen, daß eiweißreiche Nahrung das Längenwachstum fördert. In Kriegszeiten geht die durchschnittliche Körpergröße der Bevölkerung zurück – und das nicht nur wegen Nahrungsengpässen, sondern auch wegen fehlender sozialer Zuwendung.

Die evolutionäre Bedeutung der Kultur scheint die der Gene längst überholt zu haben. «Wir müssen die überragende Bedeutung der kulturellen Evolution berücksichtigen», erklärt etwa der Biochemiker und Medizinnobelpreisträger Christian de Duve, «und ihre Fähigkeiten, den Lauf der biologischen Evolution zu verändern.» Tatsächlich unterscheiden sich unser Erbgut und damit unsere angeborenen Fähigkeiten kaum von denen der Cro-Magnon-Menschen, die vor etwa 15000 Jahren lebten. Würde ein solcher Steinzeitmensch in den Straßenschluchten Manhattans überhaupt auffallen? «Der Unterschied, der in den 15000 Jahren entstanden ist», gibt de Duve zu bedenken, «beruht ausschließlich auf kultureller Vererbung. Er liegt in der Ansammlung von Wissen, Technik, Kunst, Glaubensgrundsätzen, Sitten und Traditionen, erworben und weitergegeben von den etwas über 600 Generationen, die in dieser Zeitspanne aufeinander folgten.»

Die genetische Evolution des modernen Menschen, glaubt der amerikanische Soziobiologe Edward O. Wilson, finde längst nicht mehr in der Natur statt, sondern in den Labors der Molekularbiologen und Humangenetiker. «Evolution wird eine Domäne der Wissenschaft, der Ethik und der Politik werden.»

Exkurs 3
Das Duell der Denker
David Chalmers versus Daniel Dennett

Die Stille lastet schwer über der kleinen Stadt. Nur die Saloon-
türen schwingen quietschend in ihren Angeln. Der Wind treibt
Sand und dürre Zweige durch die Straßen. In Old Tucson ist die
Zeit stehengeblieben. Das Nest inmitten der Wüste von Arizona
wirkt wie die museale Kulisse alter Westernmythen. Harte Männer mit ebenso harten Gesichtern, den Colt griffbereit, lungern
im Schatten der Gebäude. Erliegt der Besucher einer wilden Hal-
luzination? Schließlich brennt die Mittagssonne gnadenlos vom
wolkenlosen Himmel.

Der Schein trügt nicht, er ist gewollt. Die Männer sind Schau-
spieler, lebende Staffage für zahlungswillige Touristen. Old Tuc-
son ist eine verlassene Kulisse. Einst ließ hier John Wayne im
Film den Mythos von Männlichkeit und Freiheit aufleben.
Heute ist der Wilde Westen Vergangenheit – im Leben wie im
Kino.

Die eigentlichen Duelle werden wenige Meilen westwärts ausgefochten – mit Worten, nicht mit Bleikugeln. Und wieder geht
es um alles – um Freiheit und Selbstbestimmung, um das Überleben des Ich. Im Kongreßzentrum inmitten der Altstadt des neuen
Tucson treffen sich seit 1994 regelmäßig die führenden Wissenschaftler auf der Suche nach der Seele. Anfangs waren es gerade
dreihundert Forscher, zwei Jahre später zählen die Veranstalter
bereits mehr als tausend Teilnehmer – High Noon in der Bewußtseinsforschung.

Wenn Philosophen und Physiologen, Physiker und Psychiater
aufeinandertreffen, ist der Ausgang ungewiß: Sie streiten nicht
mit-, sondern vor allem untereinander. Was ist Bewußtsein?

Kann die Wissenschaft das Ich erklären? Ist auch eine Welt ohne Bewußtsein vorstellbar?

«Es wäre alles viel einfacher, wenn wir ein Meßinstrument für das Bewußtsein hätten», sagt David Chalmers. «Ich habe glücklicherweise eines bei mir», erklärt der junge australische Philosoph mit einem triumphierenden Lächeln auf den Lippen und zieht hinter dem Rednerpult einen alten Fön hervor. «Suche nach Bewußtsein, suche nach Bewußtsein», murmelt der Einunddreißigjährige beschwörend ins Mikrophon und hält sich den Fön an den Kopf. Im Saal ist es still geworden. Alle starren gebannt auf das scheußliche, blaßrosa Plastikding in Chalmers' Hand. Plötzlich leuchtet am Pult ein rotes Licht auf. «Ah, Bewußtsein», stellt Chalmers zufrieden fest und läßt einen verborgenen Schalter unter dem Rednerpult los, «ein Roterlebnis.» Das Publikum lacht. «Noch ein Test», kündigt der Redner an und zielt mit dem Fön auf einen jungen Mann an der Seite der großen Bühne. Ergebnis: ein grünes Signal. «Subjektives Erleben – das eigentliche Mysterium des Bewußtseins», kommentiert Chalmers. Wie der einzelne die Qualität rot oder grün, eckig, spitz oder scharf empfinde, bleibe der Analyse der Forscher verborgen. Die Empfindung sei nur dem Empfindenden selbst zugänglich – und natürlich Chalmers' Fön.

«Wo ist Daniel Dennett?» ruft der Philosoph und hält hinterlistig nach seinem berühmten amerikanischen Kontrahenten Ausschau. Mit dem Fön zielt er ins Publikum. «Suche nach Bewußtsein, suche nach Bewußtsein.» Chalmers' Stimme wird immer eindringlicher: «Suche nach Bewußtsein …» Schließlich gibt er auf. «Es tut mir leid, Dan, du hast kein Bewußtsein, du bist ein Zombie.» – Tausend Bewußtseinsforscher biegen sich vor Lachen.

Der Auftritt wirkt wie eine billige Provokation. Was soll man auch anderes erwarten von einem jungen Philosophen mit langen lockigen Haaren, die ihm ständig widerspenstig ins Gesicht fallen, von einem Philosophen, der prinzipiell zwei verschiedene

Socken trägt? Doch die kleine Szene im Kongreßzentrum von Tucson illustriert treffend die gegenwärtig heftigste Auseinandersetzung in der Bewußtseinsphilosophie. Gibt es, wie David Chalmers meint, ein «hard problem», ein letztes ungelöstes – und vor allem unlösbares – Problem der Bewußtseinsforschung jenseits aller physikalischen Modelle? Ist etwa eine Welt vorstellbar, die unserer Welt gleicht und dennoch nicht bewußt ist, eine von bewußtlosen Zombies bevölkerte Erde?

Mit den Gestalten aus zahllosen Gruselschockern hat der philosophische Zombie wenig gemein. Er ist ein theoretisches Konstrukt, ersonnen, um die singuläre Qualität des Bewußtseins hervorzuheben. In der Debatte der Bewußtseinsforscher spielt er mittlerweile eine zentrale Rolle. Wenn nämlich eine «Zombie-Welt» vorstellbar wäre, physikalisch der unseren identisch, ebenso lebendig, aber dennoch bewußt-los – ja, dann wäre Bewußtsein tatsächlich ein Phänomen jenseits der Physik.

Im Internet hat Chalmers eine «Zombie-Homepage» eingerichtet (http://ling.ucsc.edu/~chalmers/zombies.html). Wer sie anwählt, erfährt etwas über Horrorfilme und Voodoo-Kulte in Afrika und auf Haiti – doch vor allem etwas über Bewußtseinsphilosophie. Denn Chalmers hält den philosophischen Zombie durchaus für denkbar: Bewußtsein, behauptet er, basiere zwar auf den materiellen Gegebenheiten des Gehirns, lasse sich jedoch nicht darauf reduzieren.

Mit solchen Thesen gilt David Chalmers als der neue Shooting-Star der Bewußtseinsphilosophie. Wie kaum jemand vor ihm provoziert der studierte Mathematiker die Zunft der Denker. Kongresse werden veranstaltet, um die Ideen des unbequemen Philosophen zu diskutieren. Im Internet entspinnen sich heftige Debatten, und eine Veröffentlichung im *Journal of Consciousness Studies* entfachte wütende Leserbriefschlachten.

Das New Yorker *Time Magazine* feiert ihn neben dem amerikanischen Philosophen Colin McGinn als «new mysterian», einen der neuen «Mysterienspieler auf der Suche nach dem Ewig-

David Chalmers

rätselhaften». Doch so richtig trifft die Bezeichnung eigentlich nur auf Colin McGinn zu. Denn anders als sein Kollege Chalmers hält McGinn den menschlichen Geist für zu begrenzt, um sein eigenes Geheimnis zu ergründen. «Bewußtsein ist ein Rätsel, und es wird ein Rätsel bleiben», verkündet der Philosoph von der Rutgers University in New York. David Chalmers ist sehr viel vorsichtiger. «Warten wir ab, was geschehen wird. Vielleicht können wir Bewußtsein eines Tages erklären. Aber es muß noch viel passieren, bis wir in der Ferne eine Lösung des Problems auch nur erahnen können.»

Für Chalmers ist das Ich eine feste Größe im Universum, ähnlich wie Raum, Zeit oder Masse – und ebenso wenig verstanden. Zwangsläufig müßten daher die klassischen wissenschaftlichen

Methoden bei der Erforschung des Phänomens scheitern: «Im Umgang mit dem Problem sind wir ähnlich unwissend wie die Physiker vor Isaac Newton.»

«Unsinn», sagt Daniel Dennett, und er sagt es mit Überzeugung in der sonoren Stimme. Sein grauer Bart und seine imposante Körpergröße verleihen den Auftritten des amerikanischen Philosophen eine fast väterliche Würde. Wenn er im karierten Holzfällerhemd und beigen Cordhosen, an den Füßen klobige Bergstiefel, vor das Auditorium tritt, wirkt er wie eine Mischung aus biblischem Urvater und Marlboro-Man. Dieser Mann, das verrät jeder Moment seines Auftritts, steht mit beiden Beinen fest auf dem Boden.

Dennett ist einer der exponiertesten Verteter der sogenannten «Materialisten». Wer die Materie des Gehirns erforsche, glaubt er, sei damit auch dem Geist auf der Spur. An seinem Zentrum für Kognitionswissenschaft in Medford, Massachusetts, nähert sich der Übervater der modernen amerikanischen Bewußtseinsphilosophie immer mehr den Ergebnissen der Naturwissenschaftler an. Unablässig eilt er von Konferenz zu Konferenz. Seinen kleinen Computer auf dem Schoß, liest er den Forschern ihre Laborergebnisse von den Lippen ab und verarbeitet sie sogleich in seinen philosophischen Konzepten. «Der publiziert einen Gedanken schon, bevor ich ihn selbst noch zu Ende gedacht habe», amüsiert sich der Bremer Hirnforscher Hans Flohr. In der Szene der Bewußtseinsphilosophen gilt Dennett als einer der «big player», der großen Spielmacher. Wie kaum ein anderer prägt er mit seinen Thesen die gegenwärtige Debatte.

An ein mystisches Ich mag Dennett nicht glauben. Sein Credo: Das Bewußtsein sei nicht mehr als das Feuern der Neuronen im Gehirn und damit auch als physisches Phänomen untersuchbar. Eine Welt jenseits der Neuronen hält der Tufts-Professor für undenkbar. Sein großes Buch über den Geist erschien denn auch 1991 mit dem provozierenden Titel *Consciousness Explained* – Bewußtsein, erklärt. Schon ein Jahr später antwortete der ameri-

Daniel Dennett

kanische Philosoph Owen Flanagan mit *Consciousness Recon-sidered* – Bewußtsein, noch einmal überdacht.

«Wer sich nur für die Funktion des Gehirns interessiert, hat es mit den leichten, den lösbaren Problemen zu tun. Dahinter aber steckt das eigentliche, das große Problem des bewußten Erlebens», argumentiert David Chalmers gegen die Materialisten. Er selbst, sagt Chalmers über sich, nehme das Bewußtsein ernst. Daß er damit vielen anderen unterstellt, eben dies nicht zu tun, stört den Philosophen wenig. «Die einfachste Art, eine Theorie über das Bewußtsein aufzustellen», schreibt er in seinem Buch *The Conscious Mind*, «ist, seine Existenz zu verleugnen.» Solche Theorien seien zwar elegant, das Problem aber lösten sie nicht. Mit einem eindringlichen Bild bringt Chalmers' britischer Kollege Michael Lockwood von der Universität Oxford das Problem auf den Punkt: «Bleibt, wenn wir das Puzzle des Gehirns und seiner Funktionen gelöst haben, das Bewußtsein wie ein überzähliges Teil in der Schachtel?»

Chalmers' Argumentation scheint auf den ersten Blick sehr einsichtig: Viele Wissenschaftler definieren Bewußtsein zunächst als die Information, die für verschiedene Hirnregionen global verfügbar ist. Eine solche Zugänglichkeit von Information ist von einem neuronalen Prozeß, von Wahrnehmung, Aufmerksamkeit, Erkennen und Erinnern abhängig. Dieses neuronale Korrelat von Bewußtsein (*neural correlate of consciousness*, kurz NCC) sollte also im Idealfall die Verfügbarkeit von Informationen im Gehirn erklären und damit gleichzeitig dem Bewußtsein zugrunde liegen – ein unzulässiger Kreisschluß, wie Chalmers glaubt: «Hebt man die Definition am Anfang der Argumentationskette auf, dann steht man plötzlich wieder vor dem Nichts.»

Dennoch sucht der Philosoph auch den Dialog mit den Naturwissenschaften. «Bewußtsein ist ein Naturphänomen, und es unterliegt den Naturgesetzen. Vielleicht finden wir entsprechende Prozesse», räumt Chalmers ein. «Erklären aber werden sie das Bewußtsein dennoch nicht. Das NCC ist nicht der heilige Gral der Bewußtseinsforschung.»

Daniel Dennett hält die zweifelnden Kollegen für die naiven Blumenkinder seiner Disziplin. «Ich weiß jetzt, wie sich ein Polizist in Woodstock gefühlt haben muß.» Eine Trennung zwischen harten und nicht so harten Problemen kann der graubärtige Philosoph nicht erkennen. «Das ist, als würde ein Vitalist zu einem Molekularbiologen sagen: Jetzt habt ihr auf der Suche nach dem Leben fast alle einfachen Probleme gelöst, Fortpflanzung und Entwicklung, Wachstum und Stoffwechsel. Natürlich war das nicht alles ganz so einfach, und ihr werdet vielleicht noch ein Jahrhundert brauchen, um die Feinheiten zu verstehen. Und natürlich können wir uns jetzt etwas vorstellen, das sich reproduziert und entwickelt, das wächst und verdaut. Aber es muß darum doch nicht zwangsläufig leben.» Laut Dennett übersieht sein imaginärer Vitalist die einfache Tatsache, daß die Lösungen der einfachen Probleme sich schließlich zur Lösung des eingebildeten großen Problems summieren.

Chalmers hält die Analogie für falsch. «Die Quelle des Vitalismus, jener Suche nach der geheimnisvollen Lebenskraft, war der Zweifel daran, daß physikalische Prozesse all diesen komplexen Vorgängen des Lebens zugrunde liegen könnten. Damals wußte man noch zuwenig über die ausgeklügelten biochemischen Mechanismen, deshalb war der Zweifel völlig verständlich. Je mehr man wußte, desto mehr schmolz der Zweifel der Vitalisten dahin. Beim Bewußtsein bleibt das Problem dagegen auch dann noch bestehen, wenn die verschiedenen Mechanismen verstanden sind.»

Chalmers' Qualitäten als Philosoph sind durchaus umstritten, eines aber wird sehr schnell deutlich: Wie kein anderer bedient er die verschiedenen Interessengruppen. Den Neurobiologen kommt er entgegen, indem er ihre Arbeiten für «ungeheuer interessant» hält. Religiösen Menschen bietet er ebenso wie Esoterikern einen Ausweg ins Jenseits. Daniel Dennett ist angesichts dieses Spiels zwischen den Fronten sichtlich erzürnt. «Ja, ich bin ein Zombie», ruft er ungehalten ins Publikum. Er glaubt im Ansatz seines jungen Opponenten die Wiedergeburt des cartesischen Dualismus zu erkennen, die Trennung zwischen erkennbaren physischen Prozessen und der unbegreifbaren Seele. «Natürlich», gesteht Chalmers ein, «das ist eine Form von Dualismus. Aber es ist ein Dualismus der Eigenschaften. Bewußtes Erleben basiert auf den Eigenschaften eines Individuums, die nicht von den physikalischen Eigenschaften dieses Individuums bestimmt werden. Dennoch kann es von ihnen abhängig sein. Bewußtsein ist ein Merkmal dieser Welt, das über ihre physikalischen Eigenschaften weit hinausgeht.»

Im Duell der Forscher zeichnet sich noch längst keine Entscheidung ab, doch ihr Colt sitzt lockerer denn je. Auch wenn die Bewußtseinsphilosophen gegenwärtig auf mehr oder weniger gut begründete Mutmaßungen angewiesen sind, werden David Chal-

mers und Daniel Dennett weiter streiten: originell und provozie-
rend der eine, eloquent und einflußreich der andere. Der Zuschauer kann sich derweil bequem zurücklehnen. Noch ist es
nicht zwölf Uhr mittags.

Kapitel 3
Wie rot ist Rot?
Eine philosophische Debatte

Der Sündenfall ereignete sich 1872 auf der 45. Versammlung der Gesellschaft deutscher Naturforscher und Ärzte in Leipzig. Vor dem erlauchten Gremium erklärte der Physiologe Emil Du Bois Reymond: «Die astronomische Kenntnis des Gehirns, die höchste, die wir davon erlangen können, enthüllt uns darin nichts als bewegte Materie. Durch keine zu ersinnende Anordnung oder Bewegung materieller Teilchen aber läßt sich eine Brücke ins Reich des Bewußtseins schlagen.» Der Begründer der experimentellen Neurophysiologie beendete seinen Vortrag mit einem ebenso skeptischen wie apodiktischen «Ignorabimus» – wir werden nicht wissen. Niemand in der Runde wagte zu widersprechen.

Dieses Ignorabimus, glaubt der Bremer Hirnforscher Hans Flohr, hat die Neurobiologie mehr als ein Jahrhundert lang gelähmt. «Wir waren seit Du Bois Reymond schlicht paralysiert», klagt er. Hans Flohr muß es wissen, schließlich ist er Experte für Anästhesie. Wenn der Narkotiseur auf die Selbstbeschränkung der Wissenschaft bei der Erforschung des Ichs zu sprechen kommt, wird seine sonst so ruhige Stimme eindringlich und laut. Viel zuwenig habe sich die Forschung vergangener Jahrzehnte auf die entscheidende Frage nach dem Bewußtsein konzentriert, zu zaghaft habe sie sich dem Geist genähert. «Immerhin haben wir uns darauf einigen können, daß auch Bewußtseinsprozesse wie Trauer oder Freude an Hirnvorgänge gebunden sind», beschreibt Hans Flohr die magere Ausbeute des wissenschaftlichen Disputs. Der ironische Unterton in seiner Stimme ist nicht zu überhören.

Auf großen Konferenzen läßt sich immer wieder dieselbe Auseinandersetzung beobachten: Bevor die Forscher Ergebnisse diskutieren können, müssen sie sich zunächst darüber einigen, was
genau unter Bewußtsein zu verstehen sei. Ist es Wachheit im Gegensatz zu Bewußtlosigkeit? Ist es das Zusammenspiel von
Wahrnehmung und Verhalten, die Reaktion auf eine Außenwelt?
Der Berliner Philosoph Peter Bieri bringt das Problem im Umgang mit dem Begriff in seinem Aufsatz «Was macht Bewußtsein
zu einem Rätsel?» auf den Punkt: «Das Wort ist vieldeutig, sein
Gebrauch plastisch; man muß den Kontext kennen, um zu wissen, was gemeint ist. Das hat das Wort gemeinsam mit anderen
wichtigen Wörtern wie ‹Leben›, ‹Intelligenz› oder ‹Verstehen›.»

Bieri hat eine ganze Reihe von Beispielen im sprachlichen Umgang mit dem Begriff Bewußtsein gesammelt: Bewußtsein als
kollektives Wissen: «Das Umweltbewußtsein ist gewachsen.»
Bewußtsein als individuelles Wissen: «Er war sich der Folgen seines Tuns nicht bewußt.» Bewußtsein als Wahrnehmung: «Ich
war mir im Dunkeln des Zaunes nicht bewußt.» Bewußtsein als
Erinnerung: «Ich bin mir bewußt, das gesagt zu haben.» Bewußtsein als Aufmerksamkeit: «Jetzt erst kam mir das Geräusch
zu Bewußtsein, vorher hatte ich es nicht bemerkt.»

Doch es ist durchaus möglich, das Begriffswirrwarr definito-
risch zu bändigen. Für viele Forscher ist Bewußtsein einfach die
Summe von Wachheit, Aufmerksamkeit, Wahrnehmung, Erinnerung und Wissen, ein Spektrum von kognitiven Fähigkeiten –
eine eingeschränkte Definition, gewiß, die Seele kommt hier
nicht mehr vor. Doch nur wenn sie sich auf die kognitiven
Aspekte des Geistes beschränken, können Philosophen und Physiologen zusammenarbeiten.

Selbst wenn der Begriff des Bewußtseins auf die im Physiolo-
gielabor untersuchbaren Aspekte beschränkt wird, ganz begreif-
lich scheint er jedoch auch dann nicht zu sein. Gerade die experimentell tätigen Bewußtseinsforscher werfen sich gegenseitig vor,
das, was der Kollege zu untersuchen gedenke, sei ja ganz interes-

sant, mit Bewußtsein aber habe es nichts zu tun. Hatte Du Bois Reymond also recht? Ignorabimus?

«Bewußtsein als Kognition zu erklären ist bestimmt kein unlösbares Rätsel», meint Peter Bieri. «Wenn etwas an Bewußtsein vollkommen unbegreiflich ist, dann ist es die Fähigkeit zu erleben und die Erfahrung des Subjektseins.»

In der Fabrik des Geistes

Bieri zitiert ein Bild für die Erforschung des Gehirns, das der Philosoph und Mathematiker Gottfried Wilhelm Leibniz schon 1714 geprägt hat. In seinem Hauptwerk zur Metaphysik, der *Monadologie*, führte Leibniz ein Gedankenexperiment durch, das noch heute die Debatte um die Mechanismen des Bewußtseins bestimmt: Könnten wir zur Größe eines winzigen Zwerges zusammenschrumpfen und beträten dann die Maschinerie des Gehirns, nirgends würden wir auch nur den Hauch eines Gedankens, eines Wunsches oder eines Gefühls entdecken.

Peter Bieri liefert die moderne Version der Monadologie. «Stellen wir uns ein menschliches Gehirn vor, das maßstabsgetreu so weit vergrößert wurde, daß wir in ihm umhergehen könnten wie in einer riesigen Fabrik. Wir machen eine Führung mit. Der Führer ist ein Hirnforscher auf dem neuesten Stand des Wissens, hat Zeit und ist bemüht, uns alles zu zeigen und alle Fragen zu beantworten.» Der Führer wird viel zu erzählen haben. Neurophysiologen und Anatomen haben in den vergangenen Jahren eine Unmenge einzelner Daten zusammengetragen. Vom Aufbau einzelner Nervenzellen über den Mechanismus ihrer Erregung bis hin zu komplexen Aktivitätsmustern, von der Physik über die Biologie bis hin zur Chemie der Neuronen füllen die Ergebnisse pfundschwere Lehrbücher. «Alles sehr eindrucksvoll», bestätigt Bieris Fabrikbesucher seinem Führer.

«Aber wo in dem Ganzen ist das Bewußtsein, das erlebende Subjekt?» – «Komische Frage», lacht der Führer, «das bewußte Subjekt, wie Sie das nennen, ist nicht irgendwo in dieser Fabrik, es ist die Fabrik als ganze, die für das Bewußtsein verantwortlich ist.»

Für Bieri ist die entscheidende Frage freilich nicht die nach dem Wie oder Wo subjektiven Erlebens, sondern die nach dem Warum. «Es gibt in dem neurobiologischen Uhrwerk keine Stelle, an der Episoden des Erlebens nötig werden, damit es weiterläuft. Es gibt, bedeutet das, im Prinzip eine vollständige Kausalerklärung für unser gesamtes waches, integriertes Verhalten, in der wir als erlebende Subjekte überhaupt nicht vorkommen. Was die Verursachung und Kontrolle unseres Verhaltens anlangt, so scheint das Bewußtsein demnach ohne Funktion zu sein, es ist überflüssig.»

Dies ist im Prinzip dasselbe Argument, das Bieris Kollege David Chalmers unter dem Stichwort «Zombie-Welt» ins Feld führt. Die Entstehung von Bewußtsein läßt sich mit einer rein physikalischen Beschreibung nicht erklären. Andere Philosophen widersprechen dieser Denkweise freilich entschieden. Für Paul Churchland etwa, Professor an der University of California in San Diego, hat Leibniz einen unheilvollen Reigen von Argumenten eröffnet. «Diese philosophische Tradition», erklärt Churchland, «geht davon aus, daß Gedanken, Wünsche, Empfindungen, Emotionen und so weiter offensichtlich und fundamental verschieden von physischen Phänomenen sind.» Der amerikanische Philosoph mag dieser Tradition nicht folgen. Leibniz' Gedankengang beruhe auf einem Irrtum. Der Deutsche habe schlicht übersehen, daß sich der Mißerfolg auf der Suche nach dem Bewußtsein ebenso einstellt, wenn Gedanken und Gefühle tatsächlich identisch mit physikalischen Zuständen des Gehirns wären. «Wir würden dieses Faktum wahrscheinlich deshalb nicht erkennen, weil uns das Verständnis für die nun sichtbar vor uns liegenden Dinge fehlte.»

Wonach aber müssen wir suchen, wenn wir dem Geist auf die Spur kommen wollen? Paul Churchland hat einen Katalog von sieben Charakteristika des Bewußtseins zusammengestellt:

1. Bewußtsein ist mit Gedächtnis verbunden. Es ermöglicht uns, wahrzunehmen, wie sich unser physischer und psychischer Zustand im Laufe der Zeit verändert und entwickelt. Das erfordert die Erinnerung an unmittelbar vorangegangene Geschehnisse und damit eine Form von Gedächtnis.

2. Bewußtsein ist unabhängig von Sinneswahrnehmungen. Auch wenn wir Augen und Ohren verschließen, bleibt das Bewußtsein bestehen. Wir können von der Zukunft träumen, in die Vergangenheit abschweifen oder in einem komplexen Gedankengebäude umherwandern – all das ohne direkte Informationen von den Sinnesorganen.

3. Bewußtsein beinhaltet steuerbare Aufmerksamkeit. Wir können es mal auf diesen, mal auf jenen Punkt konzentrieren, jetzt auf eine Wahrnehmung, im nächsten Moment auf eine andere.

4. Bewußtsein befähigt uns, komplizierte oder uneindeutige Zusammenhänge auf verschiedene Arten zu interpretieren. Das trennt bewußtes von instinktivem Handeln.

5. Bewußtsein setzt die Fähigkeit zu Bewußtlosigkeit voraus. Der Schlaf ist der übliche Weg, das Bewußtsein zu verlieren. Noch ist jedoch unklar, wie genau und vor allem warum wir regelmäßig in tiefe Bewußtlosigkeit fallen.

6. Bewußtsein taucht – wenn auch in veränderter oder ungeordneter Form – wieder auf, wenn wir im Schlaf träumen. Der Unterschied zwischen wachem und träumendem Bewußtsein gehört gegenwärtig wohl zu den spannendsten Fragen neurobiologischer Forschung.

7. Bewußtsein umfaßt die Inhalte mehrerer sinnlicher Erfahrungsmodalitäten innerhalb einer einzelnen Erfahrung. Die Informationen von den Sinnesorganen werden zu einem geschlossenen konsistenten Ganzen integriert.

Paul Churchlands Katalog liest sich wie das experimentelle Programm eines Neurophysiologen. Doch hier versucht ein Philosoph, Bewußtsein zu definieren, und daß er es in der Sprache der Neurowissenschaften tut, zeigt, wie weit die amerikanische Bewußtseinsphilosophie sich bereits der Naturwissenschaft angenähert hat. «Wir müssen immer daran denken, daß das Gehirn ein biologisches Organ ist ... Bewußtsein ist ebenso ein biologischer Vorgang wie Verdauung oder Photosynthese», beschreibt John Searle, Philosoph an der University of California in Berkeley, dieses pragmatische Vorgehen seiner Kollegen.

Ähnlich wie Daniel Dennett arbeiten auch Paul Churchland und seine Frau Patricia an einer materialistischen Erklärung des Geistes. «Nach 25 Jahren Partnerschaft und Zusammenarbeit gleichen wir, so finde ich, oft der rechten und der linken Hemisphäre eines Gehirns», beschreibt Paul die Philosophenehe. Pat Churchland provozierte schon 1986 die Zunft der Denker, als sie ein Buch unter dem Titel *Neurophilosophy* veröffentlichte. Eine derart enge Verbindung von Neuronen und Geist mochte damals kaum einer der Philosophenkollegen sehen. Pat betreibe längst keine Philosophie mehr, sondern habe sich ganz der Physiologie verschrieben, lautete denn auch ein oft geäußerter Vorwurf.

Heute hat sich die materialistische Sicht der Dinge auch in der Philosophie etabliert. Paul Churchlands neues Buch ist in Deutschland unter dem Titel *Die Seelenmaschine* erschienen. *The Engine of Reason, the Seat of the Soul* heißt das Original. Die Maschine der Vernunft als Sitz der Seele – das provoziert heute kaum noch jemanden.

Dennoch: Die Churchlands gehen mit ihrer materialistischen Sicht des Geistes weiter als viele ihrer Kollegen. Wichtige Erkenntnisfortschritte der Hirnforschung, neue experimentelle und theoretische Methoden, glaubt Paul, könnten nun die Kluft zwischen Geist und Materie überbrücken helfen. Aber verhelfen die Fortschritte der Technik nicht ausschließlich zum genaueren Blick auf die Maschinerie? Bleibt das Leibnizsche Problem nicht bestehen, auch wenn die Analyse immer genauer, der Blick immer schärfer wird, wie etwa die «neuen Mysterienspieler» David Chalmers und Colin McGinn argumentieren?

Leibniz' Bild habe eine entscheidende logische Schwachstelle, glaubt Paul Churchland und kleidet es in eine analoge Metapher. «Stellen Sie sich vor, Sie schrumpfen auf die Größe eines Atoms und dringen so in den menschlichen Körper ein, in die geheimen Nischen seiner Biochemie, durch die Zellwand in den Zellkern und bis zu den Windungen und Spalten seiner großen Moleküle. Aber wie genau Sie diese Moleküle auch immer beobachten, wie sie sich falten und entfalten, miteinander verbinden und sich wieder trennen und wie sie ziellos in dieser Suppe umherschwimmen, Sie werden sicher nie den Lebensimpuls beobachten, der sie zum Wachsen veranlaßt, nie das Telos [griechisch: Ziel, Zweck] des Lebens, das die artspezifische Entwicklung kennt und lenkt. Lediglich molekulare Bewegungen könnten Sie beobachten oder das Fehlen von solchen Bewegungen. Es ist also ganz eindeutig, daß die Merkmale des Lebens zu einer ganz anderen, nichtphysischen Realität gehören als die physikalisch-chemische Materie.»

Eine solche Argumentation, glauben Pat und Paul Churchland, könne nur ein unwissender Beobachter vorbringen. Schließlich habe man inzwischen gelernt, daß der Wachstumsimpuls in der Fähigkeit der Erbmoleküle liege, sich identisch zu verdoppeln, in der Proteinsynthese und der Zellteilung. Das sogenannte Telos sei heute nicht mehr als die Entfaltung der DNA-Sequenz, die Abfolge der Erbbausteine. «Wenn ausreichend Nährstoffe und Energie vorhanden sind, dann kann innerhalb einer kohärenten und dauerhaften physikalischen Struktur kontinuierlich ein biochemischer Stoffwechsel ablaufen – sie lebt.» Und niemand stelle dann noch die Frage, warum sie das tue.

Das Leibnizsche Dilemma, erklärt Paul Churchland, entstehe nur, wenn der Liliputaner nicht das notwendige Wissen besitze oder es nicht richtig anwenden könne. Es bestehe gerade nicht darin, daß die biologische Maschinerie von irgendeinem nichtphysikalischen Agens getrieben werde. «Im Fall des Lebens wissen wir jedenfalls, daß das nicht so ist.»

Wird die Erforschung des Bewußtseins zu ähnlichen Ergebnissen führen? Wird sich David Chalmers' «hard problem» am Ende gar in Luft auflösen? Es gebe keine Garantie dafür, gibt Churchland zu. Sicher sei nur, daß ein Gedankenexperiment wie das von Leibniz keine Antwort geben werde, weder in der einen noch in der anderen Richtung. «Es baut nur auf Unwissen auf und setzt voraus, was es zu erklären vorgibt.»

Vom Wesen der Fledermaus

Selbst wenn materialistisch eingestellte Bewußtseinsphilosophen wie die Churchlands am Ende recht behalten sollten – *ein* Problem haben sie nicht gelöst: das der Subjektivität. In einem berühmten Aufsatz aus dem Jahr 1974 hat der amerikanische Philosoph Thomas Nagel es in die Frage «Wie ist es, eine Fledermaus zu sein?» gekleidet. Auf den ersten Blick scheint die Antwort einfach. Fledermäuse können Ultraschall wahrnehmen. Ihre Sinnesorgane und die entscheidenden Teile ihres Nervensystems sind recht gut erforscht. Die Neurowissenschaftler wissen, wie die Signale aufgenommen und verarbeitet werden und das Verhalten der Tiere steuern. Doch spätestens hier stößt die Forschung in den Augen Nagels an ihre Grenzen. Selbst wenn man das komplexe neuronale Geschehen im Gehirn irgendwann einmal vollständig beschreiben könne, schreibt er, sei es dennoch unmöglich, daraus Bewußtsein und subjektives Empfinden abzuleiten. Der neuronale Prozeß der Echoortung bei Fledermäusen verrate nichts darüber, was es bedeute, eine Fledermaus zu sein. Ein gähnendes Loch der Unerklärbarkeit tue sich auf, die «explanatorische Lücke».

Wer die Frage nach *dem* Fledermausempfinden insgesamt für

zu allgemein hält, dem liefert der amerikanische Psychologe Vilajanur Ramachandran, der wie die Churchlands an der University of California in San Diego arbeitet, ein einfacheres Beispiel: «Nehmen wir einen elektrischen Fisch und dessen Navigationssystem. Der Fisch sendet ein elektrisches Feld aus und navigiert anhand der Veränderungen dieses Feldes. Wir können den ganzen Mechanismus studieren, das Organ, das Feld, den Weg der Nervensignale ins Gehirn – aber am Ende bleibt immer die Frage: Wie fühlt sich das an? Wie ist die Erfahrung eines elektrischen Sinnes, den wir nicht haben?»

Wie bei Nagels Fledermaus ist auch diese vergleichsweise einfache Frage nicht zu beantworten. Bleibt das Subjektive eines Fisches, einer Fledermaus oder eines anderen Menschen also der Forschung prinzipiell verborgen?

Für Ramachandran ist diese Frage einfach ein Übersetzungsproblem. «Die wissenschaftliche Beschreibung des Sinnessystems kann durchaus vollständig sein: Man studiert elektrische Impulse und entdeckt bestimmte Muster des Neuronenfeuerns im Fisch. Dann wird all das in abstrakte wissenschaftliche Konzepte übersetzt. Wir können uns theoretisch vorstellen, wir wüßten alles, was im Fisch vor sich geht – dennoch bleibt mir die tatsächliche eigene Erfahrung des elektrischen Sinnes verwehrt. Um das selbst zu erfahren, bräuchte ich denselben Code im Gehirn – und das ist unmöglich.»

Die Farbe Rot

An diesem Unvermögen, Bewußtseinszustände und Empfindungen zu übersetzen, verzweifeln die Forscher seit Generationen. Immerhin haben sie einen Begriff dafür gefunden, entlehnt bei der Konkurrenz von der philosophischen Fakultät: *Qualia*. Das Sehen der Farbe Rot, die Wahrnehmung eines Tons werden ebenso als Qualia bezeichnet wie Trauer, Liebeskummer, Schmerz oder die elektrische Sinnesempfindung eines Fisches. Das entscheidende Merkmal der Qualia, das, was sie für die Forscher so unbegreifbar erscheinen läßt, ist eben ihre Subjektivität. «Rot physikalisch zu definieren, ist relativ einfach. Aber erklären Sie mal einem Blinden, wie es ist, Rot zu sehen», schildert der Bremer Hirnforscher Hans Flohr das Dilemma von scheinbarer Objektivität und subjektiver Wahrnehmung. «Da stößt unsere Intuition sehr rasch an ihre Grenzen.»

1983 publizierte der australische Philosoph Frank Jackson eine veränderte Version von Nagels Gedankenexperiment. Die Hauptdarstellerin in Jacksons hypothetischer Szenerie ist eine Neurowissenschaftlerin namens Mary. Mary hat zwei hervorstechende Eigenschaften: Sie sieht die ganze Welt wie in einem Schwarzweißfilm. Sie hat also die Farbe Rot nie so wahrgenommen wie Normalsichtige. Mary weiß nicht, wie es ist, Rot zu sehen. Aber sie ist zugleich eine hervorragende Neurowissenschaftlerin. Sie weiß alles über die Funktion des menschlichen Gehirns, kennt insbesondere das visuelle System und seine Fähigkeit, Farben zu unterscheiden. Doch all ihr Wissen nützt ihr nichts, wenn sie erfahren will, wie sich Rotsehen anfühlt.

Wie Thomas Nagel schließt auch Frank Jackson aus seinem Gedankenexperiment, die Naturwissenschaft stoße bei der Erkundung subjektiven Erlebens an ihre Grenzen. Angesichts solcher Grenzerfahrungen scheinen Du Bois Reymond und Nagel recht zu behalten. Die klassischen Philosophen jedenfalls beißen sich an der Frage nach dem «Rotsein von Rot» immer wieder die Zähne aus. Denker wie Dennett hingegen haben damit kein Problem.

Er hat Jacksons Geschichte von Mary weitergesponnen: Hinterlistige Kollegen präsentieren der Neurowissenschaftlerin eine leuchtend blaue Banane. «Das ist aber ein fürchterlich alberner Trick», empört sich Mary. «Natürlich weiß ich, daß eine Banane normalerweise gelb ist. Und diese hier ist ganz eindeutig blau.»

Die Forscher sind verblüfft. Doch Marys Erklärung für ihre scheinbar überraschende Fähigkeit ist ganz einfach: «Was glaubt ihr denn, wie es ist, alles mögliche physikalische Wissen über diese Welt zu besitzen?» Schließlich könne man «Blau» und «Gelb» auch anhand ihrer physikalischen Wellenlängen unterscheiden.

Eher naturwissenschaftlich eingestellte Neurologen gehen die Sache ähnlich pragmatisch an. Hans Flohr glaubt sogar, Subjektivität erklären zu können. Sie entstehe, wenn das Gehirn nicht nur Informationen von außen verarbeite, sondern gleichzeitig den eigenen Zustand bei der Informationsverarbeitung kenne. Primitive Spuren dieser beständigen Selbstbetrachtung findet Flohr etwa in der Sprache wieder. «Wir sagen nicht ‹Etwas ist rot›, sondern ‹Ich sehe etwas Rotes›. Wenn man die Arbeitsweise des Gehirns sprachlich noch genauer fassen will, muß es heißen: ‹Ich bin gerade damit beschäftigt, etwas Rotes zu sehen.›» Das Gehirn sammelt also beständig Informationen über den eigenen informationsverarbeitenden Zustand, baut ein sich immerwährend veränderndes Modell seiner selbst auf. «Egal was wir tun, immer denken wir das Ich mit.»

Mit Bewußtsein, glauben viele Forscher, haben solche Wahrnehmungen zunächst wenig zu tun. Doch Hans Flohr ist vom Gegenteil überzeugt. «Ist das tatsächliche Vorhandensein von Schmerzen nicht dasselbe wie die Überzeugung, Schmerzen zu haben?» Während die einfache Schmerzempfindung in der fachlichen Diskussion als schwache Subjektivität bezeichnet wird, gilt das Ich, das unter dem Schmerz leidet, als starkes Subjekt. Flohr glaubt, die Zustände schwacher Subjektivität seien völlig ausreichend für die Erklärung der starken subjektiven Empfindungen, die in ihrer Summe das Ich-Bewußtsein ausmachen. «Könnte ein Beobachter zwischen einem System, das meint, in einem Schmerzzustand zu sein, und einem System, das ‹echte› Schmerzen hat, unterscheiden? Könnte ein System selbst diese Unterscheidung treffen? Die Antwort lautet jedesmal: nein.»

Der Bewußtseinsphilosoph Daniel Dennett schließt aus dieser Unterschiedlosigkeit von Wahrheit und Wahrnehmung denn auch konsequent, Qualia gebe es nicht, die Debatte sei ein Scheingefecht.

Hans Flohr selbst überwindet das Nagelsche Fledermaus-dilemma, den gefürchteten Abgrund zwischen Neuronen und Subjekt, mit einem kühnen Gedankensprung. «Natürlich haben wir nicht den Zustand, den das fremde Gehirn hat, aber immerhin: Wir kennen ihn.» Vilajanur Ramachandran kann sich sogar vorstellen, daß selbst diese Kluft eines Tages noch überbrückt wird. «In der Zukunft könnte es möglich sein, daß ich die Signale aus anderen Systemen (etwa von einem elektrischen Fisch) direkt in mein Hirn einspeisen kann. Damit könnte ich die Übersetzungsbarriere umgehen und die fremde Sinneswahrnehmung erfahren.» Freilich ist das auch für Ramachandran eher eine hypothetische Denkmöglichkeit: «So wie die Dinge derzeit stehen, wird es immer ein Übersetzungsproblem geben.»

Auch Dennett glaubt, daß die Frage nach dem subjektiven Bewußtsein letztlich nicht philosophisch, sondern eher technisch gelöst werde: «Wir brauchen Bewußtsein nicht an sich zu verstehen. Wenn es uns gelingt, durch entsprechende Manipulationen jeden gewünschten Bewußtseinszustand bei einer fremden Person zu erzeugen, dann haben wir Bewußtsein im Prinzip verstanden.»

Materialisten und Idealisten

Doch auch Dennetts Argument beendet die philosophische Debatte keineswegs. Schließlich blickt die Geisteswissenschaft auf eine lange Tradition zurück. Und die dabei entstandenen Denkschulen prägen bis heute die Diskussion, in der zäh und hartnäckig Glaubensbekenntnisse verteidigt werden. Auch Philosophen brauchen Profil. Das aber gewinnt nur, wer eine eigene Theorie vorzuweisen hat oder sich auf große Vordenker berufen kann. So ist es nicht verwunderlich, daß die Bewußtseinsphilosophen von einer Einigung so weit entfernt sind wie eh und je. Da stehen auf der einen Seite immer noch die «Dualisten», die glauben, es gebe auf der Welt zwei fundamental voneinander unterschiedene Arten von Phänomenen, nämlich physische und psychische. Ihnen halten die «Monisten» entgegen, es gebe nur eine Art von Dingen. Die Monisten bilden wiederum zwei Gruppen: Die Idealisten unter ihnen sind davon überzeugt, alles auf dieser Welt sei letzten Endes geistig, während moderne Materialisten wie Dennett und Churchland alles auf physikalische Phänomene zurückführen. Der Ismen nicht genug, spalten sich auch die Dualisten in zwei Fraktionen auf. Die einen, wie etwa der Nobelpreisträger John Eccles, glauben, Geist und Materie beruhen auf zwei verschiedenen Substanzen oder Dingen. Die Eigenschaftsdualisten wie David Chalmers setzen dagegen, die Welt sei zwar aus einer Substanz, aus Atomen und Molekülen, aufgebaut, doch seien die geistigen und die materiellen Eigenschaften dieser Substanz voneinander unterscheidbare und getrennte Phänomene.

«Ich vermute, die meisten Menschen in unserer Zivilisation akzeptieren eher irgendeine Art von Dualismus», ordnet Berkeley-Professor John Searle die Meinungen in einem Essay in der *New York Times*. «Aber das ist definitiv nicht die gegenwärtige Position unter den Profis in Philosophie, Psychologie, Neurobiologie und Kognitionswissenschaft. Die meisten der Leute, die in diesem Bereich arbeiten, akzeptieren irgendeine Version des Materialismus, weil sie glauben, nur diese Richtung der Philosophie lasse sich mit den gegenwärtigen wissenschaftlichen Ansichten vereinbaren.»

In der deutschen Philosophie freilich sieht die Situation anders aus. Die aktuelle Debatte, wie sie vor allem in angelsächsischen Ländern geführt wird, hinterläßt im Ursprungsland der Bewußtseinsphilosophie bisher kaum sichtbare Spuren. Ganz in der Tradition von Kant und Fichte, Schelling und Hegel glaubten heute immer noch viele deutsche Philosophen, das Problem des Bewußtseins lasse sich durch reines Nachdenken lösen, schimpft Gerhard Roth, Direktor des Instituts für Hirnforschung an der Universität Bremen. Gemeinsam mit dem Psychologen Wolfgang Prinz und dem Philosophen Ansgar Beckermann hat er versucht, einen interdisziplinären Dialog zwischen Geistes- und Naturwissenschaften zu inszenieren. Das von der Deutschen Forschungsgemeinschaft finanzierte Programm «Kognition und Gehirn» ist jedoch in seinen Augen gescheitert. «Von manchen Philosophen wird behauptet, das Gehirn-Geist-Problem sei nicht im Sinne der Naturwissenschaften gelöst, solange man nicht konkret gezeigt habe, wie aus den Nervenzellen des Gehirns Geist entstehe oder daß Gehirnprozesse und mentale Prozesse wirklich identisch seien», sagt Roth. Eine unbillige und vor allem unwissenschaftliche Forderung, glaubt der Bremer Hirnforscher. «Niemand kann die Identität zweier Prozesse nachweisen, die nicht mit denselben Methoden ineinander überführbar sind.»

Die philosophische Frage nach dem Wesen des Geistes lasse sich eben nicht im Labor beantworten. Sie müsse aber auch nicht beantwortet werden, um den Geist zu verstehen. «Den Naturwissenschaften geht es nicht um das Erfassen von ‹Wesenheiten›, sondern um gesetz- und regelhafte Beziehungen zwischen beobachteten oder erschlossenen Ereignissen. Mehr als den Nachweis, daß alle mentalen Prozesse mit bestimmten Hirnprozessen umkehrbar eindeutig zusammenhängen und daß es Geist ohne Gehirn nicht gibt, kann die Hirnforschung als empirische Wissenschaft in der Tat nicht liefern.»

Allen Enttäuschungen zum Trotz ist Roth davon überzeugt, daß besonders bei der schwierigen Interpretation der Ergebnisse die Hirnforscher neben der Psychologie auch die Philosophie dringend benötigen. «Eine kompetente Diskussion der Befunde der Hirnforschung über das Geist-Gehirn-Problem setzt aber neurologisch kompetente Philosophen voraus.»

Denker, wie Roth sie sich wünscht, wird er am ehesten unter den sogenannten Funktionalisten finden. Der Funktionalismus ist die derzeit wohl am weitesten verbreitete materialistische Position in der angelsächsischen Philosophenszene. Überzeugungen, Wünsche und Gedanken sind aus funktionalistischer Sicht physikalische Zustände eines physikalischen Systems. Was diese zu *geistigen* Zuständen macht, sind in erster Linie ihre kausalen Zusammenhänge. Solche Zusammenhänge aber sind, denkt man den Funktionalismus konsequent zu Ende, nicht vom Charakter des physikalischen Systems abhängig. Ob sie nun auf Kohlenstoffbestandteilen oder auf Silizium basieren, hat zunächst keinen Einfluß auf die Kausalität innerhalb der Systeme. John Searle liefert einige anschauliche Beispiele: «Eine Überzeugung kann aus einem Bündel feuernder Neuronen bestehen, aus dem Spannungsniveau in einem Computerchip, aus dem grünen Schleim eines Marsmenschen oder aus irgend etwas anderem. Hauptsache, es produziert die richtigen Zusammenhänge, die richtigen Muster von Beziehungen zwischen Ursache und Wirkung.»

Der australische Philosoph David Chalmers, eigentlich kein Materialist, argumentiert ganz ähnlich. «Es ist egal, ob eine Organisation in einem Siliziumchip, in der Bevölkerung von China oder in Bierkrügen und Pingpongbällen realisiert ist. Solange die funktionale Organisation stimmt, wird sie bewußte Erfahrungen hervorbringen.»

Wer freilich Chalmers und Searle deshalb für Verbündete hält, liegt falsch. Schließlich vertreten die bekannten Bewußtseinsphilosophen jeder eine eigene Theorie mit individueller Ausprägung. Und in den Augen vieler Kollegen versucht Chalmers das Unmögliche: eine Ehe zwischen materialistischem Funktionalismus und einer Form des Eigenschaftsdualismus. «Ich glaube, diese Theorie ist symptomatisch für den gegenwärtig desperaten Zustand der Kognitionswissenschaften», kommentiert John Searle das Werk seines jungen Kollegen. «Einerseits fällt es schwer, den vorherrschenden Computerfunktionalismus aufzugeben, weil er zur Zeit das wichtigste Forschungsprogramm darstellt. Aber andererseits hat auch noch niemand einen wirklich plausiblen funktionalistischen Zugang zum Bewußtsein gefunden.»

Chalmers' Werk gelte deswegen in weiten Kreisen als Durchbruch, weil es den Funktionalismus, den viele Forscher aus ideologischen Gründen wollen, mit der Anerkennung verbinde, das Bewußtsein sei nicht auf materialistische Phänomene reduzierbar. Dabei führe Chalmers die Kombination ad absurdum. «Das Ergebnis ist, daß man nun eine anstelle von zwei falschen Theorien verhandelt.»

Worin aber besteht die Lösung? Wenn wir Bewußtsein verstehen lernen wollen, so Searle, müssen wir uns von den alten Kategorien wie Dualismus, Monismus oder Materialismus lösen. Es gelte, die alten Fehler nicht zu wiederholen. Das Flickwerk der Theorien ist in seinen Augen ohnehin nicht mehr zu retten. Erst wer Geist und Blick von philosophischen Altlasten befreit habe, könne sich der Erforschung des Bewußtseins zuwenden. Die ersten Schritte dazu, glaubt Searle, seien bereits getan. Und doch warnt er vor übereilter Euphorie: «Wir haben noch einen weiten Weg vor uns.»

Exkurs 4
Der Körper denkt mit
Bei Hanna und Antonio Damasio
in Iowa

In der Weite des amerikanischen Mittelwestens liegt, umgeben von riesigen Maisfeldern, das Provinzstädtchen Iowa City. Wer hier aus dem eine Flugstunde entfernten Chicago ankommt, landet in einer anderen Welt. Statt Großstadthektik herrscht ländliche Gelassenheit. Bedächtig schlängelt sich der Iowa River durch die Stadt, und nur die Studenten der Universität bringen ein wenig Leben in diese eher verschlafene Gegend.

Doch der Eindruck täuscht. Auf einem Hügel über der Stadt erhebt sich eine der Pilgerstätten der modernen Hirnforschung. In der Universitätsklinik von Iowa waltet das Ehepaar Hanna und Antonio Damasio über das größte Gehirnarchiv der Welt. In ihren Computern sind die digitalisierten Schädelbilder von mehr als zweitausend Patienten abgespeichert. Jeweils rund hundert Einzelaufnahmen fügen sich im Rechner zu einem dreidimensionalen, nahezu naturgetreuen Abbild des jeweiligen Denkorgans zusammen. Die Technik ermöglicht den Damasios, wovon Ärzte und Hirnforscher jahrhundertelang geträumt haben: die Schaltzentrale im Kopf analysieren zu können, ohne den Untersuchten auch nur ein Haar krümmen zu müssen.

Patienten aus der ganzen Welt pilgern nach Iowa. In der zentralen Aufnahmestation dieses größten universitären Lehrhospitals des Landes geht es zu wie auf einem Bahnhof. Allein in die neurologische Klinik kommen pro Jahr rund 14000 Patienten, teilweise mit den absonderlichsten Hirnschäden. Hinter vielen Karteikarten verbergen sich tragische menschliche Schicksale. Dennoch herrscht hier keine bedrückende Krankenhausatmosphäre. Den riesigen Gebäudekomplex prägen helle, farbige Räume, große Fenster geben den Blick frei in einen ansprechend gestalteten Innenhof, und in der neurologischen Abteilung kann man eine ganze Galerie von Werken moderner Maler bewundern.

«Meine Frau und ich lieben Kunst. Wir finden, daß auch unsere Patienten und Mitarbeiter etwas davon haben sollten», erklärt Antonio Damasio, ein lebhafter Mittfünfziger mit grauweißen Haaren und freundlichen, braunen Augen. Die Damasios, beide gebürtige Portugiesen, sind Mitte der siebziger Jahre in die Vereinigten Staaten ausgewandert, um hier die Mechanismen des Geistes zu enträtseln. Daß die beiden ausgerechnet in Iowa gelandet sind, hat seinen Grund: Hier stehen ihnen die modernsten bildgebenden Verfahren zur Verfügung, Geräte für Computer-, Magnetresonanz- und Positronenemissionstomographie im Wert von rund zehn Millionen Dollar. Und auch die soziale Struktur in diesem eher langweiligen Landstrich bietet ihnen ideale Voraussetzungen. Denn die Menschen hier sind bodenständig und verläßlich. «99 Prozent unserer Patienten kommen, wenn wir sie anrufen», sagt Antonio. Krankengeschichten lassen sich so über einen langen Zeitraum hinweg beobachten, und in aller Ruhe können die Damasios die Entwicklung bestimmter Hirnschädigungen dokumentieren. «In New York könnten wir so eine Arbeit nicht machen», ergänzt Hanna Damasio. «Alkohol- oder drogenabhängige Patienten sieht man oft nur ein einziges Mal. Hier dagegen haben die Menschen noch Verantwortungsgefühl.»

Diese Kooperation kommt sowohl den Kranken als auch den Forschern zugute. Mit ihrer apparativen Ausrüstung spüren die Neurologen in Iowa noch millimeterkleine Hirnläsionen auf. Psychologisch geschulte Mitarbeiter testen, welchen Einfluß solche Schäden auf das Verhalten oder die Denkfähigkeit haben, und das elektronische Gehirnarchiv ermöglicht es, diese Ergebnisse automatisch mit ähnlichen Fällen aus einer riesigen Patientenkartei zu vergleichen. Den Damasios wiederum liefern die einzel-

Hanna und Antonio Damasio

nen Fallgeschichten nach und nach die Puzzlesteine zum Verständnis des menschlichen Bewußtseins.

Am Computer erklärt Hanna Damasio ihr Vorgehen bei solchen Analysen. Auf dem Bildschirm ist ein verwirrendes Labyrinth verschlängelten, zerfurchten Gewebes zu sehen: das Gehirn
von Patient «1045dm», aus NMR-Aufnahmen einzelner Hirn-
schichten im Abstand von nur 1,6 Millimeter zusammengesetzt.
«Damit kann ich arbeiten wie mit einem echten Gehirn bei einer
Autopsie», erklärt die Neuroanatomin. Mit Hilfe der Maus dreht
Hanna Damasio das Hirn auf ihrem Monitor in verschiedene
Richtungen, entfernt mit einem Klicken auf «No texture» die
äußerste Gewebeschicht und schneidet das Organ in der Mitte
durch, so daß man ins Innere blicken kann. «Und ich habe sogar
noch Vorteile gegenüber der herkömmlichen Pathologie», sagt
Hanna, setzt das Gehirn durch einen einzigen Tastendruck wie-
der zusammen und wiederholt die «Autopsie».

Was am Bildschirm so einfach aussieht, bedarf zuvor stunden-
langer, mühseliger Kleinarbeit. Denn die herkömmlichen Com-
puterprogramme, die die vielen Einzelbilder zu einem dreidimensionalen Eindruck zusammensetzen, reichen den Damasios längst
nicht mehr aus. Für eine genaue Analyse der Patientenhirne
müssen die Aufnahmen meist noch einmal «von Hand» bearbeitet werden. Wo hört die Knochenschale auf, wo fängt das Gewebe
an? Wie trennt man einzelne Hirnareale sauber voneinander?
Welche Bedeutung ordnet man verschiedenen Helligkeitsstufen
zu? Hanna Damasio, die sich mittlerweile seit über zwanzig Jahren mit der grauweißen Masse im Kopf beschäftigt, hat dafür ein
sicheres Gespür entwickelt. «Ich kann einen ganzen Tag damit
zubringen, so ein Gehirn zu betrachten», meint die Neurologin
mit respektvoller Bewunderung. «Doch so komplex es auch sein
mag – es ist nicht unmöglich, es zu begreifen.»

Mit ihrer Arbeit liefert die eher reservierte, selbstkritische
Hanna vor allem die Daten und gründlichen Analysen. Ihre Bilder und Einblicke ins Hirn hat sie inzwischen zu einem großfor-
matigen Hirnatlas zusammengestellt, der auf beeindruckende
Weise dokumentiert, wozu die modernen bildgebenden Verfahren heute in der Lage sind. Ihr eloquenter Mann dagegen bemüht
sich, daraus ein umfassendes Theoriegebäude zu konstruieren.
Beide ergänzen sich ideal. «Hanna ist viel kritischer als ich», erzählt Antonio. «Selbst wenn sie ein tolles Resultat hat, zählt sie
erst einmal alle Schwierigkeiten und Probleme auf. Das liegt vielleicht an ihrer deutschen Mutter. Ich dagegen bin viel optimisti-
scher und sehe vor allem die guten Seiten.» Mit einem kleinen
Team, in dem Neuropsychologen, Software-Experten und eine
Neuroanthropologin zusammenarbeiten, hat das Hirnforscher-
paar in Iowa ihrer Disziplin mittlerweile eine empirische Basis
verschafft, die einmalig auf der Welt ist.

In seinem Buch *Descartes' Irrtum* schildert Damasio einige besonders drastische Fälle und zieht daraus den Schluß, daß die car-
tesische Vorstellung eines körperlosen Geistes, die bis heute fort-

wirkt, ein fataler Irrtum war. Besonders beeindruckend war für den Neurologen die Begegnung mit seinem Patienten Elliot. Elliots Gehirn war durch einen apfelsinengroßen Tumor teilweise zerstört worden – und in gleicher Weise war ihm die Fähigkeit abhanden gekommen, Entscheidungen zu treffen. Äußerlich hatte Elliot die Krankheit und die darauf folgende Hirnoperation augenscheinlich bestens verkraftet. Er war in guter körperlicher Verfassung, erwies sich in psychologischen Tests sogar als überdurchschnittlich intelligent und verfügte über ein gutes Gedächtnis, Wahrnehmungs- und Lernvermögen. Dennoch konnte er sich seine Arbeitszeit plötzlich nicht mehr einteilen, scheiterte an den einfachsten Aufgaben, verlor durch zweifelhafte Geschäfte alle Ersparnisse, trennte sich von Frau und Kindern, führte eine kurze, unglückliche zweite Ehe und ließ sich am Ende nur noch durchs Leben treiben.

Zunächst konnten sich Damasio und sein Team darauf keinen Reim machen. Doch dann entdeckten sie in ausgeklügelten Tests, daß Elliot durch seine Hirnläsionen einen direkten Bezug zu seinen Gefühlen verloren hatte. Als ihm Bilder mit stark emotionalen Inhalten gezeigt wurden – beispielsweise von Opfern grauenhafter Verkehrsunfälle, von brennenden Häusern oder ertrinkenden Menschen –, reagierte er genauso wie auf harmlose Fotos von spielenden Kindern oder Bergwiesen. Dabei war er sich über den mitunter schockierenden Inhalt der gezeigten Aufnahmen durchaus im klaren. Doch wie er selbst sagte, riefen Themen, die ihn früher sehr erregt hätten, jetzt keinerlei Reaktion mehr hervor, weder positive noch negative. Er «wußte, ohne zu fühlen», schreibt Damasio – und genau aus diesem Grund war Elliot zu richtigen Entscheidungen nicht mehr in der Lage. Mit den Emotionen hatte er auch seine Wertmaßstäbe verloren.

Dabei, so Damasio, gelte allgemein die Auffassung, vernünftige Entscheidungen sollten mit «kühlem Kopf» getroffen werden und rationales Denken dürfe sich möglichst wenig von Gefühlen leiten lassen. Darin zeige sich der nachhaltige Einfluß von

René Descartes, der den mechanisch arbeitenden «Körperstoff» vom ungreifbaren «Geiststoff» getrennt habe. Immer noch, so beklagt Damasio, halte die moderne westliche Medizin an ihrer künstlichen Trennung von körperlichen und psychischen Krankheiten fest. Dabei zeigten Krankengeschichten wie die von Elliot, daß das Gehirn auf emotionale und körperliche Rückkopplungen unbedingt angewiesen sei. Der Körper denkt mit – so könnte man die Erkenntnisse aus Iowa grob vereinfachend zusammenfassen.

Einer von Damasios Mitarbeitern, der Neurologe Antoine Bechara, ersann 1992 das «Glücksspielexperiment», um diese Zusammenhänge genauer zu untersuchen. Dabei dient ein Versuchsraum als «Casino». Die Probanden erhalten ein Darlehen von 2000 Dollar und können diesen Betrag durch das Ziehen von Spielkarten mehren. Dabei gibt es Stapel, die zwar mitunter kräftige Gewinne ermöglichen, aber auch Karten enthalten, die hohe Verluste bedeuten. Andere Stapel dagegen ermöglichen einen bescheidenen, aber sicheren Vermögenszuwachs. Gesunde Spieler begreifen nach einer Weile das Prinzip und ziehen vorzugsweise nur noch Karten von dem Stapel, der sicheren Gewinn garantiert. Bedienen sie sich doch einmal an dem riskanten Stapel, schießt die Kurve ihrer gleichzeitig gemessenen elektrischen Hautreaktion steil in die Höhe. Ganz anders dagegen bei Patienten mit Schädigungen im frontalen Stirnhirn: Sie zeigen meist bis zum Ende eine Vorliebe für die gefährlichen Karten, selbst wenn sie schon nach der Hälfte des Spiels pleite sind.

Gleichzeitige Messungen der elektrischen Hautleitfähigkeit führten dabei zu erstaunlichen Ergebnissen: Alle Teilnehmer zeigten *nach* einer Belohnung oder Bestrafung eine ähnliche Hautreaktion. Bei gesunden Casinobesuchern steigt diese im Laufe des Spiels auch *vor* einem Ziehen vom gefährlichen Stapel an, während sie noch überlegen. Offenbar beginnen sie bereits, das Prinzip der guten und schlechten Kartenstapel zu durchschauen, bevor ihnen dies voll und ganz bewußt ist. Bei hirngeschädigten Versuchsteilnehmern dagegen tritt eine solche «antizipatorische Reaktion» überhaupt nicht ein! «Das verbessert sich bei diesen Patienten auch dann nicht, wenn sie die Situation analysieren können», erläutert Bechara: «Sie sagen das Richtige und tun dennoch das Falsche.» Daher läßt sich mit solchen Leuten der Test auch beliebig wiederholen, während gesunde Probanden das Prinzip nach dem ersten Mal durchschauen.

Ist also nicht nur die Moral, sondern auch die Intuition in Gehirn und Körper verankert? «Die einzelnen Regionen in Ihrem Gehirn sind ziemlich dumm», erklärt Damasio. «Keine weiß alles. Aber jede Komponente weiß, wie sie auf einen bestimmten Stimulus reagieren muß. Das ist wie ein Stromkreis. Wird zum Beispiel eine bestimmte Neuronengruppe in der Amygdala aktiviert, einer Region, die für Furcht und Aggression zuständig ist, so wird dieser Stimulus an den Hypothalamus weitergegeben, dann an den Hirnstamm, und schließlich reagiert der Körper in einer bestimmten Weise. Man wird etwa bleich, fühlt sein Herz rasen, die ganze Landkarte Ihres Körpers ändert sich. Und weil Ihr Gehirn sehr genau beobachtet, was der Körper tut, ändert sich auch die Wahrnehmung Ihres Gehirns – Sie haben ein *Gefühl*. Und nun stellen Sie sich vor, Sie haben Tausende von solchen Kreisläufen. Alle zusammen konstruieren am Ende das, was wir Realität nennen.»

Die menschliche Vernunft, meint Damasio, entstehe dabei aus dem Zusammenwirken vieler Ebenen der neuronalen Organisation – und der Körper sei direkt in diese Kette der Denkvorgänge einbezogen. Der Hirnforscher glaubt, daß es im Gehirn sogenannte Konvergenzzonen gibt, in denen körperliche, emotionale und geistige Eindrücke verknüpft werden und wie in einem Code gespeichert sind. Wird so eine Konvergenzzone reaktiviert, erstellt sie das gespeicherte Gesamtbild wieder – so werden wir etwa durch einen bestimmten Geruch an ein eindrückliches Erlebnis und das damit verbundene Gefühl erinnert.

Aus diesem Wechselspiel von Denkvorgängen, Gefühlen und körperlichen Zuständen könnte sich auch erklären lassen, wie es kommt, daß wir oft intuitiv richtige Entscheidungen treffen, ohne besonders darüber nachzudenken. Diese Erkenntnis, die der amerikanische Wissenschaftsjournalist Daniel Goleman zu einem Bestseller über *Emotionale Intelligenz* verarbeitet hat, drückt Antonio Damasio allerdings vorsichtiger und wissenschaftlich korrekt aus: «Im Idealfall lenken uns Gefühle in die richtige Richtung, führen uns in einem Entscheidungsraum an den Ort, wo wir die Instrumente der Logik am besten nutzen können.»

Nicht alle Hirnforscher stimmen Antonios Theorieentwurf zu; manche bezeichnen den geistreich-spritzigen Hirnforscher gar als «Toscanini der Neuropsychologie». Dennoch genießen die Damasios einen ausgezeichneten Ruf. Vor den empirischen Daten, die sie in der Universitätsklinik Iowa zusammentragen, verstummt jede Kritik. «Es ist unglaublich», meint etwa die Neurophilosophin Patricia Churchland. «Man kann sagen, ich brauche Leute mit den und den Verhaltensweisen – und Tony wird antworten: ‹Okay, rufen wir Frau B. in Des Moines an.› Etwas Ähnliches hat es bislang nicht gegeben.»

Dabei herrscht in Damasios Arbeitsgruppe, so professionell es dort auch zugeht, eine entspannte, lockere Atmosphäre. Randall Frank etwa, der gerade mit Baseballmütze und einem Pappbecher aus der Klinikkantine kommt, wirkt wie ein Student in der Vorlesungspause. Er ist der Software-Experte und quält sich mit der diffizilen Frage, wie man verschiedene Gehirne miteinander vergleichen kann. Denn um Parallelen zwischen zwei Patienten ziehen zu können, müssen ihre Hirnstrukturen genau zur Deckung gebracht werden – keine leichte Aufgabe, denn jedes Denkorgan ist individuell verschieden, ähnlich wie Fingerabdrücke oder Gesichter. Die Größenunterschiede einzelner Bereiche betragen dabei mitunter bis zu einem Zentimeter. Daher legt Frank zuerst im Computer ein Netz über jedes Gehirn und versucht dann, die einzelnen funktionalen Bereiche entsprechend zu vergrößern oder zu verkleinern, eine Methode, die er «whorpen» nennt. «Dabei müssen wir für unsere statistischen Analysen manchmal die Gehirne von neun Patienten übereinanderlegen – das ist Arbeit», stöhnt er.

Forschungsdirektor Daniel Tranel dagegen packt schon nachmittags um vier Uhr gemütlich seine Sachen zusammen. Schließlich ist er der Frühaufsteher im Team und seit morgens um vier Uhr auf den Beinen, eine Tatsache, auf die wohl auch der beeindruckende Stapel Coladosen in seinem Zimmer zurückzuführen ist. «Ich muß jetzt meine Pferde füttern», verabschiedet sich der Psychophysiologe fröhlich. Wie bitte? «Na ja», meint Tranel, «ich habe eine Farm, um die ich mich kümmern muß. Und abends spiele ich manchmal Gitarre in einem der Clubs hier.»

Die Damasios selbst sind dagegen eher Großstädter. Beide lieben Kunst und Musik und flüchten am Wochenende gern nach Chicago, wo sie eine Zweitwohnung besitzen. Auch in ihrem Haus in Iowa hängen Bilder zeitgenössischer Maler an den Wänden. Die kleinen, liebevoll gestalteten Skulpturen dagegen zeugen vom bildhauerischen Talent Hannas. Auf dem Wohnzimmertisch stapeln sich neurologische Bücher in allen möglichen Sprachen, und bei klassischer Musik gesteht Antonio ein, daß er selbst den Titel seines Buches, *Descartes' Irrtum*, mit gemischten Gefühlen sehe. «Schließlich gibt es in Descartes' Werk Irrtümer, die viel spektakulärer sind. Und ich hatte Bedenken, für die französische Ausgabe denselben Titel zu wählen. Ich befürchtete einen Sturm der Entrüstung, vernichtende Buchkritiken und den Vorwurf, ich hätte den großen Denker völlig falsch verstanden. Aber nichts davon geschah. Meine Thesen wurden teilweise geradezu enthusiastisch aufgenommen, das französische Magazin *Science et Vie* schrieb sogar, ich hätte endlich Sigmund Freud und die Wissenschaft versöhnt», erzählt Damasio lachend und ist sichtlich stolz, daß sein Buch mittlerweile in zwölf Sprachen übersetzt ist. «Aber es gab auch sehr merkwürdige Reaktionen. Eine englische Zeitung veröffentlichte zum Beispiel einen Artikel mit der Überschrift ‹Die Widerlegung der Psychoanalyse› und schrieb darin sinngemäß: ‹Wie Antonio Damasio in seinem neuen Buch beweist, hatte Freud völlig unrecht.› Es ist unglaublich, was die Leute teilweise daraus machen.»

Doch Hanna, die ihrem quirligen Mann bei solchen Gesprächen oft nachdenklich zuhört, beweist, daß sie die Wirkungsweise des menschlichen Gehirns nicht nur auf dem Computerbildschirm durchschaut: «Die Leute verstehen eben immer nur das, was sie hören wollen – egal, was du ihnen erzählst.»

Kapitel 4
Filz unter harter Schale
Eine Kartographie des Gehirns

Der Anatom hat Mühe, den harten Schädel zu öffnen. Seine Instrumente sind stumpf, die Luft ist schon seit Stunden heiß und stickig. So dauert es lange, bis Anaxagoras von Klazomenai schließlich das Gehirn des Toten aus der Knochenkapsel heben kann, ein weißgraues, faltiges Gebilde, etwa drei Pfund schwer. Von außen wirkt das walnußförmige Organ grau und unscheinbar. In der gallertartigen Masse ist von Gedanken nichts zu sehen, keine Spur von Vernunft, kein Hinweis auf Erinnerungen. Doch mit einem Schnitt in das Gewebe eröffnet der griechische Anatom zwei in der Tiefe verborgene Höhlen.

An diesem Tag im Jahr 450 vor Christus beschäftigt ihn vor allem eine Frage: Wo im menschlichen Körper ist der Geist zu Hause? Die Hohlräume des Gehirns scheinen gute Kandidaten für den Sitz des Denkens zu sein. Doch noch ist das Wissen über die Anatomie des Gehirns kaum entwickelt. Erst etwa hundert Jahre nach Anaxagoras liefert der alexandrinische Anatom Herophilos eine klare Beschreibung der großen Hirnkammern. Daß diese Ventrikel – inzwischen sind drei entdeckt – normalerweise eine Liquor cerebrospinalis genannte Flüssigkeit enthalten, entgeht den antiken Anatomen zunächst. Bei ihren Präparationen entweicht der Liquor aus dem Gehirn. So glaubt Herophilos, die Höhlen seien vom *pneuma psychikon*, dem Hauch des Geistes, gefüllt.

Daß das Gehirn das Organ des Denkens und Verhaltens ist, war jedoch vermutlich schon siebzehn Jahrhunderte vor Christus bekannt: In einem altägyptischen Papyrus wird der Ausfall bestimmter Hirnfunktionen als Folge von Schädelverletzungen be-

schrieben. Somit hat die Theorie vom Geist im Kopf ihren Ursprung lange vor Aristoteles, der glaubte, der Mensch denke mit
dem Herzen. Das Gehirn interpretierte der Naturforscher und
Philosoph als eine Art Kühlorgan: Das tief zerfurchte Gewebe
führe lediglich die überschüssige Wärme des Blutes ab.

In diesem Fall blieb Aristoteles' Modell ohne großen Einfluß,
auch wenn sich noch im 15. Jahrhundert Abbildungen finden, die
zumindest den aktiven Tast- und den passiven Berührungssinn
mit dem Herzen verbinden. Dagegen wurde seit den Zeiten des
Anaxagoras die antike Ventrikeltheorie immer weiter verfeinert:
Das anschaulichste und präziseste Modell des Kammersystems
entwickelten die Scholastiker des Mittelalters. Die erste der drei
Kammern nennen sie *cellula phantastica* oder *cellula imagina-
tiva*. Diese Kammer der Bilder sei heiß und trocken, glaubten die
Theoretiker, schließlich könnten nur in einem solchen Klima
sinnliche Eindrücke wahrgenommen werden. Mit ihren Säften
und Kräften ziehe sie alle Formen und Farben der Dinge ins Bild.
Doch nicht nur die Wahrnehmung, auch Einsicht und Erkennen,
die *vis videndi et intelligendi*, wurden hier lokalisiert. Das Wahrgenommene brenne sich in der Hitze gleichsam als «Charakter»
ein, bevor es dann in die zweite Kammer weitergeleitet werde.

Diese *cellula rationalis* oder auch *cellula logistica* gilt den
Scholastikern als der Sitz der «unterscheidenden Vernunft». Hier
werde in warmfeuchtem Klima alles gründlich gemischt und ge-
siebt, durchgekämmt und ausgesondert, bis schließlich nichts als
reine Vernunft übrigbleibe, spekuliert Magister Wilhelmus von
Conches. Er tüftelt im 12. Jahrhundert in der Medizinschule von
Chartres an der Lehre von den Hirnventrikeln und ihren Funktionen. Vernunftgemäße Erfahrung, behaupten Wilhelmus und
seine Kollegen, sei im Grunde nichts anderes als die Zusammen-
stellung sinnvoller Bilder, der ein Erkennen des Wesens der
Dinge und damit auch das volle Verstehen von Wirklichkeit in
der «vernünftigen Ordnung des Seins» folgten.

In den hinteren Hirnregionen hat die *cellula memorialis* ihren

Sitz. Was die erste Kammer als Wahrnehmung und Einsicht und die zweite als Erkenntnis und Urteil passiert hat, wird der mittelalterlichen Theorie zufolge hier eingelagert. Dazu müsse die Gedächtniskammer kalt und trocken sein. Bevor Bilder der Erinnerung aus dem Archiv wieder ins Bewußtsein träten, müßten sie aufgewärmt und angefeuchtet werden.

Die Theoretiker beschränken sich jedoch keineswegs auf die Beschreibung von Wahrnehmung und Erkenntnis. Im Laufe der Jahrhunderte ordnen sie den Ventrikeln immer neue Funktionen zu. So finden im Dreikammersystem des Geistes auch die klassischen sieben Künste der Antike ihren Platz. Grammatik, Rhetorik und Dialektik sind in der *cellula rationalis* angesiedelt. Die *cellula memorialis* ist für Arithmetik und Astronomie zuständig, die *cellula phantastica* für Musik und Geometrie. Die erste Lokalisationslehre der Hirnforschung beginnt sich zu etablieren.

Das Uhrwerk im Kopf

Heute amüsieren sich Neurowissenschaftler über die scheinbar absurden Vorstellungen vergangener Jahrhunderte. Es gibt kaum einen Vortrag über moderne bildgebende Verfahren, in dem nicht zur Erheiterung des Publikums mittelalterliche Zeichnungen vorgeführt werden, bevor die Forscher ihre eigenen computergenerierten Ansichten des Schädelinneren präsentieren. Stolz künden sie vom Fortschritt der Technik und der Erkenntnis. Doch zu solchem Hochmut gibt es wenig Grund. Schließlich unterscheidet sich das gegenwärtige Bild des Gehirns in seinen Grundzügen nicht allzusehr von den Ventrikeltheorien der Antike und des Mittelalters.

Colin Blakemore, Neurophysiologe in Oxford, betrachtet die Geschichte der Hirntheorie und vor allem die Ventrikellehre mit sehr viel mehr Respekt als viele seiner Kollegen: «Man dachte,

Abbildung 3: Das Zentralnervensystem des Menschen besteht aus sieben Elementen: Das Rückenmark empfängt und verarbeitet sensorische Informationen von der Haut sowie den Gelenken und Muskeln der Extremitäten und des Rumpfes. Im Nachhirn, das auch verlängertes Mark genannt wird, finden sich die Zentren zur Kontrolle lebenswichtiger Funktionen wie Verdauung, Atmung und Herzschlag. Die Brücke leitet Informationen über Bewegungsabläufe vom Großhirn ins Kleinhirn. Das auch Cerebellum genannte Kleinhirn reguliert die Kraft und das Ausmaß von Bewegungen und spielt bei der Entwicklung und Koordination motorischer Fertigkeiten eine zentrale Rolle. Das Mittelhirn kontrolliert und koordiniert sensorische und motorische Information. Das Zwischenhirn ist die entscheidende Schaltstelle für Sinnesinformationen, die von den Sinnesorganen zum Großhirn übermittelt werden. Es reguliert zudem eine Vielzahl autonomer Funktionen und hat einen großen Einfluß auf das hormonelle Geschehen im Körper. Das Großhirn besteht aus zwei Hemisphären, die über den sogenannten Balken miteinander verbunden sind. Hier sind die höheren Funktionen des Gehirns lokalisiert.

wenn der Geist von einem Ventrikel zum nächsten fließe, komme es zu einer Kettenreaktion. Auf den Zufluß der Informationen von den Sinnesorganen folgten rationales Denken und Gedächtnis oder Bewegungskontrolle. So merkwürdig dieses Schema anmutet, bildet es im wesentlichen doch noch immer die Grundlage unserer Vorstellung von den Gehirnfunktionen: Durch eine Sequenz von Verarbeitungsprozessen werden unsere Reaktionen weitgehend auf der Basis von Sinnesinformationen erzeugt.»

Für Blakemore ist auch der mechanistische Charakter antiken wie mittelalterlichen Denkens nicht überraschend. Die einzigen Gebilde, mit denen man das Gehirn damals habe vergleichen können, seien schließlich einfache Maschinen gewesen, «die über

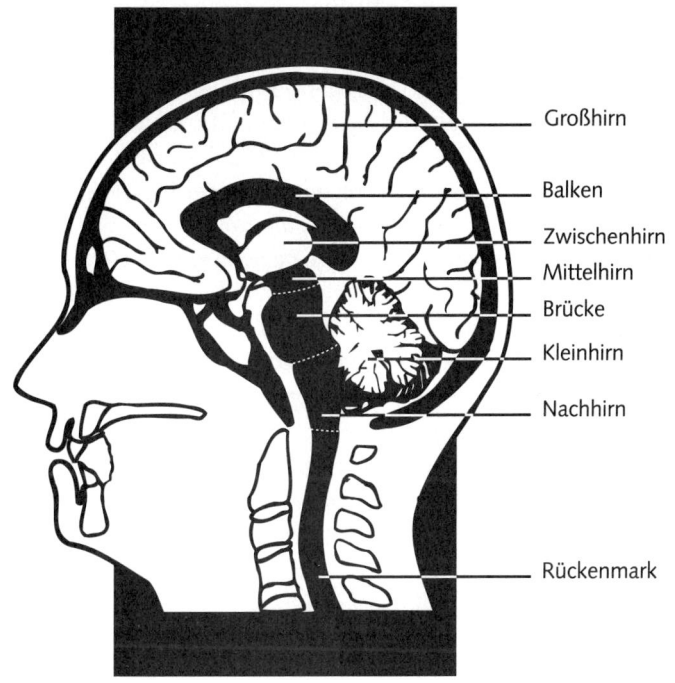

Großhirn

Balken

Zwischenhirn

Mittelhirn

Brücke

Kleinhirn

Nachhirn

Rückenmark

eine Reihe abgegrenzter Stadien eine bestimmte Handlung in eine andere umwandeln». Auch René Descartes beschreibt in seiner Abhandlung *Über den Menschen* das Gehirn als Maschine. Die meisten Funktionen, wie Wachen, Schlafen, Gedächtnis, Verlangen oder Gefühl, beruhten allein auf der «Anordnung seiner Organe, nicht anders als die Bewegungen einer Uhr». Einzig Bewußtsein, Gewissen und Moral betrachtet der Philosoph als höhere Funktionen einer übergeordneten Seele. Sie wirke über die Zirbeldrüse (die etwa in der Mitte des Ventrikelsystems liegt) «von oben» auf die Maschinerie des Gehirns ein.

Descartes' Werk *Über den Menschen* erschien 1664. Im selben Jahr veröffentlichte der Oxforder Arzt Thomas Willis sein Buch

Cerebri anatome. Schon Leonardo da Vinci hatte der Ventrikeltheorie einen heftigen Stoß versetzt. Er hatte die Hirnkammern
mit flüssigem Wachs ausgegossen und einen Abdruck erhalten,
der nicht von säuberlich getrennten Kammern zeugte, sondern
sich als labyrinthartig verzweigtes Gebilde erwies. Offenbar waren viele der Annahmen von einer zu einfachen Anatomie ausge-
gangen. Thomas Willis' *Cerebri anatome* sorgte nun für die endgültige Kehrtwende. Der Engländer interpretierte als erster die
Hirnsubstanz selbst als Sitz der Hirnfunktionen, wobei er den
Großhirnhemisphären die höheren geistigen Funktionen wie
Wahrnehmung, Gedächtnis und Intelligenz zuschrieb. Viele
Zeichnungen zu Willis' epochemachendem Werk steuerte vermutlich Christopher Wren bei, der Architekt der St. Paul's Ca-
thedral in London. Jedem Strich der Darstellungen ist das geschulte Auge eines Baumeisters anzusehen. Noch heute sind
Präzision und Ästhetik dieser Abbildungen unübertroffen.

Die Schädelkundler

Knapp ein Jahrhundert nach dieser Kehrtwende in der Hirnana-
tomie, im März 1758, wird im badischen Tiefenbrunn Franz Joseph Gall geboren. 1781 beginnt er in Wien als Arzt zu praktizie-
ren. Schon zuvor hatte sich der Mediziner mit Studien der
Schädelanatomie beschäftigt. Seine Arbeiten erregen Aufsehen.
Mit Hilfe der Phrenologie, der Analyse der Schädelknochen,
glaubt Gall, menschliche Fähigkeiten und Charakterzüge analysieren zu können. Wie besessen zieht er durch Gefängnisse und
Irrenanstalten, um sich interessante Stücke für seine Schädel-
sammlung zu sichern. «Zwei Jahre im Turm, 32 Jahre alt, hat
ihren Mann umbringen wollen», lautet eine der handschriftli-
chen Notizen, die er seinen Trophäen beilegt. Eine andere: «Eis-
senmann, Theresa, Branntweinsäuferin bis zur Verblödung».

So makaber Galls Kollektion erscheint, seine Methode wird zur Mode. Der Boom ist kaum verwunderlich. Wie kein anderer Hirnforscher vor ihm versteht er es, seine Theorien zu popularisieren. Bei gesellschaftlichen Anlässen tasten sich die Gäste gegenseitig die «Gallschen Organe» ab. Ist die Kinderliebe oder die Eigentumsliebe ausgeprägter? Wie steht es mit dem Glauben, wo ist der Witz zu Hause? All das, behauptet Gall, sei an den Schädelknochen ablesbar.

Doch sein System ist durchaus nicht so erratisch, wie es solche Gesellschaftsspiele erscheinen lassen. Er unterscheidet verschiedene Fähigkeiten, die er zwei großen Gruppen zuordnet. Die erste Gruppe umfaßt die Gefühle und ist noch einmal in niedere Triebe und höhere Emotionen unterteilt. Die Triebe, bei Menschen und Tieren vorhanden, vermutet Gall an der Basis des Gehirns. Emotionen wie Hoffnung oder Habgier seien dagegen allein dem Menschen vorbehalten und eher in den oberen Hirnregionen zu finden.

Auch die zweite große Gruppe der intellektuellen Fähigkeiten ist zweigeteilt. Der Verarbeitung einfacher Sinnesinformationen wie Farbe, Form, Anzahl oder Tonhöhe stehen die exklusiv menschlichen Gaben wie Sprache oder Witz gegenüber, deren Sitz Gall gleich hinter der Stirn ausmacht.

In Großbritannien sorgt der Mediziner George Combe für eine weite Verbreitung der Gallschen Ideen. Nachdem von seinem Buch *The Constitution of Man* zwischen 1828 und 1834 zunächst nur rund tausend Stück pro Jahr verkauft worden sind, finanziert ein reicher Mäzen die Produktion einer Volksausgabe. Nach vier Jahrzehnten hat das Werk mit einer Auflage von hunderttausend Exemplaren den Verkaufserfolg von Darwins *Origin of Species* um mehr als das Doppelte überboten.

So erfolgreich Galls Ideen auch nach seinem Tod im Jahr 1828 verbreitet werden, zu Lebzeiten sieht er sich mit einer wachsenden Schar von Gegnern konfrontiert. Dem österreichischen Hofarzt Stifft, den Gall selbst für diese Position vorgeschlagen hat, wird der Kult um die Phrenologie schließlich zu bunt. Er warnt Kaiser Franz I. vor den gefährlichen Auswüchsen einer derart materialistischen Theorie. Der Kaiser instruiert kurzerhand seine Minister: «Der Doctor medicinae Gall gibt, wie ich vernehme, in seinem Hause Privatvorlesungen über die von ihm erfundene Theorie des menschlichen Hirnschädels und soll häufig Besuch nicht nur von Männern, sondern auch von Weibern und jungen Mädchen erhalten. Da über diese Kopflehre, von welcher mit Enthusiasmus gesprochen wird, vielleicht manche ihren Kopf verlieren dürften, diese Lehre auch auf Materialismus zu führen, mithin gegen die Grundsätze der Moral und Religion zu schreiten scheint, so werden Sie diese Privatvorlesungen alsogleich verbieten lassen.»

Gegen das kaiserliche Diktum ist Gall machtlos. Er wandert zunächst nach Deutschland, dann nach Frankreich aus, und hier wie dort sorgt er weiterhin für heftige Kontroversen. Seiner euphorisierten Anhängerschaft stehen bissige Spötter gegenüber. Karikaturisten nehmen den Schädelkundler und seine Gemeinde aufs Korn. Mit Lust werden Anekdoten über Gall verbreitet. So soll er bei einem seiner Irrenhausbesuche einen höchst vernünftigen Patienten getroffen haben. Der Arzt faßt dem augenscheinlich zu Unrecht Internierten an den Kopf und verkündet lauthals, dieser Mann sei ein «Opfer der alten Medizin». Sein Schädel weise keine Anzeichen einer geistigen Erkankung auf. Der derart Rehabilitierte stimmt zu und klärt Gall über die verwickelten Umstände seiner Einlieferung auf: Der Kopf auf seinen Schultern gehöre ihm gar nicht. Seinen eigenen Schädel habe er während der Französischen Revolution auf der Guillotine verloren. Nur durch einen glücklichen Zufall sei er in den Besitz eines Ersatzes gelangt.

War die Phrenologie ein fauler Zauber? Derek Hodson, Pädagoge an der Universität von Auckland in Neuseeland, warnt allen obskuren Auswüchsen der Theorie zum Trotz davor, ihren Einfluß zu unterschätzen. «Phrenologen waren tief in viele soziointellektuelle Bewegungen ihrer Zeit verstrickt – in die Anthropologie, Biologie, Strafrechtsreform, Theologie und so weiter –, und prominente Wissenschaftler und Reformer wie Herbert Spencer, Alfred Wallace oder George Eliot gründeten viele ihrer Theorien auf phrenologische Ideen.»

Dennoch kann man sich rückblickend leicht über die Theorie lustig machen, daß alle höheren Fähigkeiten des Menschen an der Oberfläche des Gehirns in «Organen» lokalisiert seien, die sich durch Abtasten der Schädelhöcker ermitteln ließen. Schließlich gab es dafür – wenigstens zu Galls Lebzeiten – keinerlei experimentelle Grundlage. Die ersten Hinweise auf die Lokalisation bestimmter Hirnfunktionen wurden erst drei Jahrzehnte nach dem Tod des Wiener Arztes entdeckt.

Karten des Verstehens

Ein Mann namens Le Borgne und ein Pariser Chirurg mit unwiderstehlichem Hang zur Anthropologie sorgten dafür, daß Gall auch in medizinischen Fachkreisen rehabilitiert wurde und seine Widersacher, die das Gehirn als untrennbare «holistische Einheit» betrachteten, schließlich verstummten.

Le Borgne erlitt ein schreckliches Schicksal. Obwohl er durchaus im Besitz seiner geistigen Fähigkeiten war, verbrachte er 21 lange Jahre in einer Anstalt für Geisteskranke. Denn sosehr sich Le Borgne auch abmühte, er konnte nur eine einzige Silbe hervorbringen: «tan». So wurde er von Anstaltsgenossen und Pflegern schlicht Tan-Tan genannt, und unter diesem Namen ist er in die Medizingeschichte eingegangen.

Einen Tag nach dem Tod von Tan-Tan, am 18. April 1861, hielt der Pariser Chirurg und Anthropologe Paul Broca vor der von ihm gegründeten Société d'anthropologie einen aufsehenerregenden und folgenreichen Vortrag. Er hatte das Gehirn von Le

Borgne untersucht und eine winzige Schädigung einer Region im unteren Stirnlappen gefunden. «Circonvolution de language» nannte Broca das Areal. Dort, so folgerte der französische Forscher, müsse die Fähigkeit zum Sprechen lokalisiert sein.

Und tatsächlich waren Le Borgnes Sprachprobleme typisch für Patienten mit einer Schädigung dieser Broca-Region. Allerdings sind sie selten so stark ausgeprägt wie bei dem unglücklichen Franzosen. Wie ein typisches Gespräch mit Patienten verläuft, die an der noch heute nach dem Pariser Forscher benannten Broca-Aphasie leiden, hat vor einigen Jahren der inzwischen emeritierte Aachener Neurologe Klaus Poeck aufgezeichnet:

Untersucher: «Wie hat es mit Ihrer Krankheit angefangen?» Patient: «Ein, zwei, drei, vier Tage ... eh ... Flugzeug ... Sonne scheint und so ... vier Tage und zwei Tage ... eh ... bewußtlos und umgefallen und später eine Woche ... Hubschrauber ... zu Hause bleiben und Böblingen Krankenwagen ... Stuttgart-Böblingen und später ein, zwei Monate ... eh ... hier Böblingen ... eh ...» Untersucher: «Sie sind von Böblingen aus hierher gekommen?» Patient: «Eh ... eins, zwei, drei, vier, fünf, sechs, sieben ... sieben, eh ... sieben Tage ... Hubschrauber ... hier Böblingen Krankenhaus und ... eh ... nein, nein ... eh ... zwei Pilote ... ein Doktor

Abbildung 4: Die Großhirnrinde ist in vier Regionen unterteilt, die nach den über ihnen liegenden Schädelknochen benannt sind: den Frontal- oder Stirnlappen, den Parietal- oder Scheitellappen, den Temporal- oder Schläfenlappen und den Okzipital- oder Hinterhauptslappen. Jeder Lappen weist charakteristische Wülste (Gyri) und Furchen (Sulci) auf. Sie dienen den Neuroanatomen gleichsam als Wegweiser zur Orientierung. Zu den ersten funktionellen Zentren, die schon im 19. Jahrhundert in der Großhirnrinde identifiziert wurden, gehören die Sprachzentren des Menschen. Das für die grammatikalische Analyse verantwortliche Broca-Areal liegt im Bereich des unteren Stirnlappens, das für die Analyse von Wortbedeutungen zuständige Wernicke-Areal findet sich an der Grenze zwischen Schläfen und Scheitellappen.

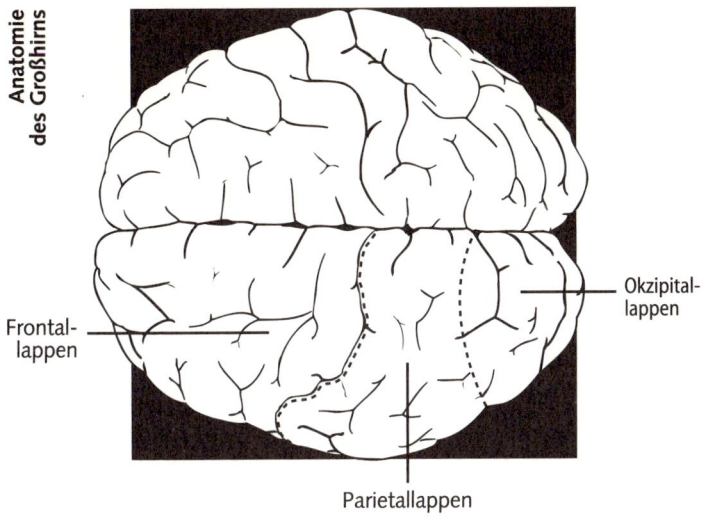

Anatomie des Großhirns

Frontallappen

Okzipitallappen

Parietallappen

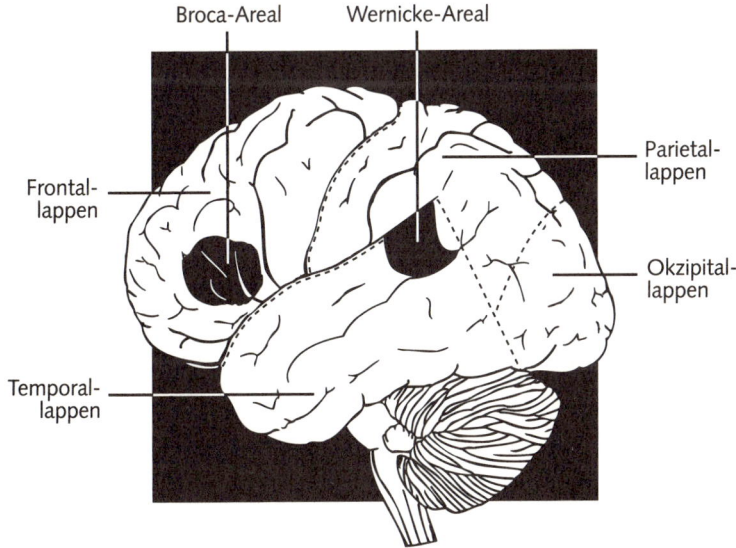

Broca-Areal

Wernicke-Areal

Frontallappen

Parietallappen

Okzipitallappen

Temporallappen

und ihr Mann und eine Frau ... ich.» Untersucher: «Was machen Sie in Ihrer Freizeit?» Patient: «Laden gehen einkaufen.»

Brocas Theorie, bestimmte Hirnareale seien beim Menschen für das Sprechen verantwortlich, erhielt weitere Unterstützung, als der deutsche Neurologe Carl Wernicke 1874 Patienten mit einer sogenannten sensorischen Aphasie beschrieb. Bei ihnen fanden sich die Läsionen der Großhirnrinde in der linken Hemisphäre an der Grenze zwischen Schläfen- und Scheitellappen. Die Patienten hatten große Schwierigkeiten, Sprache zu verstehen. Auch ihr eigenes Sprechen war deutlich beeinträchtigt. Die Störung ließ – anders als die Broca-Aphasie – zwar die Satzstrukturen intakt, raubte den Aussagen jedoch ihren Sinn. Das Ergebnis war ein flüssiges, aber inhaltloses Geschwafel.

Wiederum illustriert ein Untersuchungsprotokoll von Klaus Poeck, wie deutlich sich die Beeinträchtigungen von denen einer Broca-Aphasie unterscheiden. Untersucher: «Können Sie mal erzählen, wie es Ihnen jetzt so geht und ob Sie noch Beschwerden

Abbildung 5: Die Areale der Großhirnrinde haben vor allem die Funktion, sensorische und motorische Informationen zu verarbeiten. Je nach ihrer Position in der Hierarchie der neuronalen Informationsverarbeitung werden sie in primäre, sekundäre oder tertiäre Areale eingeteilt. Die primären sensorischen Areale empfangen ihre Signale über nur wenige Umschaltstellen von den Sinneszellen in der Peripherie. Um die primären Areale herum liegen die nachgeschalteten sensorischen und motorischen Felder höherer Ordnung. Diese sekundären oder tertiären sensorischen Zentren integrieren die Informationen aus den verschiedenen primären Arealen. Sie verarbeiten etwa verschiedene Aspekte einer einzelnen Sinnesmodalität, zum Beispiel Bewegung und Tiefe beim Sehen. Die primären, sekundären und tertiären Areale sind wiederum von den Feldern des sogenannten Assoziationscortex umgeben. Bei den Primaten nehmen diese Assoziationsfelder den weitaus größten Bereich der Hirnrinde ein. Hier werden die verschiedenartigen Informationen zu einer sinnvollen Szenerie oder Handlung zusammengeführt.

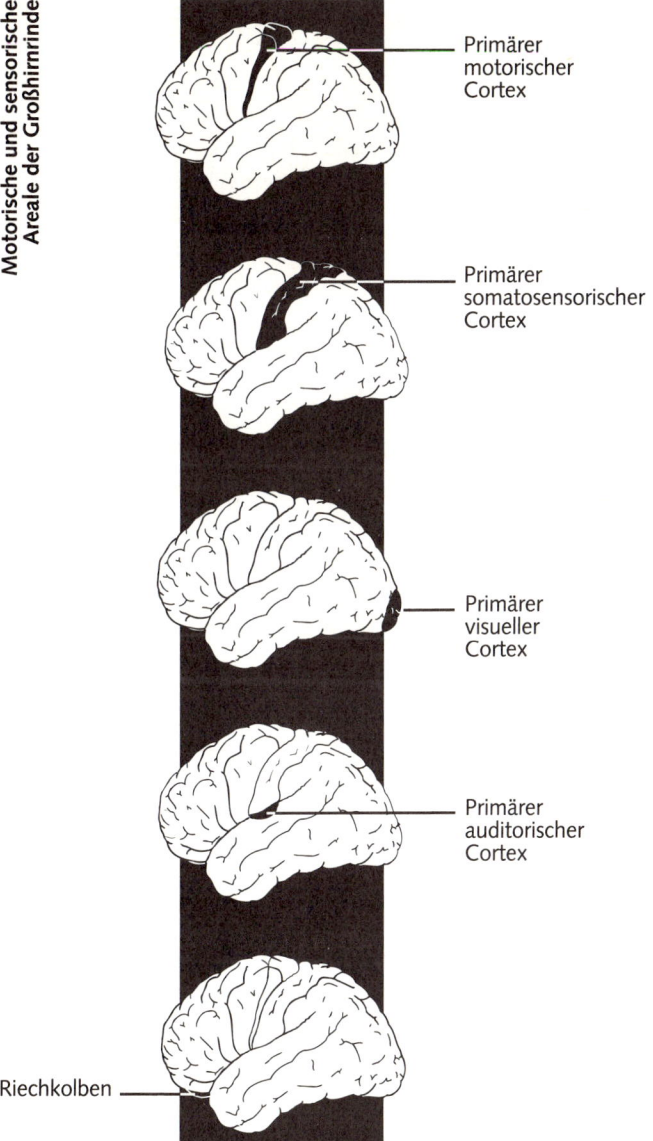

Motorische und sensorische Areale der Großhirnrinde

Primärer motorischer Cortex

Primärer somatosensorischer Cortex

Primärer visueller Cortex

Primärer auditorischer Cortex

Riechkolben

haben?» Patient: «Ja, das kann ich Ihnen sagen, daß ich Beschwerden habe. Na, ich muß mal anders … Ich glaube, man
sollte bei Null beginnen und nicht oben. Es ist so: Gegenüber
früher möcht ich erst einmal sagen über den ganz großen Beginn
erst mal als ich ankam ist es natürlich ganz entschieden … eh …
ein Unterschied … heut besser als früher wollen gar nicht drüber
debattieren.»

Noch heute gelten die nach den beiden Pionieren der modernen Hirnforschung benannten Hirnregionen als die wichtigsten
Sprachzentren des Menschen. Das Broca-Areal ist für die Syntax,
für Grammatik und Satzstruktur verantwortlich. Im Wernicke-
Areal werden Wortbedeutung und Inhalt analysiert. Inzwischen
sind eine ganze Reihe weiterer Sprachstörungen und beteiligter
Hirnregionen bekannt. Eine Arbeitsgruppe um Klaus Poeck hat
an der Technischen Hochschule in Aachen einen Test entwickelt,
mit dem sich die einzelnen Störungen genau charakterisieren lassen.

Die Annahme funktioneller Zentren im Gehirn brachte die
Forscher des 19. Jahrhunderts auf Trab. Nach den Entdeckungen
von Broca und Wernicke ging die Suche nach dem Sitz weiterer
Hirnfunktionen erst richtig los. Der deutsche Neurologe Korbi-
nian Brodmann numerierte 1909 die verschiedenen Regionen des
Großhirns systematisch durch, um so den Dialog zwischen den
beteiligten Wissenschaftlern zu erleichtern. Sein System gilt
noch heute. Die Auskunft «Ich arbeite an Area 17a» reicht einem
Experten völlig aus, um zu wissen, daß sein Gegenüber sich gerade für das visuelle System interessiert und die erste Station in
der Hirnrinde untersucht, in der die Signale von den Augen eintreffen.

Wurde Franz Joseph Gall früher als Spinner verspottet, so lieferten die Hirnforscher jetzt immer weitere Befunde, die seine
Hypothesen bestätigten. Die Zentren für Sprache, Farbensehen
und Hören wurden entdeckt, das Abbild der Körperoberfläche auf
der Hirnrinde wie das System der motorischen Kontrolle. Immer

weiter wird die Landkarte des Geistes verfeinert. Wo aber sind die höheren Hirnfunktionen lokalisiert? Gibt es einen Ort für Liebe, Treue oder Moral?

Der Sitz der Moral

Aufschluß darüber kann vielleicht wiederum ein menschliches Schicksal liefern, das von Phineas Gage. Der amerikanische Sprengmeister schießt sich 1848 ein gewaltiges Loch in den Kopf. Beim Bau einer Eisenbahnstrecke bei Cavendish in Vermont will Gage gerade eine Sprengladung mit Hilfe einer Eisenstange feststampfen, als das Gemisch explodiert. Das drei Zentimeter dicke und ein Meter lange Eisen fährt ihm durch die linke Wange, durchbohrt das Auge sowie Teile des Gehirns, durchbricht die Schädeldecke und landet einige Meter weiter auf dem Boden. Erstaunlicherweise überlebt der Sprengmeister diesen Unfall. Nach einigen Minuten der Benommenheit kommt er wieder zu Bewußtsein und spricht sogar. Die Arbeiter setzen ihn auf einen Ochsenwagen und fahren ihn zum Arzt, wo er «selbst vom Wagen heruntersteigt», wie eine zeitgenössische Quelle erwähnt.

In den folgenden Wochen erholt er sich relativ schnell. Zwar ist sein linkes Auge zerstört, doch ansonsten kann er fühlen, hören, reden und sich bewegen wie zuvor. Der Sprengmeister avanciert damit noch zu Lebzeiten zur medizinischen Sensation. Der Arzt John Harlow, der diesen Fall beschreibt, stellt allerdings fest, daß sich durch den Unfall offenbar die Persönlichkeit von Gage verändert hat. Der Mann, der vormals als höflich und ausgesprochen zuverlässig galt, zeigt sich plötzlich launisch, respektlos und ausfallend. Gage «flucht manchmal auf abscheulichste Weise, erweist seinen Mitmenschen wenig Achtung, reagiert ungeduldig auf Einschränkungen und Ratschläge, wenn sie seinen Wünschen zuwiderlaufen, ist gelegentlich entsetzlich halsstarrig und doch launenhaft und wankelmütig, macht ständig Zukunftspläne, die er, kaum gefaßt, schon wieder fallenläßt ...», notiert Harlow. Gage kann zwar wieder arbeiten, seiner Launen wegen verliert er jedoch seinen Job. Eine Zeitlang stellt er sich auf Jahrmärkten dem sensationslustigen Publikum zur Schau, bevor er sich schließlich das Leben nimmt.

Nach seinem Tod wurde Gages Schädel mit dem deutlich sichtbaren Loch im Anatomiemuseum der Universität Harvard ausgestellt. Und mehr als 140 Jahre nach dem Unfall nahmen sich Hanna und Antonio Damasio noch einmal seines Gehirns an. Am Computer simulierten sie die Flugbahn der Eisenstange und rekonstruierten exakt, welche Hirnregionen in Mitleidenschaft gezogen worden waren. Der vordere Teil des Stirnhirns war von der Eisenstange zerstört worden, die seitlichen Teile dagegen waren intakt geblieben. Daraus folgerten die Damasios, daß die Zerstörung des vorderen Teils offenbar einen Einfluß auf Verhaltensweisen und -konzepte hat, die wir gemeinhin mit Moral in Verbindung bringen. Mit den seitlichen Teilen des Stirnhirns dagegen müssen abstrakte Denkvorgänge wie «Sprache» oder «Rechnen» zusammenhängen.

«Das heißt nicht, daß wir dem zerstörten Bereich eindeutig eine moralische Funktion zuschreiben können», warnt Antonio Damasio vor voreiligen Schlußfolgerungen. «Fähigkeiten wie Sprache, Emotion oder Moral hängen von vielen Gehirnzentren ab, die zusammenarbeiten. Allerdings kann es in diesem Netzwerk eine Spezialisierung bestimmter Teile geben, die jeweils eine spezifische Komponente zu einer Funktion beitragen.» Erstaunlich bleibt dennoch die Tatsache, daß so hochentwickelte menschliche Persönlichkeitsmerkmale wie Ehrlichkeit oder Verläßlichkeit offenbar vom Funktionieren eines bestimmten körperlichen Bereiches abhängen, galten solch «moralische» Fähigkeiten doch lange Zeit als rein geistige Phänomene. Der Fall Gage jedenfalls lehrt, daß «Moral» nicht ein vom Körper losgelöstes Prinzip, sondern fest in der Gehirnstruktur verankert ist.

Doch um die Lokalisationstheorie wird immer noch heftig gestritten. Der Aachener Forscher Klaus Poeck bezweifelt inzwischen etwa die strenge Lokalisation der Sprache. «Insgesamt sprechen die bisher vorliegenden Befunde für eine Netzwerkorganisation des Gehirns, mit je nach Aufgabe wechselnder, dynamischer Verschaltung – und gegen die Annahme eng lokalisierter Zentren.» Wie Poeck plädiert auch Antonio Damasio für eine Gesamtschau des Gehirns. «Anstatt nur auf Moleküle oder Zellen oder winzige Verschaltungen zu schauen, müssen wir die großen Systeme untersuchen, die sich über weite Bereiche in unserem Gehirn erstrecken. Erst wenn verschiedene Regionen zusammenarbeiten, produzieren sie die Makrofunktionen des Gehirns, wie Sprache, Gefühl, Entscheidungsvermögen und so weiter.»

Bilder des Geistes

In der Forschergemeinschaft breitet sich heute eine Euphorie aus, wie sie auch in der Zeit nach Broca und Wernicke geherrscht haben muß. In den frühen siebziger Jahren wurde die sogenannte Röntgencomputertomographie entwickelt. Die Methode basiert darauf, daß ein gebündelter Röntgenstrahl beim Passieren des Körpers von verschiedenen Geweben unterschiedlich abgelenkt wird. Wird dieser Strahl nun in verschiedenen Winkeln durch eine bestimmte Körperebene geschickt, läßt sich mit Hilfe leistungsfähiger Rechner ein präzises Schnittbild der betreffenden Region rekonstruieren.

Der Computereinsatz war das eigentlich Neue an diesem Verfahren. Die Möglichkeiten, die er eröffnete, spornte die Forscher zu weiteren Entwicklungen an. 1973 entsteht die Idee, den Zerfall radioaktiver Elemente innerhalb des Gehirns als Datenquelle zu nutzen. Bestimmte Isotope von Kohlenstoff, Stickstoff, Sauerstoff oder Fluor senden Positronen aus, kurzlebige subatomare

Teilchen, die Gammastrahlen erzeugen. Spritzte man Patienten solche Isotope ins Blut, konnte man nachweisen, welche Hirnregionen besonders stark mit Blut versorgt wurden, also die höchste Aktivität aufwiesen.

Das dritte wichtige bildgebende Verfahren ist die Kernspintomographie. Sie nutzt die Tatsache, daß sich viele Atome in einem starken magnetischen Feld wie kleine Kompaßnadeln ausrichten. Werden sie dann mit Radiowellen bestrahlt, senden sie ihrerseits ein meßbares elektromagnetisches Potential aus, das sich mit Hilfe des Computers in ein Bild umrechnen läßt.

Bildgebende Verfahren wie die Kernspin- oder die Positronenemissionstomographie (PET) erlauben nun erstmals den Einblick in das lebende Gehirn. Der Berg der Publikationen, die Reihe der bunten Bilder wächst exponentiell. «Endlich können wir bestimmte Phänomene mit der entsprechenden funktionellen Anatomie verbinden», schwärmt Antonio Damasio. «Dadurch haben wir möglicherweise sogar einen Zugang zur traditionellen Philosophie und zu den Sozialwissenschaften.»

Wie zu Galls Zeiten aber stehen viele Menschen der Euphorie der Forscher skeptisch gegenüber. Tatsächlich haben die Methoden ihre Tücken. Gerade die scheinbare Anschaulichkeit der bunten Bilder aus dem Rechner führt unerfahrene Forscher auf falsche Fährten. Und wie vor fast zweihundert Jahren wird auch heute wieder der Materialismusvorwurf laut. Führt der Drang, die Funktionen des Gehirns immer genauer zu lokalisieren, die Karte der Kognition immer weiter zu verfeinern, letztlich wie bei Franz Joseph Gall in die Irre? Trifft die Kritik an der Annahme der Phrenologen, jede Funktion habe im Gehirn ihren festen Ort, auch heute noch?

Antonio Damasio widerspricht: «Unsere heutige Sicht ist völlig anders. Die Phrenologen dachten irrigerweise, daß jeweils ein bestimmtes Areal allein für eine bestimmte Funktion verantwortlich sei, daß es zum Beispiel ein Gebiet gebe, das für moralisches Empfinden zuständig ist, ein anderes, das uns die Bedeutung von Worten gibt. Und sie dachten, diese Dinge seien von der Geburt an festgelegt, man könne sie messen. Wir wissen heute, daß die Arbeit von vielen, vielen Zentren verrichtet wird, die zusammenarbeiten.» Keine Funktion, betont Damasio, könne man eindeutig einem bestimmten Punkt oder einer bestimmten Region zuschreiben. Sprache, Moral, Emotion hingen von vielen Zentren im Gehirn ab. Dieser Standpunkt hat sich inzwischen durchgesetzt. Das meiste von dem, was wir als Geist bezeichnen, ist das Ergebnis einer Interaktion verschiedener Funktionen, die zu verschiedenen Systemen gehören.

Heute sind unzählige Module des Gehirns bekannt – von Brocas und Wernickes Sprachzentren über mehrere Dutzend Instanzen des Sehens bis hin zur Repräsentation des Körpers auf der Hirnoberfläche. Die Karten des Gehirns werden informativer, vollständiger und vor allem präziser. Eines hat die moderne Hirnforschung dabei jedoch deutlich gemacht: Jede einzelne der unterschiedlichen Hirnregionen ist für sich genommen erschreckend dumm. Wenn eine bestimmte Region einen bestimmten Stimulus in einem bestimmten Muster bekommt, produziert sie eine feststehende Antwort. Erst die Zusammenarbeit unzähliger Regelkreise bringt am Ende das zustande, was wir Wahrnehmung von Realität nennen.

Die Öffentlichkeit jedoch hält sich lieber an einfache Modelle und erliegt nach wie vor der phrenologischen Faszination. «Die meisten Leute mißverstehen uns», erläutert Antonio Damasio. «Da finden sie dann in den Zeitungen Überschriften wie: ‹Ein Zentrum für Emotionen entdeckt› oder so was. Es scheint eine Art natürlicher Intuition zu sein, die Dinge in einer Maschinensprache zu beschreiben. Übrigens, auch das ist ein Erbe von Descartes. Diesen Fehler macht man zwangsläufig, wenn man die Biologie wie ein Uhrwerk betrachtet.»

«Es gibt zum Beispiel etwa fünfzig visuelle Zentren, die alle auf eine Art unabhängig und autonom voneinander arbeiten», gibt der New Yorker Neurologe und Sachbuchautor Oliver Sacks zu bedenken. «Sie alle sind mit unterschiedlichen Aspekten der visuellen Welt beschäftigt, mit Farbe, Bewegung, Eindrücken von Raum, Winkeln, Formen, Kontrast und so weiter. Und doch gibt es am Schluß keinen Bildschirm, auf den diese Eindrücke zusammen projiziert werden und auf den Sie, der Beobachter, schauen. Das würde einen Homunculus erfordern, ein kleines Selbst, das sich dieses Bild im Kopf anschaut. So geht es also nicht. Aber was es offensichtlich gibt, ist eine ständige Konversation zwischen diesen fünfzig Zentren, und diese Unterhaltungen sind es, die zur visuellen Erkenntnis werden. Und das bezieht sich nur auf visuelle Eindrücke. Letztlich müssen wir uns Tausende solcher Zentren vorstellen und Tausende von Stimmen. Ich denke, mein Bild vom Hirn hat sich dahingehend entwickelt, daß ich mir so etwas wie ein tausendköpfiges Orchester vorstelle. Es spielt – oder konstruiert – die Musik der Realität.» Wie sehr dabei das Orchester im Gehirn auf das harmonische Zusammenspiel der einzelnen Akteure angewiesen ist, belegen einige verblüffende Untersuchungen in San Diego.

Phantome

Das Zimmer von Vilajanur Ramachandran sieht genauso aus, wie man sich die klassische Studierstube eines gebildeten Biologen vorstellt: Streng blickt Charles Darwin von der Wand. Mikroskop und Fernrohr stehen griffbereit, hinter den Glasscheiben der Vitrinen sind Fossilien, Totenschädel und Tierskelette aufgereiht. Komplizierte technische Apparaturen dagegen sucht man hier vergeblich. Der Direktor des Brain and Perception Laboratory an der University of California in San Diego gehört zu jenen Forschern, die ihre Erkenntisse am liebsten mit möglichst einfachen Mitteln gewinnen.

Der gebürtige Inder, heute Professor für Neurowissenschaft

und Psychologie, verfolgt dabei ganz ähnliche Ziele wie Hanna und Antonio Damasio. Er studiert das Verhalten von Patienten mit Hirnschädigungen und versucht, aus seinen Beobachtungen Rückschlüsse auf das Geschehen im Kopf zu ziehen. «Sagen wir, unsere Arbeiten ergänzen sich. Ich bin mehr am Geist interessiert, dafür weiß ich meist nicht so genau wie die Damasios, wo exakt bei unseren Patienten die Läsionen lokalisiert sind.»

Ramachandran untersucht beispielsweise Patienten mit Gliedamputationen. Nach der Operation haben viele von ihnen den Eindruck, das amputierte Bein, der Arm oder die Hand sei noch immer vorhanden. Dieser Eindruck ist mitunter so lebendig, daß sie das Gefühl haben, ihr amputierter Arm bewege sich selbständig, versuche etwa zu winken oder Hände zu schütteln. Oft fühlen die Patienten auch einen quälenden Schmerz in ihrem Phantomglied, der für sie so real ist, daß er sie mitunter bis in den Suizid treibt.

«Die alte Erklärung dazu lautete: Wenn ein Arm abgeschnitten wird, gibt es Nervenenden im Stumpf, die ehemals mit der Hand korrespondierten», erklärt Ramachandran. Man habe gedacht, diese Nervenendigungen bildeten nach der Operation so etwas ähnliches wie kleine Tumoren, die ihre Signale in eben jene Bereiche des Gehirns entsenden, die vorher für die Hand verantwortlich waren. Manchmal ließen die Ärzte daher der ersten Amputation eine zweite folgen. «Natürlich ohne Erfolg», fügt Ramachandran hinzu und schüttelt verständnislos den Kopf.

Ein Experiment des amerikanischen Neurophysiologen Tim Pons brachte ihn auf die entscheidende Spur: Pons hatte bei Affen die Nervenbahnen durchtrennt, die vom Arm zum Rückenmark führen. Nach dem Eingriff zeigten sich die Aktivitätsmuster im Gehirn der Tiere dramatisch verändert. Die Bereiche des Cortex, die ursprünglich für Gefühl und Bewegung der Hand verantwortlich waren, reagierten nun auf Berührungen im Gesicht.

«Als ich diese Veröffentlichung von Pons sah, dachte ich sofort: Wie steht es denn mit Menschen?» Ramachandran machte sich sogleich an die ersten Experimente. Er bat amputierte Patienten mit Phantomempfindungen, ihre Augen zu schließen. Dann fuhr er ihnen mit einem Wattestäbchen übers Gesicht. Die Versuchspersonen erklärten, sie spürten die Berührung nicht nur im Gesicht, sondern zugleich an ihren nicht mehr vorhandenen Fingern. «Ließen wir etwa Wasser auf ihr Gesicht tropfen, dann sagten Patienten mit Armamputationen: Das Wasser fließt über meine Daumen», berichtet Ramachandran.

Auch Untersuchungen der Hirnaktivität mit Hilfe der Magnetoenzephalographie (MEG) zeigten, daß im Gehirn brachliegende Areale für die Repräsentation der Hand oder des Arms nun vom Gesichtsbereich übernommen worden waren. «Man bekommt also eine völlig neue Wahrnehmungskartierung im Gehirn», faßt Ramachandran seine 1992 veröffentlichten Ergebnisse zusammen. «Wenn eine Region arbeitslos wird, weil sie keine Signale von außen mehr bekommt, dann übernehmen benachbarte Regionen das brachliegende Feld.»

Auch für die Scheinbewegung der amputierten Gliedmaßen hat Ramachandran eine Erklärung gefunden. «Der Eindruck kommt vermutlich daher, daß das sensomotorische Zentrum im Gehirn weiterhin Botschaften etwa an den nicht mehr vorhandenen Arm

Abbildung 6: Der primäre somatosensorische Cortex (vergleiche Abbildung 5) bildet eine Art Landkarte der Körperoberfäche. Die Verzerrung in den Repräsentationen verschiedener Körperabschnitte ist eng verknüpft mit der sensorischen Empfindlichkeit des entsprechenden Körperbereichs. So erscheinen etwa Mund und Daumen überdimensional vergrößert, während der Rumpf im Verhältnis zu anderen Körperteilen schrumpft. Infolge einer Amputation kann es zu einer Umwidmung bestimmter Hirnregionen kommen, zum Teil entsteht eine vollkommen neue Wahrnehmungskarte im Gehirn. So werden etwa Areale für Hand und Arm nach einer Abtrennung der Extremitäten vom benachbarten Gesichtsbereich okkupiert. Die Folge ist eine Phantomwahrnehmung des Arms, wenn der Arzt das Gesicht des amputierten Patienten berührt.

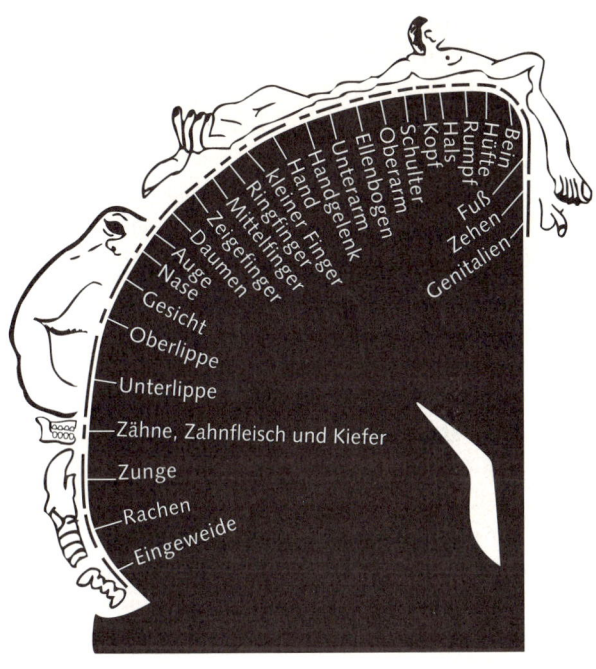

Bein
Hüfte
Rumpf
Kopf
Hals
Schulter
Oberarm
Ellenbogen
Unterarm
Handgelenk
Hand
Kleiner Finger
Ringfinger
Mittelfinger
Zeigefinger
Daumen
Auge
Nase
Gesicht
Oberlippe

Fuß
Zehen
Genitalien

Unterlippe
Zähne, Zahnfleisch und Kiefer
Zunge
Rachen
Eingeweide

sendet. Diese Botschaft wird vermutlich an das Kleinhirn, das für die Koordination von Bewegungen zuständig ist, weitergeleitet und vor allem an die Regionen im Großhirn, die für die Körperwahrnehmung verantwortlich sind. Das Signal wird also registriert, auch wenn der Arm selbst nicht mehr da ist. Und es sieht so aus, als scherte sich das Gehirn – zumindest die ersten paar Monate nach der Amputation – wenig darum, daß von der Hand oder dem Arm selbst keine Rückmeldung mehr kommt. Erst mit der Zeit verliert der Patient die Fähigkeit, den imaginierten Arm zu bewegen, vermutlich, weil die visuellen Zentren im Gehirn keine Rückmeldung über die Bewegung mehr bekommen.»

Auf eindrucksvolle Weise belegen solche Ergebnisse sowohl den Konservativismus als auch die enorme Wandelbarkeit des Gehirns. Gleichzeitig, so glaubt Ramachandran, sei einmal mehr die Behauptung von Verfechtern der klassischen Künstlichen Intelligenz widerlegt, daß die Schaltzentrale in unserem Kopf modular aufgebaut sei. «Am MIT wird diese Ansicht von Leuten wie David Marr oder Marvin Minsky mit geradezu religiöser Überzeugung hochgehalten», spottet Ramachandran. «Sie haben die Idee in die Welt gesetzt, das Gehirn bestehe aus Sequenzen von Modulen und verarbeite Informationen in einem hierarchisch organisierten System. Jedes Modul soll nach diesem Modell seine Arbeit tun, unabhängig davon, was vorher war oder nachher folgt, und dann seine Berechnungen an die nächste Stufe weiterleiten. Mit dieser Idee haben die KI-Leute mittlerweile eine riesige Gefolgschaft um sich versammelt – wie der Rattenfänger von Hameln.»

Wie stark die einzelnen Regionen des Gehirns miteinander verschaltet und voneinander abhängig sind, zeigen auch andere Versuche mit Amputierten. «Manchmal beschweren sich die Patienten, daß sich ihre amputierte Hand weiterhin bewegt», erzählt Ramachandran. «Das kann bis hin zu einem Zustand spastischer Verkrampfung führen, der sehr schmerzt.» Die Patienten haben den Eindruck, die Fingernägel würden sich ins Fleisch ihres

Handballens bohren. «Normalerweise spürt man das beim Krümmen der Finger sehr genau», erklärt Ramachandran. «Bei den Patienten aber ist diese Rückkopplung gestört. Dann wird die imaginäre Hand einfach immer weiter gekrümmt, sie stößt ja auch nicht auf Widerstand. Und nun kommt die Schmerzerinnerung ins Spiel.» Denn im Gehirn ist die Erfahrung abgespeichert, daß eine bestimmte Krümmung der Finger Schmerz im Handballen erzeugt.

So unglaublich es klingt: Die Betroffenen spüren tatsächlich stechende Schmerzen in ihrer nicht mehr vorhandenen Hand. Es ist ihnen aber nicht möglich, die imaginäre Hand zu bewegen, um so die schmerzhafte Verkrampfung zu lösen. Der Knoten sitzt im Kopf – und Ramachandran zeigt, wie man ihn mit einer einfachen Vorrichtung lösen kann. Er bittet die Patienten, ihre beiden Arme in eine kleine Holzkiste zu stecken, in deren Mitte ein vertikaler Spiegel eingelassen ist. Ist zum Beispiel die linke Hand amputiert, werden sie gebeten, von rechts in den Spiegel zu schauen. Plötzlich sehen sie zwei Hände nebeneinanderliegen – und haben den frappierenden Eindruck, ihr amputiertes Glied sei wieder da. Dann bittet Ramachandran sie, die gesunde Hand in die verkrampfte Position zu bringen, die die amputierte scheinbar einnimmt. Plötzlich stimmen Spiegelbild und Gefühl für die Patienten überein. Werden sie nun gebeten, die gesunde Hand langsam zu öffnen, sehen sie im Spiegel, wie sich auch die imaginäre Hand entkrampft. «Der Schmerz verschwindet augenblicklich», berichtet Ramachandran.

«Mit anderen Worten, all das findet im Kopf statt», resümiert der Neuropsychologe. «Und nicht nur das: Es bedeutet auch, daß Seh- und Tastsinn im Gehirn nicht getrennt sind.» Zu sehen, wie die Hand sich öffnet, hat zur Folge, daß der Reiz den ganzen Weg bis zum somatosensorischen System zurückgeht und dort den Eindruck erzeugt, sie öffne sich wirklich. Zudem scheint das visuelle System auch eine Verbindung zum Schmerzsystem zu haben, wo es dann gelingt, allein durch visuelle Eindrücke den

Schmerz auszulöschen. «Unsere Arbeit zeigt also eine gewaltige Plastizität und die Fähigkeit von Interaktionen im Gehirn», faßt Ramachandran die experimentellen Daten zusammen.

Sturmtheorien

Der Streit zwischen strengen Lokalisierern und Netztheoretikern ist noch längst nicht ausgefochten. Mit jedem Experiment, mit jedem Patienten verschieben sich die Fronten. Mal sind die Forscher überrascht, wie spezialisiert einzelne Zentren des Gehirns sind, dann wieder müssen sie feststellen, daß scheinbar einfache Aufgaben oft riesige Areale des Organs aktivieren.

Einigen aber ist diese Debatte ohnehin ein Dorn im Auge. Für sie reduzieren solche Überlegungen die Fähigkeiten des Menschen auf das Funktionieren seines Gehirns, auf Zentren und Schaltpläne, mithin auf schnöde Materie. «Die Angst vor so einer reduktiven Wissenschaft ist weitverbreitet und sicher nicht unbegründet», gesteht Oliver Sacks ein. «Der Vergleich des Gehirns mit einem Computer ist ein Beispiel für fehlgeleiteten Reduktionismus. Oder die Gleichsetzung der künstlichen Intelligenz mit der menschlichen. Auf der einen Seite haben solche Vergleiche zu enormen Einsichten und Fähigkeiten geführt, auf der anderen Seite aber auch zu enormer Blindheit und falschen Annahmen. Aber ich denke, echtes, wahres Wissen und Theoretisieren wird niemals reduzieren, sondern den Phänomenen eine höhere Wertschätzung entgegenbringen.»

Wer an Sacks' Aussage zweifelt, dem erzählt der Neurologe mit Vorliebe eine Geschichte: «Als der deutsche Physiker Hermann Helmholtz einmal mit Freunden in den Alpen war, kam ein Sturm auf. Helmholtz zückte einen Notizblock, warf Formeln aufs Papier und begann, eine allgemeine Sturmtheorie zu entwickeln. Seine Freunde meinten ärgerlich, er würde das Phänomen ja gar nicht mehr wahrnehmen, nicht mehr wertschätzen. Helmholtz jedoch antwortete: Im Gegenteil, das erhöht meine Wertschätzung.»

Für Oliver Sacks ist die Botschaft des deutschen Physikers klar: «Ich denke nicht, daß unser Bewußtsein, unsere Subjektivität, unsere Sensibilität irgendwie weniger wertvoll werden, wenn wir all das ein wenig klarer erkennen. Das Farbensehen etwa können wir momentan zu einem gewissen Grad lokalisieren. Wir können sagen, dieser Teil des Gehirns, dieses visuelle Zentrum, ist notwendig für das Gehirn, um die Farbe Rot zu konstruieren. Aber wir sind nicht in der Lage, die Grenze zwischen dem, was wir an Veränderungen im Hirn beobachten können, und der zwangsläufig individuellen Erfahrung von ‹Rot› zu überschreiten.»

Exkurs 5
Das Einmaleins des Sehens
Zu Gast bei schwäbischen Tüftlern

Der Raum ist verdunkelt. Nur in einer Ecke flimmert verheißungsvoll ein großer Computerbildschirm. Der Mann vor dem Rechner ist sichtlich angespannt. Die Lippen sind schmal, die Augen blicken starr auf den Schirm. Hochkonzentriert drückt er mal einen Knopf in der linken, dann wieder den in der rechten Hand. Ein neues Videospiel?

Wer dem Spieler über die Schulter blickt, erlebt eine herbe Enttäuschung. Nur ein paar Striche blinken auf dem Monitor. Was die Tübinger Wissenschaftler der Arbeitsgruppe «Visuelle Sensorik» ihren Versuchsteilnehmern bieten, ist nicht besonders aufregend. Linien, Farbflächen, Karomuster, Schatten – die Gruppe um Manfred Fahle zerlegt die Wirklichkeit in immer kleinere Komponenten. «Das ist das kleine Einmaleins des Sehens», erklärt Fahle die Elemente, aus denen unser Großhirn das Bild der Welt zusammensetzt. Der umtriebige Biologe und Mediziner will erkunden, wie sich das Puzzle schließlich zusammenfügt.

Manfred Fahle steht beispielhaft für eine Forschungsrichtung, die nach ihrer Entstehung im 19. Jahrhundert zunächst in Vergessenheit geriet und erst jetzt eine Renaissance erlebt: die Psychophysik. «Eine exacte Lehre von den functionellen oder Abhängigkeitsbeziehungen zwischen Körper und Seele, allgemeiner zwischen körperlicher und geistiger, physischer und psychischer Welt», so hatte ihr Begründer Gustav Theodor Fechner im Jahr 1860 die Disziplin beschrieben, die ursprünglich in der Psychologie beheimatet war. Nun wird die Psychophysik in Deutschland im Grenzbereich zwischen Biowissenschaften und medizinischer Grundlagenforschung wiederbelebt. Die Wiedergeburt ist nicht

Manfred Fahle

verwunderlich. Schließlich gelingt in psychophysischen Experimenten das, was allen Apparaten versagt bleibt: eine Brücke zwischen subjektivem Erleben und objektiven Daten zu schlagen.

Fahle und seine Kollegen betreiben eine typische Black-box-Analyse. Die Forscher präsentieren einfache Reize und messen die Leistungsfähigkeit des visuellen Systems. Das subjektive Urteil der Versuchsteilnehmer liefert die Daten. Wie aber setzt man Empfindung und Erfahrung in Zahlenwerte um? Wie die Erfindung der Stoppuhr den Beginn der experimentellen Psychologie markierte, so steht am Anfang der Psychophysik das im 19. Jahrhundert entwickelte Konzept der Schwelle. Wie nah dürfen zwei

Linien beieinanderliegen, damit wir ihre Versetzung noch erkennen können? Wie schnell können wir entsprechende Reize verarbeiten? Die Ergebnisse liefern Hinweise auf die zugrundeliegenden Mechanismen und ihre Verschaltung. Auf die einfachen Fragen der Tübinger Wissenschaftler gibt es dabei oft verwirrende Antworten. Die experimentellen Irritationen machen eines deutlich: Wahrnehmungen sind zunächst nichts weiter als die Hypothesen unseres Gehirns über die Wirklichkeit. Daß wir dabei auch irren können, zeigen die vielen Beispiele optischer Täuschungen und Spielereien. Das Auge sei «ein unbewußter Dichter und ein Logiker zugleich», folgerte Friedrich Nietzsche.

Die Tübinger traktieren das Auge im Kopf mit springenden Balken, flickernden Karos, drehenden Windmühlen. Das Puzzlekonzept des geistigen Weltbildes ist jedoch alles andere als neu. Schon der Naturphilosoph und Theologe Athanasius Kircher hatte im 17. Jahrhundert Farbe, Licht und Schatten als Elemente des Sehens unterschieden. Erst in den letzten Jahrzehnten wurde seine Annahme bestätigt. Unser Gesichtssinn ist modular aufgebaut, das Hauptprogramm «Sehen» in verschiedene Arbeitsbereiche unterteilt. Unabhängig voneinander werden Informationen über Bewegung und Tiefe, Farbe, Form oder Helligkeit an die Großhirnrinde weitergeleitet. Ein Kanal trennt Flächen unterschiedlicher Helligkeit voneinander und verstärkt die entsprechenden Kontraste. Dieses Teilsystem vermittelt eine erste Orientierung, ist jedoch farbenblind. Ein anderer Kanal überträgt Bilder geringer Schärfe, die jedoch in ihrem Zentrum intensiv farbig sind. Ein drittes System bildet kleine Bereiche des Bildes sehr scharf ab.

Patienten mit sehr unterschiedlichen Formen der Blindheit lieferten die ersten Hinweise auf dieses Bausteinsystem des Sehens. Wer etwa unter Achromatopsie leidet, ist vollständig farbenblind. Die Welt erscheint in einem tristen Grau, dafür sind oft die Kontraste zwischen Hell und Dunkel verstärkt. Die Welt gewinnt an Kontur. Der New Yorker Neurologe Oliver Sacks hat diese Menschen in Berichten wie «Der farbenblinde Maler» oder «Die Insel der Farbenblinden» detailreich charakterisiert.

Bei anderen Menschen verschwinden Objekte, sobald diese sich bewegen. Stoppt die Bewegung, dann tauchen sie plötzlich wie aus dem Nichts wieder auf. Akinetopsie wird dieses seltsame Phänomen genannt. Es sei schon unangenehm, schildert eine Betroffene ihre Erlebniswelt, jemandem beim Sprechen ins Gesicht zu blicken. Wo sie den Mund erwarte, sehe sie nur eine verschwommene Fläche. Erst wenn der Sprecher schweige, erschienen die Konturen der Lippen.

Die visuellen Ausfälle machen eines deutlich: Merkmale wie Farbe und Form, Bewegung, Orientierung oder Tiefe werden an verschiedenen Stellen des Gesichtsfeldes simultan wahrgenommen. Manfred Fahle und sein Team versuchen, die Teilfunktionen des Sehens bestimmten Großhirnarealen zuzuordnen. «Wir wissen im Augenblick nicht einmal sicher, wo Formwahrnehmung oder das Bewegungssehen ganz genau lokalisiert sind.»

Dennoch gibt es viele Hinweise auf eine Landkarte des Sehens, in der die einzelnen Module voneinander abgegrenzt erscheinen. Scharf umrissene Schädigungen der Großhirnrinde – etwa nach einem Schlaganfall oder einer Tumoroperation – haben oft sehr spezifische Ausfälle zur Folge. Die Tübinger Forscher arbeiten an einer schnellen und zuverlässigen Diagnosemethode, um solche Ausfälle besser erkennen zu können.

Dazu müssen sie zunächst das Gehirn überlisten. Gestörte Gesichtsfeldbereiche nämlich füllt das visuelle Rechenzentrum einfach mit dem Umgebungsmuster aus. Einen solchen Ausfall findet man auch bei gesunden Versuchspersonen. Den blinden Fleck, die Stelle, an der der Sehnerv das Auge verläßt, nehmen wir nicht bewußt wahr. «Filling in» heißt das Phänomen, mit dem das Gehirn die Lücken im Gesichtsfeld retuschiert. Wollen Fahle und seine Kollegen solche Löcher im Weltbild nachweisen, dann müssen sie sich Muster einfallen lassen, die das Gehirn nicht über Ausfälle hinweg fortsetzen kann.

Ein schwäbischer Bauer brachte die Forscher vor einigen Jahren auf die entscheidende Idee. Elfriede Aulhorn, Augenärztin an der Universitätsklinik Tübingen, hatte über Stunden Punkt für Punkt das Gesichtsfeld des Schwaben getestet. Immer wieder mußte der Mann auf einzelne Lichtreize reagieren. Per Knopfdruck meldete er der Forscherin, ob und wann er einen Lichtpunkt gesehen hatte. Am Ende der mühevollen Prozedur stand das Ergebnis fest: eine deutliche Lücke in der Wahrnehmung.

Der Schwabe zeigte sich völlig unbeeindruckt. Wo und wieweit sein Gesichtsfeld ausgefallen sei, wisse er längst, beschied er der erstaunten Ärztin. «Wisset se», erklärte das Bäuerlein verschmitzt, «mit meiner Frau, des isch nix rechts me.» Also schlafe er oft des Abends vor dem Fernseher ein, während die Gemahlin schon im Bett liege. Wache er dann mitten in der Nacht vor dem rauschenden Bildschirm auf, sehe er in einem bestimmten Bereich statt flimmernder Punkte eine verschwommene Wolke. Sein visuelles System war nicht in der Lage, das chaotische Muster über den ausgefallenen Bereich hinweg fortzusetzen.

Elfriede Aulhorn machte aus dem Zufallsfund eine Standardmethode. «Rauschfeldperimetrie» wird das im Vergleich zu herkömmlichen Methoden erstaunlich komfortable Diagnosekonzept genannt. Die Tübinger um Manfred Fahle wandeln nun das Rauschen ab. Punkte springen vor und zurück. Scheiben bewegen sich. Das Rauschen wird farbig. So kommt das Team selektiven Ausfällen des Gesichtssinnes auf die Spur.

«Früher brauchte man für jeden Reiz eine andere Maschine, oft ungeheuer komplizierte Aufbauten mit Lampen, Filtern und einer Vielzahl von Linsen. Heute reicht ein leistungsfähiger Computer», schildert Manfred Fahle die immer enger werdende Verflechtung von Informationstechnik und medizinischer Grundlagenforschung. Gleich im doppelten Sinne hilft die Technik den Biologen weiter. Leistungsfähige Rechner erzeugen wirklichkeitsnahe Bilder und Eindrücke, die immer wieder in gleicher Form reproduzierbar sind – eine wiederholbare Simulation der

Wirklichkeit. Erst so werden Ergebnisse meßbar, können die Forscher ermitteln, zu welchen Leistungen unser Sinnesapparat fähig ist. Doch auch die Fortschritte der Computertechnik selbst liefern wichtige Anstöße. Computervision heißt ein Zauberwort in der Robotik. Die Versuche, einem Rechner das Sehen beizubringen, liefern eine Fülle von Daten zu den möglichen Mechanismen der Verarbeitung visueller Information. «Der Computer liefert Anregungen, wonach man im Gehirn suchen muß», erklärt Tomaso Poggio. Der Wissenschaftler am Laboratorium für künstliche Intelligenz am Bostoner Massachusetts Institute of Technology arbeitet intensiv mit den Tübinger Forschern zusammen. Über Genua und das Tübinger Max-Planck-Institut für biologische Kybernetik war der Physiker nach Boston gelangt.

Die Kooperationen zwischen Medizin, Biologie und Physik sind eine wichtige Basis für die Erforschung unseres Gesichtssinnes. Noch aber ist der Mensch den Computern weit überlegen. «Sehen Sie, das wäre für einen Computer eine nahezu unlösbare Aufgabe», erklärt Heinrich Bülthoff und angelt sich seinen Lieblingskeks aus einem Teller mit Gebäck. Die Kaffeepause mit dem Tübinger Biologen am Max-Planck-Institut für biologische Kybernetik gerät zur unterhaltsamen Schulstunde. Wie ist die dreidimensionale Welt in unserem Gehirn repräsentiert? Für Bülthoff ein faszinierendes Phänomen. «Wir glauben, unser visuelles System ist so robust, daß es sich nicht nur auf eine Informationsquelle verläßt.»

Die Tübinger Wissenschaftler teilen die menschliche Wahrnehmung in drei Stufen ein. Auf der untersten Ebene der frühen Bildverarbeitung nehmen wir Farbe, Form und Bewegung wahr. Voneinander getrennt werden die einzelnen Informationen im Gehirn verarbeitet. Die sogenannte «initiale Verarbeitungsebene» liefert bildhafte Karten, ein Ergebnis der lokalen Messungen von Helligkeit, Farbe und Bewegung, Kantenorientierung und räumlicher Tiefe. «Das läuft lokal und völlig mechanisch ab», erklärt Bülthoff die Puzzlespiele im Unbewußten.

Die Wahrnehmungsorganisation bildet die zweite Stufe, die die Forscher am Tübinger Max-Planck-Institut erkunden. «Auf dieser mittleren Ebene untersuchen wir, wie die einzelnen Module miteinander interagieren, um eine möglichst fehlerfreie Interpretation der dreidimensionalen Welt aus zweidimensionalen Bildern zu erreichen.» Die nach Ort und Merkmal getrennten Informationen werden zu einem einheitlichen Eindruck zusammengefügt.

Und erst jetzt setzt vermutlich die bewußte Wahrnehmung ein. «High Level Vision», die hohe Kunst des Sehens, bezeichnet unsere Fähigkeit, Objekte oder Gesichter wiederzuerkennen oder uns in einem Raum zu orientieren. Aufmerksamkeit und Gedächtnis sind wichtige Faktoren dieser erstaunlichen Leistung. «Auf dieser höchsten Ebene versuchen wir zu verstehen, wie die dreidimensionale Welt in unserem Gehirn repräsentiert ist, damit wir Gegenstände erkennen und benennen können», erklärt Heinrich Bülthoff sein besonderes Interesse. Immanuel Kant hatte Wahrnehmen und Verstehen als zwei grundverschiedene Fähigkeiten des Menschen beschrieben. Nur das Verstehen galt ihm als aktiver Vorgang, während er die Wahrnehmung als passiven Prozeß verstand. Die Arbeiten der Psychophysiker zeigen, daß Kant irrte: Sehen und Verstehen sind als aktive Vorgänge untrennbar miteinander verbunden.

Wie aber ist etwa eine Kaffeetasse in unserem Gehirn gespeichert? Haben wir eine dreidimensionale Vorstellung, oder setzen wir die Welt aus lauter Einzelansichten kubistisch zusammen? Heinrich Bülthoff ist dieser Frage auf den Grund gegangen. Die Tasse allerdings war ihm als Objekt zu simpel. Er präsentiert den Versuchspersonen auf dem Bildschirm Figuren, die verbogenen Büroklammern gleichen. Das Ergebnis ist frappierend: «Wir können, wenn wir das Objekt aus einer anderen Richtung sehen, bis zu einer Drehung von 30 Grad von unserem ersten Bildeindruck generalisieren. Dreht man die Büroklammer noch weiter, dann bricht unsere Orientierung und damit die Wiedererkennung ra-

Heinrich Bülthoff

pide zusammen.» Solche Aufgaben, die angehende Medizinstudenten im Eingangstest quälen, brachten Heinrich Bülthoff auf eine wichtige Spur: «In den letzten Jahren hat sich immer mehr herauskristallisiert, daß Gegenstände eher wie Photographien im Gehirn gespeichert werden und eben nicht als dreidimensionale Strukturmodelle.»

Im Keller des Forschungsgebäudes umwandert ein Laserscanner den Kopf einer Versuchsperson. Im Computer entsteht ein räumliches Bild des Gesichts. Einige Befehle auf der Tastatur des Rechners, und schon dreht sich das Konterfei auf dem Bildschirm. Heinrich Bülthoff und seine Arbeitsgruppe erkunden eine erstaunliche Fähigkeit des Menschen: Ein bekanntes Gesicht erkennen wir unabhängig von Orientierung, Beleuchtung oder

Ausdruck wieder. Selbst eine Brille oder der fehlende Bart bringen uns nicht so schnell aus der Fassung. Einem unbekannten
Gesicht sehen wir Traurigkeit oder Hochgefühle an. Frappierend
ist vor allem das Tempo der Informationsverarbeitung. Schon
nach zehn bis zwanzig tausendstel Sekunden wissen wir, daß wir
ein Gesicht vor uns haben. Nach hundertfünfzig Millisekunden
entscheiden wir, ob wir das Gesicht schon einmal gesehen haben
oder nicht.

Einigen Menschen aber fehlt diese im Sozialgefüge ungeheuer
wichtige Fähigkeit. Personen, die an der seltenen Prosopagnosie
leiden, können keine Gesichter mehr identifizieren. Den Wissenschaftlern helfen solche Krankheitsgeschichten bei ihrer Suche
nach der Architektur des Gehirns. Die klassische Psychophysik,
wie Manfred Fahle sie betreibt, untersucht dabei die einzelnen
Komponenten unseres visuellen Systems getrennt voneinander.
Heinrich Bülthoff und seine Gruppe beschreiten einen anderen
Weg. Die Weiterentwicklung der Computertechnik hilft den
Wissenschaftlern auf die virtuellen Sprünge. «Unser Ziel ist eine
möglichst realistische Simulation der Wirklichkeit», erklärt Bülthoff. «In der Natur gibt es schließlich so gut wie nie den Fall, daß
uns nur eine Information zur Verfügung steht.»

Virtual Reality, die Realität aus dem Rechner, nutzen die Biologen, um ihre Versuchspersonen mit komplexen Umwelten zu
konfrontieren. Bülthoffs Probanden müssen sich in einer virtuellen Stadt orientieren. Haben wir eine innere Landkarte im Kopf?
Es wird noch einige Zeit dauern, bis aus Tübingen die ersten Antworten zu erwarten sind. Die Interaktion mit der Welt aus dem
Computer stellt auch technisch hohe Anforderungen an die Ent-
wickler. «Wir sind selbst zu Versuchskaninchen der Software-
industrie geworden», stellt der Tübinger Max-Planck-Forscher
amüsiert fest.

Kapitel 5
Verschollene Welten
Sehen, Wahrnehmen und Erkennen

Wenn die Münchener Neuropsychologin Petra Stoerig einen Kongreß besucht, hat sie oft ein historisches Dokument im Gepäck, einen Film. Kaum fünf Minuten lang, versetzt er die anwesenden Forscher immer wieder aufs neue in Erstaunen. Dabei ist auf dem kurzen Streifen nichts Besonderes zu sehen. Helen, eine kleine Rhesusäffin, bewegt sich durch einen Raum, der mit verschiedenen Gegenständen vollgepackt ist. Schwarze Kuben, Kegel und Kästen verstellen dem Tier den Weg. Die Äffin aber bewegt sich völlig sicher. Mühelos umgeht sie auf ihrer Suche nach Futter alle Hindernisse.

Erst wenn der Film vorüber ist und Petra Stoerig ihren Vortrag beginnt, geht ein Raunen durch den Raum. Ihre ersten Worte lauten: «Helen ist blind.» Der Äffin fehlt ein Stück der Großhirnrinde, der primäre visuelle Cortex. Hier am Hinterkopf treffen die Signale von der Netzhaut der Augen ein. Hier findet die erste Verarbeitung aller Informationen statt, die der Gesichtssinn liefert.

Das Sehen gilt als die am besten erforschte Sinnesleistung des Menschen. Immerhin ein Drittel des menschlichen Cortex wird von der Sehrinde eingenommen. Auf ihrer Suche nach der Repräsentation der Welt stoßen Forscher wie Manfred Fahle und Heinrich Bülthoff auf eine Vielzahl von spezialisierten Systemen. Doch noch immer wird in Wissenschaftlerkreisen heftig debattiert. Wie spezialisiert sind einzelne Hirnregionen wirklich? Gibt es eine Hierarchie der Funktionen? Welche Bedeutung haben Bewußtsein oder Aufmerksamkeit? Was läßt uns schließlich die Welt erkennen?

Menschliche Schicksale bringen die Forscher auf die Spur des Erkennens. Die größten Fortschritte machte die Neurologie im Gefolge der beiden Weltkriege. Kopfverletzungen führten bei den Betroffenen zu absurden Ausfällen. Heute sind es Patienten, denen nach einem Schlaganfall oder einer Tumoroperation plötzlich bestimmte kognitive Fähigkeiten fehlen, die helfen, die Geheimnisse des Gehirns aufzuklären. Doch nur selten sind die Ausfälle wirklich spezifisch. Oft sind weite Bereiche des Gehirns beeinträchtigt. Viele Betroffene sind so stark behindert, daß es sich von selbst verbietet, sie anstrengenden Tests zu unterziehen. So pilgern die Forscher zu den wenigen Patienten mit einem speziellen Ausfall, die in eine Testreihe eingewilligt haben, Menschen, die nicht nur der Forschung dienen, sondern vor allem etwas über sich selbst und ihren Zustand erfahren wollen.

D. B.

Im Alter von vierzehn Jahren überfielen D. B. heftige Migräneattacken. Die Schmerzen wurden innerhalb weniger Minuten so heftig, daß sich der Junge übergeben mußte. Jeweils vor einer solchen Attacke blitzte ein weißes Oval vor seinen Augen auf, umgeben von farbigen Lichtern. Das Oval wurde immer größer, und gerade dann, wenn sich die Schmerzen auf die rechte Schädelhälfte konzentrierten, verblaßte das Licht. An seine Stelle trat ein schwarzer blinder Fleck.

Je älter D. B. wurde, desto häufiger und heftiger setzten die Attacken ein. Kein Schmerzmittel konnte dem jungen Mann helfen. Schließlich entfernten Chirurgen einen Teil seines Sehzentrums im Großhirn. Die Operation war so erfolg- wie folgenreich: Obwohl D. B. gesunde Augen hatte, war er nun auf einer Seite seines Gesichtsfeldes blind; die erste Stufe der Bildverarbei-

tung, der primäre visuelle Cortex, war zerstört. Doch auch die
Schmerzen waren weg.

Das Happy-End im Jahr 1973 war zugleich der Anfang einer erstaunlichen Forschungsgeschichte. Sechs Wochen nach der Operation hielt Michael Sanders, Augenarzt am National Hospital in
London, seine Hand in das blinde Gesichtsfeldsegment seines Patienten. D. B. streckte seinen Arm aus und berührte wie selbstverständlich die Hand des Arztes. Ganz offensichtlich war der
junge Mann nicht blind im üblichen Sinne.

Konnte D. B. sehen, obwohl er nichts sah? Vieles am Verhalten
des Patienten erinnerte an Ergebnisse, die Forscher schon zuvor
in Tierversuchen ermittelt hatten. Experimente wie die mit der
Rhesusäffin Helen waren schon ein Jahrhundert zuvor durchge-
führt worden. Der schottische Neurologe Davïd Ferrier hatte damals an Affen, bei denen bestimmte Teile der Großhirnrinde ope-
rativ zerstört worden waren, die Architektur des Gehirns
studiert. «Ich entfernte große Teile des visuellen Cortex, ohne
daß auch nur die leichteste Beeinträchtigung des Sehens zu beobachten gewesen wäre», beschrieb Ferrier 1886 den Ausgang eines
seiner Experimente. «Eines der Tiere rannte schon zwei Stunden
nach dem Eingriff frei herum, es war in der Lage, Hindernisse zu
umgehen und ohne Zögern kleine Objekte wie Rosinen vom Boden aufzulesen.»

Über Ferriers Versuche wurde heftig debattiert. Kaum einer
seiner Kollegen wollte seinen Schilderungen Glauben schenken.
Er habe alles mögliche entfernt, nur nicht den visuellen Cortex,
wurde dem Schotten vorgeworfen. Doch Ferrier sollte recht behalten. Nur langsam setzte sich die Erkenntnis durch, daß Affen
ohne visuellen Cortex sehen können. 1942 unternahm der Psychologe Heinrich Klüver an der Universität von Chicago weitere
Versuche, in denen er das Sehvermögen solcher Tiere genauer te-
stete. Seine Affen konnten nach der Operation zwar verschiedene
Lichtintensitäten unterscheiden, scheiterten aber daran, unter-
schiedliche Strukturen zu erkennen.

Mitte der sechziger Jahre begann Nicholas Humphrey im britischen Cambridge mit seinen Experimenten. Damals war er Student im Laboratorium von Lawrence Weiskrantz, der heute als eine der Koryphäen auf dem Gebiet der Wahrnehmungspsychologie gilt. Weiskrantz hatte der Rhesusäffin Helen fast das gesamte kortikale Sehzentrum entfernt. Das Tier aus Petra Stoerigs Dokumentarfilm erregte das Interesse des jungen Studenten. Humphrey gewann das Zutrauen der Äffin. Er spielte mit ihr und ging mit ihr in den Feldern in der Nähe des Labors spazieren. «Ich bemühte mich, sie auf jede erdenkliche Weise davon zu überzeugen, daß sie nicht blind war», schreibt Humphrey. «Und tatsächlich begann sie, ihre Augen wieder zu gebrauchen. In den folgenden Jahren machte sie so große Fortschritte, daß sie sich schließlich geschickt durch einen mit Hindernissen vollgestellten Raum bewegen und vom Boden kleine Korinthen auflesen konnte.»

Solche Leistungen waren bei Menschen mit ähnlich lokalisierten Hirnschädigungen infolge eines Schlaganfalls oder Tumors bis dahin nie beobachtet worden. Die Ärzte begnügten sich damit, daß die Betroffenen beteuerten, sie sähen nichts. Über die Unterschiede im Verhalten von Tier und Mensch machte man sich wenig Gedanken. Die Schlußfolgerung der Forscher war klar: Daß sich die Affen trotz der Schäden nach einiger Zeit wieder orientieren konnten, die Menschen aber hilflos erblindeten, wurde als Hinweis auf das höherentwickelte Gehirn des Homo sapiens gedeutet. Was dem Affen scheinbar nicht schadete, zerstörte offensichtlich das überlegene, aber leider weniger robuste Gefüge der menschlichen Informationsverarbeitung.

Erst in den siebziger Jahren gaben sich die Wissenschaftler nicht mehr damit zufrieden, ihre Patienten zu befragen und die immer gleiche Antwort zu hören: «Ich sehe nichts.» Ernst Pöppel, heute Direktor des Forschungszentrums in Jülich, arbeitete damals am Massachusetts Institute of Technology. Pöppel und seine Kollegen untersuchten vier Kriegsveteranen, deren visuel-

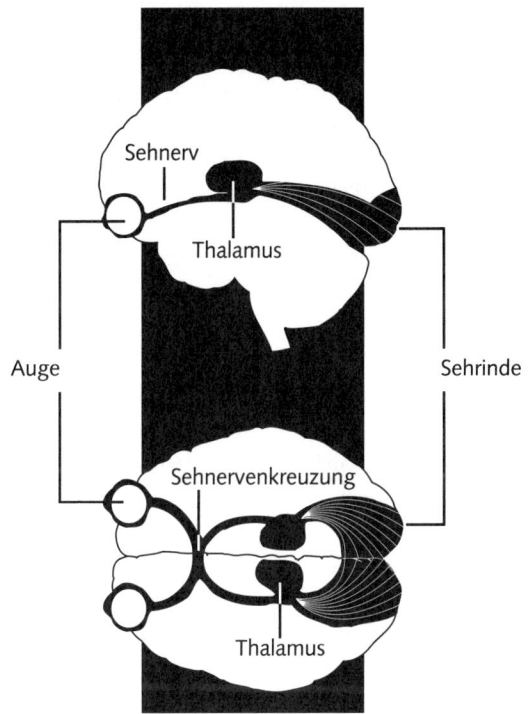

Abbildung 7: Von der Netzhaut des Auges werden die sensorischen Informationen über die Sehnerven zu einer «seitlicher Kniehöcker» (lateinisch Corpus geniculatum laterale) genannten Struktur des Thalamus geleitet. Die Sehnerven müssen sich dabei zum Teil überkreuzen, weil die Informationen aus dem rechten Gesichtsfeld beider Augen in die linke Großhirnhemisphäre verschaltet werden, die Daten aus dem linken Gesichtsfeldbereich dagegen in die rechte Großhirnhälfte. Vom Thalamus aus gelangen sie zur Sehrinde, dem primären visuellen Cortex im Hinterhauptslappen des Großhirns.

ler Cortex durch Schußverletzungen zerstört worden war. Die Soldaten beteuerten wie viele andere Patienten, nichts zu sehen. Pöppel stimulierte ihr blindes Gesichtsfeld mit kurzen Lichtreizen und bat sie, ihren Blick dorthin zu richten, wo sie den Reiz vermuteten. Er mußte die Männer geradezu zum Raten zwingen, doch seine Beharrlichkeit führte schließlich zum Erfolg: Nach vielen Durchgängen war Pöppel davon überzeugt, daß die erstaunliche Trefferquote der Veteranen kein Zufall war.

Von diesem Ergebnis inspiriert, begann Lawrence Weiskrantz, das Verhalten von Patienten wie D. B. genauer zu testen. Und plötzlich bewiesen die vermeintlich Blinden erstaunliche Fähigkeiten. Wurde D. B. etwa aufgefordert zu raten, welche einfache Figur man ihm in seinem blinden Gesichtsfeld präsentierte, nannte er mit großer Sicherheit die richtige. Niemand konnte ihm ein X für ein U vormachen. Er deutete auf Dinge, obwohl er glaubhaft versicherte, sie nicht zu sehen. Blindsight – Blindsehen – nannte Weiskrantz schließlich dieses paradoxe Phänomen.

«Damit drehte sich die ganze Argumentation um», berichtet Petra Stoerig. «Es stellte sich nun die Frage, ob auch die Affen so etwas wie Blindsehen haben und eben nicht nur aufgrund eines niedrigeren evolutionären Status und einer primitiveren Verschaltung noch etwas sehen können.» Zusammen mit ihrem Kollegen Alan Cowley führte Stoerig unzählige Versuche mit Affen durch. Ergebnis: Auch die Tiere nehmen nicht bewußt wahr, was sie sehen.

G. Y.

Doch was sehen die Blinden? Viele Forscher haben Patienten wie D. B. oder G. Y. befragt. Als Achtjähriger hatte G. Y. einen schweren Unfall überlebt, bei dem eine Ader in seinem Gehirn geplatzt war. Die Blutung hatte einen großen Teil seiner Sehrinde zerstört. Er ist wie auch D. B. – inzwischen längst erwachsen – zum Starpatienten avanciert. Ausfälle in dem Ausmaß, wie der kleine englische Junge sie bei seinem Unfall erlitt, sind selten.

Es komme ihm vor, sagte G. Y. zu Semir Zeki, einem Londoner Neurowissenschaftler, als schaue er mit geschlossenen Augen aus dem Fenster und bewege dann eine Hand vor den Augen. Alan Cowley, einem experimentellen Psychologen aus Oxford, erklärt er: «Das ist, als ob man schwarz auf schwarz sieht.» Als Petra Stoerig G. Y. zu Gesicht bekommt, ist er längst müde geworden, die immer gleichen Fragen zu beantworten. «Es gibt einfach keine Worte, um das zu beschreiben. Es ist, als wollte man versuchen, einem Blinden das Sehen zu beschreiben.»

G. Y. sieht, ohne sich dessen bewußt zu sein. So scheint die Frage, die sich Petra Stoerig stellt, völlig folgerichtig: Hat der primäre visuelle Cortex etwas mit Bewußtsein, mit bewußter Wahrnehmung zu tun? Darauf scheint es eine eindeutige Antwort zu geben: Ja. Doch Stoerig will mehr wissen: Hat diese Region eine spezielle Funktion für das Bewußtsein?

«Eines ist aufgrund der vielen Versuche klar geworden», sagt Petra Stoerig. «Blindsehen muß man lernen.» Ihre Patienten, erklärt sie, seien immer dann besonders gut, wenn sie sich entspannten. Bei Helen, berichtet Nicholas Humphrey, war die Situation ganz ähnlich. Immer wenn die Äffin gestört oder durch einen Fremden in ihrer Nähe verunsichert wurde, brachen ihre Fähigkeiten von einem auf den anderen Moment zusammen. «Man muß lernen, daß man sich auf das verlassen kann, was man nicht bewußt wahrnimmt», erklärt Stoerig diese fragile Form der Wahrnehmung.

Sagt Blindsehen tatsächlich etwas über die Mechanismen unseres Bewußtseins aus? «Wenn die Wissenschaftler irgendwann einmal die physiologischen Grundlagen des Blindsehens von denen des normalen Sehens unterscheiden können, werden sie zweifellos einen wichtigen Beitrag zur Lösung des Geist-Körper-Problems geleistet haben, das die Philosophen seit Jahrtausenden plagt», glaubt Lawrence Weiskrantz. Doch bis dahin werde wohl noch einige Zeit verstreichen.

N. V.

Am 2. Dezember 1977 veränderte sich das Leben des Mailänder Rechtsanwalts N. V. in drastischer Weise. Ein Hirnschlag, eine kleine Blutung im hinteren Teil der rechten Großhirnhälfte, lähmte die linke Seite seines Körpers. Doch N. V. klagte nicht nur über körperliche Beeinträchtigungen. Die Welt schien ihm plötzlich seltsam verschoben. Eine Hälfte war spurlos verschwunden – an ihre Stelle trat eine eigentümliche Leere. Auf der linken Seite seines Gesichtsfeldes war der zuvor agile Zweiundsiebzigjährige zu keiner Wahrnehmung mehr fähig. Selbst an dem Versuch, sich die linke Welthälfte gedanklich vorzustellen, scheiterte er. Bat man den Anwalt, sein Arbeitszimmer aus dem Gedächtnis zu beschreiben, so konnte er die rechte Seite des Raums in allen Einzelheiten schildern, während der linke Teil des Büros vollständig zu fehlen schien. Wurde er dagegen aufgefordert, sich gedanklich im Raum zu drehen, gerieten plötzlich auch die zuvor scheinbar nicht vorhandenen Gegenstände ins Blickfeld des Advokaten. N. V. war im wörtlichen Sinne auf einen Schlag unfähig, seine Aufmerksamkeit auf die linke Seite seines inneren wie äußeren Gesichtsfeldes zu richten.

Edoardo Bisiach, Professor für physiologische Psychologie an der Universität Padua, hat N. V. näher untersucht. Er bat ihn, sich vorzustellen, er stehe auf dem Platz vor dem Mailänder Dom, dem gewaltigen Bau gegenüber. «Was sehen Sie?» fragte Bisiach. N. V. begann aufzuzählen: «Ich sehe den Dom, das Denkmal des Vittorio Emanuele II., die Lauben, die Ecke des Palazzo Reale, den Arengario, das Ende der Via Mazzini und die Piazza Missori, die Konditorei Alemagna.»

«Alles, was N. V. in seiner Vorstellung sah, lag in der rechten Hälfte seines Gesichtsfeldes, die linke existierte nicht», beschreibt Bisiach sein Erstaunen bei der ersten Begegnung. Daraufhin bat er den Anwalt, sich vorzustellen, er trete soeben aus dem Domportal heraus und stehe auf der anderen Seite des Platzes. «Nun sah N. V. plötzlich, was er vorher nicht wahrgenommen hatte», berichtet Bisiach. «Den Palast der Orefici, die Loge der Mercanti, den Palast der Rechtsgelehrten, die Galerie mit den Terrassen und die Konditorei Motta, die Via San Raffaele und die Piazza San Fidele – wiederum verschwunden war die linke Hälfte des Platzes.»

Das scheinbare Verschwinden einer Welthälfte – das sogenannte Neglect-Syndrom – beobachten Neurologen bei vielen Patienten mit ähnlichen Schädigungen. Schlaganfälle, Blutungen oder Tumoren haben den Parietallappen der rechten Hirnhälfte geschädigt. Hier, in einem Bereich, der sich von den Ohrenspitzen nach oben erstreckt, arbeiten die beiden Hemisphären des Großhirns erstaunlich unsymmetrisch. Während die linke Hälfte vor allem symbolisch-analytische Informationen verarbeitet, etwa für das Erkennen und den Umgang mit Symbolen und Sprache zuständig ist, wird auf der gegenüberliegenden Seite die dreidimensionale Welt rekonstruiert, die innere wie die äußere Geographie erkundet. «Es gibt begründete Hinweise darauf, daß der Gedankeninhalt aus sinnlich-konkreten Abbildungen besteht und nicht einen der Sprache ähnlichen symbolischen Charakter hat», erklärt Edoardo Bisiach und schildert zum Beweis einen Versuch mit einer anderen Neglect-Patientin. «Wir baten sie, uns den kürzesten Weg vom Mailänder Dom zum Universitätsspital anzugeben. ‹Ich folge dem Corso Vittorio Emanuele›, sagte sie ohne das geringste Zögern. ‹Dann biege ich in die Via Monforte ein, gehe bis zur Via Sforza, der ich bis zur Universitätsklinik folge.› Die Beschreibung führt zwar zum Ziel, aber auf einem völlig absurden Umweg, da sie nur Abzweigungen nach rechts angeben kann.»

Neglect-Patienten haben den linken Teil ihrer Körper- wie Raumwahrnehmung verloren. Sie schminken oder rasieren nur die rechte Seite ihres Gesichts. Das groteske Bild, das sie danach abgeben, wird ihnen beim Blick in den Spiegel nicht bewußt, denn sie sehen die ungeschminkte Hälfte nicht. Sie lassen die Hälfte des Essens auf dem Teller und erbitten hungrig eine weitere Portion. Einigen scheint ihr halber Körper fremd. Sie können zwar Arme und Beine ganz normal bewegen, doch sind sie unfähig, die linke Körperseite zu kleiden oder zu waschen. Ihr Denken zerbricht an einer einzigen Koordinate im Raum.

Noch streiten sich die Forscher darüber, ob Neglect tatsächlich ein Aufmerksamkeitsphänomen ist. Vielleicht werden die Informationen in der linken Gesichtsfeldhälfte nicht im gleichen Maße verarbeitet wie die in der rechten. Dennoch scheinen sie den Patienten prinzipiell zur Verfügung zu stehen, denn sie können einfache visuelle Reize, die ihnen nur in der beeinträchtigten Hälfte ihres Gesichtsfeldes präsentiert werden, durchaus wahrnehmen, wenn es auf der gesunden Seite keine optische Konkurrenz gibt.

Wie beim Phänomen des Blindsehens stehen die Forscher noch vor vielen Rätseln. Denn selten sind die Ausfälle im Gehirn klar umgrenzt. Oft sind noch andere Regionen und damit andere Bereiche des Verhaltens mitbeeinträchtigt. Zudem läßt sich aus dem Ausfall einer Fähigkeit nicht zwingend darauf schließen, welche Funktion der zerstörte Hirnteil in der langen Kette der Verarbeitungsschritte hat, die diese Fähigkeit schließlich hervorbringt.

Abbildung 8: Die Zeichnungen auf der rechten Seite der Abbildung wurden von einem Patienten angefertigt, der an einem visuellen Neglect litt. Die Hirnläsionen bei solchen Patienten befinden sich meist im hinteren Schläfenlappen der rechten Hirnhemisphäre. Entsprechend wird die linke Welthälfte – einschließlich der des eigenen Körpers – einfach ignoriert. Ein solcher Patient versucht etwa, alle Zahlen auf einer Uhr auf der rechten Seite des Zifferblattes zusammenzudrängen. Auch bei der Darstellung von Haus und Blume fällt die linke Seite fast vollständig aus.

H. C.

Für H. C. wurde eine Nacht im Jahr 1941 zum Verhängnis. Sie saß im Coconut Grove, einer beliebten Nachtbar, als es dort zu brennen begann. Panik brach aus. Viele Menschen kamen ums Leben. Die Zeitungen berichteten am nächsten Tag von einem «Nightclub-Desaster». H. C. überlebte die Katastrophe. Doch als die Feuerwehrleute die junge Frau schließlich aus dem brennenden Gebäude zerren konnten, hatte sie eine schwere Kohlenmonoxidvergiftung erlitten. Das Zellgift war auch in ihr Gehirn gedrungen.

Als Alexandra Adler, zu jener Zeit Psychologin am Boston City Hospital, die Patientin untersuchte, konnte H. C. keine Gegenstände mehr erkennen. Anders als D. B. nahm sie die Dinge wahr, die man ihr vorlegte. Anders als N. V. war sie durchaus in der Lage, ihre Aufmerksamkeit auf die gestellte Aufgabe zu richten. Doch all das nützte ihr nichts – was auch immer man ihr zeigte, es war ihr fremd. Sie war nicht einmal mehr in der Lage, einfache Gegenstände nachzuzeichnen. H. C. litt unter einer Formagnosie.

Den Begriff Agnosie hat bereits Sigmund Freud für alle Störungen des Erkennens geprägt. Doch ein solch drastischer Ausfall des Erkennens wie bei H. C. ist selten. Oft sind nur einzelne Gruppen von Gegenständen betroffen. Patienten, die Gemüse nicht mehr voneinander unterscheiden können, sind ebenso beschrieben worden wie Menschen, denen plötzlich Gesichter fremd sind, auch die ihrer Freunde und Verwandten. Die Patienten können, obwohl sie bewußt und aufmerksam sind, die Bestandteile eines visuellen Eindrucks nicht mehr zu einem bedeutungsvollen Muster kombinieren.

Bewußtes Wahrnehmen, Aufmerksamkeit und Erkennen sind die entscheidenden Schritte, damit im Gehirn ein Bild der Welt entstehen kann. Sehen heißt Konstruieren. Patienten wie N. V. oder H. C. helfen den Forschern, diesen Vorgang der Konstruktion besser verstehen zu lernen. Ganz allmählich verändert sich dabei auch unser Bild von der Wirklichkeit. Nicht erst im Zeitalter der Computergrafik gilt: Wir können uns auf unsere Bilder nicht verlassen, wir haben sie selbst gemacht. Und so manche Täuschung kommt uns gar gelegen.

F. D.

Die Anosognosie ist, wie Vilajanur Ramachandran sagt, «eines der verblüffendsten Phänomene, denen man als Neurologe begegnen kann». Anosognosie tritt manchmal bei linksseitig gelähmten Patienten auf. Den meisten Patienten ist ihre Behinderung bewußt, aber etwa fünf Prozent der Betroffenen verleugnen (wie es der französische Neurologe Babinsky um die Jahrhundertwende erstmals beschrieben hat) ihre Beeinträchtigung vehement.

So ergeht es zum Beispiel F. D., einer älteren Dame, deren linke Körperseite nach einem Schlaganfall in der rechten Hirnhälfte völlig gelähmt ist. «Dennoch behauptet sie, sie könne ihren gelähmten linken Arm bewegen», erzählt Ramachandran. «Dabei ist sie eine völlig intelligente Frau. Sie dürfen nicht denken, daß diese Leute verrückt seien. Nur wenn es um ihre Hand geht, macht sie sich etwas vor und behauptet, sie könne sie bewegen. Wenn ich sie frage: ‹Können Sie sehen, daß sie sich bewegt?›, antwortet sie: ‹Ja, das kann ich.› – ‹Fühlen Sie beide Hände gleich stark?› – ‹Ja.› – ‹Können Sie mit Ihrer *rechten* Hand auf meine Nase zeigen?› – ‹Ja.› (Die Patientin zeigt auf meine Nase.) – ‹Können Sie mit Ihrer *linken* Hand auf meine Nase zeigen?› – ‹Ja.› (Dabei hängt die Hand gelähmt nach unten.) ‹Können Sie klar sehen, wie Sie zeigen?› – ‹Ja, mein Finger ist ungefähr zehn Zentimeter von Ihrer Nase entfernt.›»

«An dieser Stelle», erklärt Ramachandran, «produziert sie offenbar selbst ein Trugbild, denn sie kann ansonsten völlig klar sehen.» Um herauszufinden, welches Ausmaß diese Selbsttäuschung erreichen kann, treibt der Neuropsychologe das Spiel auf die Spitze: «‹Können Sie in die Hände klatschen?› – ‹Natürlich kann ich das›, kommt die unbekümmerte Antwort. ‹Frau D., können Sie für mich klatschen?› Die Patientin fährt mit der rechten Hand durch die Luft, als würde sie gegen eine imaginäre linke Hand klatschen.– ‹Klatschen Sie?› – ‹Ja, ich klatsche›, antwortet Frau D.»

«Für mich ist das die Lösung dieses alten Zen-Rätsels: Wie klingt das Klatschen einer Hand?» meint Ramachandran im Scherz. «Hier haben wir die Antwort.»

Für Frau D. freilich ist die Erfahrung real. Sie ist tatsächlich fest davon überzeugt, geklatscht zu haben. Aber das sei ein extremer Fall, meint Ramachandran. Im allgemeinen behaupteten Patienten mit Anosognosie nicht, sie sähen, daß ihr Arm sich bewege. Meistens versuchten sie, ihre Behinderung mit allen möglichen Arten von rationalen Argumenten zu erklären. Ein Patient habe etwa gemeint, er könne den Arm nicht bewegen, weil er unter einer Arthritis in der Schulter leide, die ihm heftige Schmerzen verursache.

Solche psychologischen Schutzmechanismen seien zwar schon seit Sigmund Freud bekannt, aber «ich war doch perplex, welche übermäßigen Dimensionen das bei Leuten annehmen kann, die an Anosognosie leiden», sagt Ramachandran. Dieser Ausfall tritt, ähnlich wie der Neglect, nur bei Patienten mit Schädigungen in der rechten Hirnhälfte auf, was für Ramachandran ein Hinweis darauf ist, daß ihm eher neurologische als psychologische Ursachen zugrunde liegen. «Gerade deshalb ist Anosognosie so faszinierend: weil sie die Grenze zwischen Neurologie und Psychiatrie, zwischen Gehirn und Geist überschreitet.»

Die Erklärung des Phänomens, meint Ramachandran, sei in der Arbeitsteilung der beiden Gehirnhälften zu suchen. Zwar gebe es einen intensiven Austausch zwischen ihnen, doch führe auch jede von ihnen spezifische Aufgaben aus. Die linke Seite sei zum Beispiel eher für Sprache zuständig, während die rechte auf visuelle und räumliche Aufgaben spezialisiert sei. Des weiteren habe die linke Hemisphäre die Aufgabe, aus der Überfülle an Informationen, die ständig in das Gehirn einströmten, die sinnvollen Reize auszuwählen und aus ihnen ein konsistentes Bild der Außenwelt zu konstruieren. «Der Job der linken Seite besteht darin, ein Modell der Wirklichkeit zu erschaffen und dieses möglichst aufrechtzuerhalten, während die rechte Seite die Aufgabe hat, Abweichungen von diesem Bild aufzuspüren. Wenn diese Anomalien eine bestimmte Schwelle überschreiten, zwingt die rechte Hemisphäre die linke, ihr Modell aufzugeben und von vorn anzufangen. Die linke dagegen versucht, an ihrem Bild festzuhalten.» Vom Standpunkt des Gehirns aus gesehen, so glaubt Ramachandran, sei dieses Vorgehen höchst sinnvoll: «Solche Abwehrmechanismen verhindern, daß das Gehirn von unwichtigen Eindrücken in die Irre geführt wird.»

Bei Menschen mit Anosognosie funktioniere zwar diese Erzeugung eines konsistenten Bildes in der linken Hemisphäre, aber sie «haben die Mechanismen der rechten Hemisphäre verloren, die sie normalerweise zu einem Paradigmenwechsel bringen müßten, wenn widersprüchliche Informationen eintreffen. Der Patient fährt einfach fort, alle Anomalien oder Diskrepanzen seiner Wahrnehmung wegzuerklären.» Um zu testen, wie weit dabei der Grad des Leugnens geht, bat Ramachandran halbseitig gelähmte Patienten, ein großes Tablett mit Wassergläsern zu halten. «Jeder normale Mensch, der nur eine Hand bewegen kann, würde versuchen, das Tablett in der Mitte zu halten», meint Ramachandran. Anders Anosognosie-Patienten: Sie greifen stracks mit der gesunden (rechten) Hand nach der rechten Seite des Tabletts – und sind höchst erstaunt, wenn die linke Seite kippt.

Um herauszufinden, ob im Gehirn der Betroffenen die Information über ihre Lähmung fehlt oder nur blockiert ist, griff Ramachandran auf eine Methode zurück, die Edoardo Bisiach bei seiner Arbeit mit Anosognosie-Patienten entwickelt hatte: Er spritzte ihnen einfach kaltes Wasser ins linke Ohr, ein Verfahren, mit dem normalerweise die Nerven im Innenohr getestet werden. Bisiach hatte dabei eine erstaunliche Reaktion festgestellt: Nach wenigen Sekunden waren sich die Patienten ihrer zuvor so standhaft verleugneten Lähmung bewußt geworden.

Ramachandran führte weitere Versuche mit dieser Methode durch und wies nach, daß die Anosognosie-Patienten nach der Wasserspritze sogar genau angeben konnten, wie lange ihr Arm gelähmt war. Plötzlich schien das innere Bild wieder mit der Außenwelt übereinzustimmen. Wirkt kaltes Wasser im linken Ohr wie eine Art Wahrheitsserum?

«Eine Erklärung», spekuliert Ramachandran, «könnte sein, daß das kalte Wasser die rechte Hemisphäre gewissermaßen aufweckt.» Schließlich gebe es Verbindungen von den linken Innenohrnerven zu Teilen der rechten Gehirnhälfte. Diese Erklärung sei wohl «zumindest zum Teil korrekt», glaubt der indische Neurologe. Doch es gebe auch noch die alternative Deutung, daß durch das kalte Wasser ähnliche Mechanismen wie im Traum ausgelöst würden. Denn die Patienten zeigten nach dem Spritzen ähnlich rasche Augenbewegungen wie im sogenannten REM-Traumstadium, «und in beiden Zuständen kommen unerfreuliche Erinnerungen an die Oberfläche – vielleicht ist dies kein Zufall», mutmaßt Ramachandran.

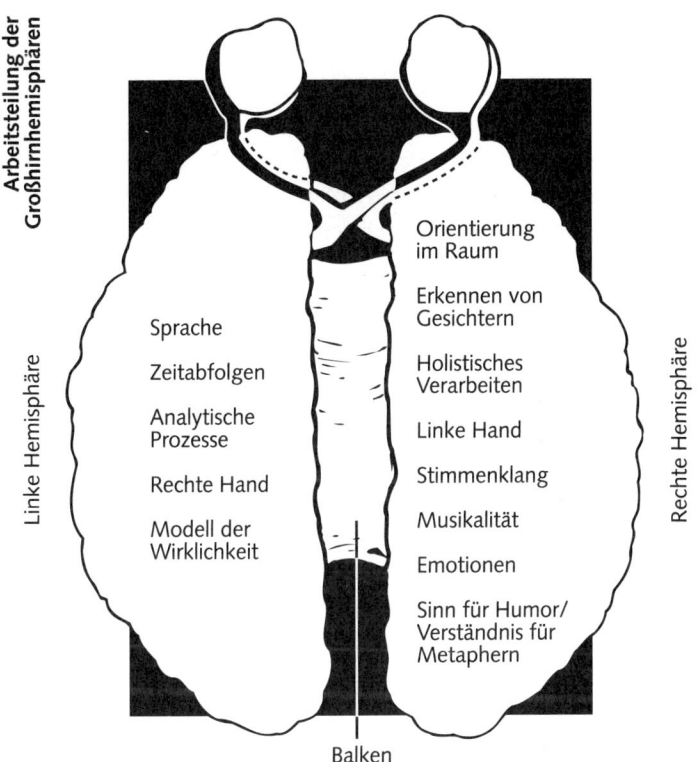

Linke Hemisphäre

Sprache

Zeitabfolgen

Analytische Prozesse

Rechte Hand

Modell der Wirklichkeit

Orientierung im Raum

Erkennen von Gesichtern

Holistisches Verarbeiten

Linke Hand

Stimmenklang

Musikalität

Emotionen

Sinn für Humor/ Verständnis für Metaphern

Rechte Hemisphäre

Balken

Abbildung 9: Die Aufgaben und Fähigkeiten der beiden Hirnhemisphären sind beim Menschen unsymmetrisch verteilt. Während die linke Großhirnhälfte etwa Zeitabfolgen und Sprache verarbeitet (hier liegen das Broca- und das Wernicke-Areal, vergleiche Abbildung 4), dient die rechte Hälfte der Orientierung im Raum oder dem Erkennen von Gesichtern. Vilajanur Ramachandran glaubt, die linke Hemisphäre konstruiere aus der Vielzahl von Sinnesreizen, die ins Gehirn gelangen, ein konsistentes Modell der Wirklichkeit und verteidige dieses so lange gegen die von der rechten Hälfte ermittelten Abweichungen, bis das Modell schließlich durch ein neues ersetzt werden müsse.

O. S.

Doch nicht nur die direkte Wahrnehmung ist bei Anosognosie-Patienten verdreht, mitunter wirkt sich die Störung auch auf ganz abstrakte Denkvorgänge aus. «In gewisser Weise können wir den Intelligenzquotienten eines solchen Patienten unter den eines Schimpansen oder eines zweijährigen Kindes drücken – einfach nur dadurch, daß wir einen Spiegel benutzen», erklärt Ramachandran und beschreibt ein weiteres seiner trickreichen Experimente. Dabei arbeitet er mit O. S., einer Neglect-Patientin, der ähnlich wie dem Mailänder Anwalt N. V. aufgrund von Schädigungen in der rechten Hirnhälfte die linke Seite der Welt verlorengegangen ist.

«Wenn ich auf ihrer linken Seite stehe, nimmt sie mich nicht wahr», erzählt Ramachandran. «Aber wenn ich ihr rechts einen Spiegel hinstelle, kann sie mich darin sehen. Dann halte ich ihr von links einen Stift hin und frage: ‹Können Sie den Stift sehen?› Die Antwort kommt prompt: ‹Ja.› – ‹Ist es ein realer Stift?› – ‹Nein, es ist das Spiegelbild eines Stiftes.›»

So weit ist die Wahrnehmung der Patientin also völlig intakt. Doch nun kommt die entscheidende Frage: «Was tut die Patientin, wenn ich sie bitte, den Stift zu greifen?» Eigentlich müßte sie wie jeder normale Mensch nach links greifen. Aber da diese Seite gewissermaßen nicht vorhanden ist, greift die Patientin nach rechts, prallt mit der Hand gegen den Spiegel, immer und immer wieder. Oder sie versucht gar, um ihn herumzugehen. Auf Ramachandrans Frage «Was tun Sie?» antwortet O. S.: «Ich versuche, den Stift zu greifen.» – «Wo ist er?» – «Im Spiegel.»

«Als ich das beim ersten Patienten sah», berichtet Ramachandran, «konnte ich es einfach nicht glauben. Aber wir haben inzwischen etwa ein halbes Dutzend solcher Patienten gesehen. Vier von sechs Neglect-Patienten zeigen dieses Verhalten, aber nicht alle. Es muß also noch andere Mechanismen im Gehirn geben, um zu erkennen, was ein Spiegelbild ist.» Inzwischen haben die Neurologen in San Diego für dieses Phänomen einen neuen neurologischen Begriff geprägt: *mirror agnosia* – Spiegelagnosie. «Der Patient verhält sich, als existiere der Spiegel nicht – obwohl er ihn sehen und berühren kann und weiß, daß es ein Spiegel ist», sagt Ramachandran.

Noch ist nicht geklärt, ob diese Spiegelkonfusion möglicherweise bei allen Patienten auf dieselbe Art von Läsionen im Gehirn zurückzuführen ist. «Eigentlich sollte es so sein», meint Ramachandran, «aber wir wissen es noch nicht. Wir haben das Phänomen eben erst entdeckt. Hundert Jahre Neurologie – und niemand hat den Leuten einen Spiegel vorgehalten.»

Geht die Bedeutung solcher Experimente über die Beschreibung seltsamer Phänomene hinaus? Ramachandran ist davon überzeugt. «Solche Versuche sagen einem einerseits, daß das Gehirn eben nicht modular ist. Ein einzelnes sinnliches Problem kann einen komplexen Denkprozeß verdrehen, der auf der Aktivität vieler Hirnregionen basiert. Doch andererseits bedeutet dies auch, daß es eine gewisse Modularität geben muß, denn es werden ja schließlich nicht alle Denkprozesse davon beeinflußt.»

Physiologie und Philosophie

So bizarr solche Geschichten auch klingen, für Vilajanur Ramachandran steckt noch mehr dahinter. Mit Experimenten dieser Art, glaubt er, lassen sich auch tiefgründige philosophische Fragen beantworten: «Diese Patienten mit ihren unterschiedlichen Hirnschädigungen erhellen die alten philosophischen Fragen, zum Beispiel nach der Einheit des Ich, nach persönlicher Identität oder der Verantwortung für die eigenen Handlungen. Das ist der richtige Weg, die Beziehung zwischen Gehirn und Geist zu verstehen.»

Das Spiegelexperiment zeige beispielsweise, daß selbst das, was wir für abstraktes Wissen halten (etwa über die Unmöglichkeit, ein Spiegelbild zu ergreifen), nicht ganz abstrakt sei, sondern von unserer Selbstwahrnehmung abhänge. «Pat Churchland und ich sind uns darüber einig, daß man manche dieser alten Fragen nach dem Selbst, der persönlichen Identität, dem freien Willen nur lösen wird, indem man Neurowissenschaft betreibt und nicht indem man im Lehnstuhl sitzt und philosophiert», polemisiert Ramachandran gegen die Geisteswissenschaftler, die sich einer rein philosophischen Tradition verschreiben. «Ich denke, deshalb gab es auch in den vergangenen zweihundert Jahren so wenige Fortschritte.»

Mit der Stagnation der Forschung soll jetzt Schluß sein. «Die Frage, wie die Einheit von bewußter Wahrnehmung zustande kommt, die Vorstellung einer kontinuierlichen Zeit beispielsweise, die Vorstellung, daß ich eine Person bin, persönliche Identität, freier Wille – all diese Fragen können in der Neurowissenschaft bearbeitet werden», sagt Ramachandran.

«Wir haben schon einen neuen Namen für dieses Feld. So wie Pat Churchland, die ihre Arbeit Neurophilosophie nennt, nennen wir unsere Arbeit ‹experimentelle Epistemologie›. Normalerweise denken die Leute, Epistemologie, Erkenntnistheorie, sei eine abstrakte philosophische Disziplin. Wir können jedoch Experimente ausführen, die uns etwas über die Neurorepräsentation von Glaubenssystemen sagen.» Vilajanur Ramachandran lehnt sich zuversichtlich lächelnd zurück. «Das ist ‹the final quest›, die Frage nach dem heiligen Gral. Und wir werden sie beantworten.»

Exkurs 6
Der Wille als Vorstellung
Die seltsamen Experimente
des Benjamin Libet

In Benjamin Libets Zimmer türmen sich die Bücher- und Papierstapel. Man fürchtet fast, der schmächtige alte Herr werde eines Tages von diesem geballten Wissen erschlagen. «Seit ich emeritiert bin», entschuldigt sich Libet, «habe ich nur noch dieses kleine Büro.» Denn Raum ist hier im Medical Center der University of California in San Francisco knapp.

Doch seinen wachen, unkonventionellen Geist hat der mittlerweile achtzigjährige Pionier der Hirnforschung nicht verloren. Sein Urteil beispielsweise über die moderne Bewußtseinsforschung fällt wenig schmeichelhaft aus: «Wissen Sie, die meisten Theorien über das Bewußtsein sind ein bißchen wie Religion – redliche Spekulationen, weder zu beweisen noch zu widerlegen», spottet Libet und fügt ironisch hinzu: «Ich habe nichts gegen Religion, aber das ist nicht die Art, wie Wissenschaft funktioniert.»

Benjamin Libets Worte haben Gewicht. Schließlich kann er auf eine Reihe einzigartiger Experimente zurückblicken. Als einer der ersten Wissenschaftler griff er direkt in das Gehirn lebender Patienten ein, um herauszufinden, wie bewußte Wahrnehmung funktioniert. Die dabei gewonnenen Befunde waren freilich so paradox, daß sie die Hirn- und Bewußtseinsforscher bis heute beschäftigen: Der trotz seiner Erfolge zurückhaltende Neurophysiologe zeigte, daß nur die wenigsten Wahrnehmungen tatsächlich bewußt werden – und wenn, dann auch noch mit Verspätung.

Der englische Mathematiker Roger Penrose meinte dazu, Libets Ergebnisse würden beweisen, daß der Mensch keinen freien Willen habe. Der Neurologe John Eccles und der Philosoph Karl

Popper dagegen sahen ihre dualistische These bestärkt, daß der Geist nicht allein aus biologischen Gehirnvorgängen entstehe. Andere kritisierten Libets Resultate als irrational, und die Bewußtseinsphilosophin Patricia Churchland versuchte, seine Interpretation zu widerlegen – mit wenig Erfolg.

Die Befunde selbst ließen sich schlicht nicht mehr wegdiskutieren. Vergleichbare Experimente vermißt Libet denn auch in der derzeitigen Diskussion um Geist und Bewußtsein. Wortführer wie Daniel Dennett würden ihre Philosophien entwickeln, ohne ein Gespür für experimentelles Design zu haben. Junge Forscher dagegen beschäftigten sich vorwiegend mit molekularer Neurobiologie. «Natürlich sind Experimente zur bewußten Wahrnehmung schwierig», sagt Libet. «Man muß die richtigen Patienten finden, einen kooperativen Neurochirurgen und dann noch eine Frage stellen, die sich experimentell beantworten läßt.»

Als Libet in den späten fünfziger Jahren mit seinen Experimenten begann, galt es überdies nicht als «gute Wissenschaft», überhaupt so etwas wie Bewußtsein erforschen zu wollen. Zu diffus erschien das Geheimnis des Geistes. «Wir hatten Schwierigkeiten, Fördermittel zu bekommen, und die Gutachter vom National Institute of Health meinten, wir sollten lieber das Funktionieren einzelner Nervenzellen studieren – absoluter Unsinn.»

Libet interessierte sich mehr dafür, welche Art von Hirnprozessen notwendig ist, um überhaupt eine bewußte Wahrnehmung hervorzurufen. Seinen wichtigsten Partner fand er in dem Neurochirurgen Bertram Feinstein, der in San Francisco Hirnoperationen unter lokaler Betäubung durchführte. «Feinstein öffnete also den Schädel, die Patienten lagen wach vor uns, und wir durften dreißig Minuten mit ihnen im Operationssaal experimentieren – eine ziemlich stressige Prozedur», erinnert sich Libet. Das etwas gruselig klingende, gleichwohl schmerzfreie Verfahren eröffnete jedoch eine einmalige Möglichkeit: Libet konnte das freiliegende Hirn elektrisch reizen und gleichzeitig die Patienten fragen, was sie fühlten.

Benjamin Libet

Meist handelte es sich um Parkinson-Kranke, denen Feinstein bei der Operation Elektroden ins Gehirn eingeführt hatte. Libet stimulierte ihren somatosensorischen Cortex, wodurch er bei ihnen etwa den Eindruck hervorrief, etwas berühre ihre Hand. Zu seiner Verblüffung stieß er dabei auf einen unerwarteten Zeitfaktor: Libets Versuchspersonen gaben immer nur dann an, einen entsprechenden Reiz zu spüren, wenn die elektrische Stimulation im Hirn mindestens eine halbe Sekunde andauerte.

Bei wirklichen Hautreizen ist das anders. Wer sich einmal auf eine Reißzwecke gesetzt hat, weiß, daß er nicht eine halbe Sekunde Zeit braucht, um zu reagieren. Jeder Hautreiz sendet zunächst einen schnellen «primären» Nervenimpuls aus, der von der Großhirnrinde fast augenblicklich registriert wird. Körperliche Reaktionen (etwa das Aufspringen von der Reißzwecke) können daher prompt erfolgen. Doch wird der Reiz des Hinterteils dabei tatsächlich auch im Kopf bewußt? Libets Experiment legte nahe, daß der Primärimpuls dazu nicht ausreicht. Von jedem Hautreiz treffen jedoch mit einiger Verzögerung weitere «diffuse» Signale im Cortex ein, die sich über verschiedene Nervenbahnen fortgepflanzt haben. Erst wenn diese mehr als eine halbe Sekunde lang anhalten, wird dem Signal offenbar der Status einer bewußten Wahrnehmung zuerkannt.

Freilich stellte sich alsbald die Frage: Warum merken wir von dieser Verzögerung nie etwas? Eine Antwort fand Libet erst, als Bertram Feinstein in den sechziger Jahren begann, manchen Patienten winzige Elektroden auf Dauer ins Gehirn einzupflanzen, um damit sonst unheilbare Schmerzen zu behandeln. Mit diesen Patienten konnte Libet nun auch längere Versuchsreihen durchführen und genau bestimmen, zu welchem Zeitpunkt ein Reiz als solcher empfunden wird.

So stimulierte er etwa zuerst die Haut und 400 Millisekunden später eine korrespondierende Stelle im Cortex. Verblüffenderweise konnte er dadurch den ersten Reiz verstärken oder im Bewußtsein ungeschehen machen – ein weiterer Beleg für die These, daß Hautreize erst nach einer «Aufbauphase» von einer halben Sekunde ins Bewußtsein gelangen.

Wurden dagegen nicht korrespondierende Stellen an Haut und Cortex gleichzeitig gereizt, gaben die Patienten an, den Hirnreiz rund eine halbe Sekunde später wahrzunehmen. «Das gab uns den Schlüssel zur Erklärung», erzählt Libet. Denn bei den Cortexstimulationen entsteht kein Primärpotential, wie es bei jedem Hautreiz auftritt. Wird der Hirnreiz deshalb später wahrgenommen? Libet stellte die Hypothese auf, daß der anfängliche Impuls bei den Hautreizen die Rolle einer Zeitmarke spielt. Zwar muß das nachfolgende Signal in jedem Fall eine halbe Sekunde andauern, um ins Bewußtsein zu treten, doch wird die Erfahrung dann mit Hilfe des Primärimpulses wieder zurückdatiert: Hautreize werden früher wahrgenommen als Cortexstimulationen, bei denen eine solche Zeitmarke fehlt.

Ähnelt unser Gehirn also einer Behörde, in der alle eintreffenden Reize eine Zeitlang bearbeitet werden müssen, um zur Geltung zu kommen, und in der jene, die einen Eingangsstempel tragen, früher als andere wahrgenommen werden, denen dieser Stempel fehlt? Libet gibt zu, daß dies eine «reichlich ausgefallene Hypothese» war. Um sie zu beweisen, verfiel er auf den raffinierten Einfall, die Patienten in einer bestimmten Schicht des Thalamus zu stimulieren. Anders als in der Hirnrinde werden dort nämlich starke Anfangsimpulse erzeugt – und prompt empfanden die Patienten sie als zeitgleich mit einer parallel dazu vorgenommenen Hautreizung.

«Unsere Arbeitshypothese hatte das zwar vorausgesagt, aber ich war doch sehr verwundert, als es wirklich passierte», gibt Libet heute zu. Unser Bewußtsein hinkt den tatsächlichen Geschehnissen nicht nur um etwa eine halbe Sekunde hinterher – es sucht diese Verspätung auch noch durch einen raffinierten Trick zu verbergen. Als diese Erkenntnisse 1979 in der Zeitschrift *Brain*, einem der wichtigsten neurologischen Journale der Welt, veröffentlicht wurden, riefen sie verständlicherweise in der Fachwelt heftige Reaktionen hervor. «Subjektives Zurückverlegen in der Zeit – das hat ja kaum mein Chirurgenfreund Bertram Feinstein richtig verstanden», lacht Libet.

Noch frappierender freilich waren die Experimente, mit denen er in den späten siebziger Jahren den freien Willen auf den Prüfstand stellte. Dazu griff er auf eine Entdeckung der deutschen Neurologen Hans Kornhuber und Lüder Deecke zurück, die gezeigt hatten, daß sich vor einfachen Handlungen in den Hirnströmen eine Art Vorwarnung abzeichnet, das langsam entstehende «Bereitschaftspotential». Diese Aktivität der Nervenzellen beginnt schon rund eine Sekunde, bevor die Versuchspersonen etwa eine Hand oder einen Fuß bewegen.

Libet wollte nun wissen, ob auch der Willensantrieb zu diesen Handlungen im voraus erlebt wird. «Die Frage war: Wann ist sich eine Person bewußt, daß sie sich bewegen will? Zuerst dachte ich, das sei nicht zu lösen. Die Leute können das ja nicht während des Versuches sagen, eben weil sie gerade eine Bewegung vorbereiten.» Libet fand einen Ausweg. Er bat seine Versuchspersonen, eine schnell laufende Uhr im Blick zu behalten und sich den Zeitpunkt zu merken, an dem sie sich des Entschlusses, eine Hand zu heben, zum erstenmal bewußt wurden. Gleichzeitig überwachte er ihre Hirnströme, um das Bereitschaftspotential zu messen. Ergebnis: Das Gehirn begann schon mehr als 0,3 Sekunden vor einem bewußten Entschluß, aktiv zu werden. «Offenbar beschließt das Gehirn, die Handlung zu initiieren, bevor ein mitteilbares subjektives Bewußtsein vorliegt, daß ein solcher Entschluß gefaßt worden ist», schrieben Libet und seine Mitarbeiter 1983.

«Manche Leute interpretierten dies dahingehend, daß der freie Wille eine Illusion sei», erzählt Libet heute. «Ich sage nur: Es zeigt, daß der freie Wille nicht den freiwilligen Akt initiiert. Die Handlung beginnt unbewußt – aber immerhin werden wir uns dessen bewußt, bevor wir sie tatsächlich ausführen. Uns bleibt immer noch Zeit, die geplante Bewegung vor der tatsächlichen Ausführung zu stoppen.»

Dennoch haben Libets Versuchsergebnisse, wenn man sie ernst nimmt, erhebliche Konsequenzen. «Das Gehirn scheint eine Entscheidung getroffen zu haben, bevor die Person sich dessen bewußt ist», schrieb der amerikanische Philosoph Thomas Nagel. Und der dänische Wissenschaftsautor Tor Nørretranders zieht in seinem Buch *Spüre die Welt* aus Libets Beobachtungen die Schlußfolgerung: «Dem Menschen wird nicht viel bewußt von dem, was er wahrnimmt; es wird ihm nicht viel bewußt von dem, was er denkt; es wird ihm nicht viel bewußt von dem, was er tut.»

Sowohl Libets Experimente zum freien Willen als auch die anfänglich nachgewiesene Verspätung des Bewußtseins erschüttern jedenfalls nachhaltig den Glauben an unsere Fähigkeit zur bewußten Steuerung. Wir sind oft viel weniger Herr der Lage, als wir glauben. Dazu fehlt in vielen Fällen auch schlicht und einfach die Zeit: «Beim Tennis- oder Baseballspiel etwa muß man in Millisekunden reagieren. Da kann man nicht darüber nachdenken, was man tut», sagt Benjamin Libet.

Trifft also nicht das bewußte Ich solche Entscheidungen, sondern ein umfassenderes Selbst, das auch unbewußte Komponenten enthält, wie Tor Nørretranders meint? Diese These hat auch ihre Tücken. Warum werden nur jene Reize bewußt erlebt, die im Gehirn mindestens eine halbe Sekunde lang präsent sind? Offenbar verschafft sich unser Geist dadurch eine Art Filter, der verhindert, daß unser Bewußtsein mit unwichtigen Informationen von kürzerer Dauer überschwemmt wird. Doch die Verzögerungstaktik im Kopf läßt noch eine etwas andere Interpretation zu. «Das erlaubt anderen Hirnprozessen, die Natur einer Erfahrung zu verändern, bevor sie ins Bewußtsein dringt. Das gilt zum Beispiel, wenn eine Erfahrung emotional aufgeladen ist oder unserem Weltbild widerspricht», erklärt Libet. Seine nüchterne Schlußfolgerung: «Es gibt unbewußte Zensoren im Hirn, die versuchen, das Wahrgenommene in Übereinstimmung zu bringen mit dem, was wir gelernt haben.»

Wenig schmeichelhaft. Haben diese Befunde sein Verhältnis zu seinem eigenen Gehirn verändert? «Ich war schon etwas verblüfft», gibt der Neurophysiologe zu. Doch dem alten Herrn blitzt dabei auch der Schalk aus den Augen. «Wissen Sie, der englische Biophysiker und Nobelpreisträger Archibald Vivian Hill wurde einmal gefragt, woher er wisse, wann er eine gute Idee habe. Und Hill antwortete: ‹Wenn sie mir angst macht.›»

Kapitel 6
Die Zeit als Hirngespinst
Von Rhythmen und Eigenzeiten

Seit Stunden liegen sie auf der Lauer, die Stoppuhr im Anschlag, ein nervöses Zucken im Finger. Immer wieder betritt ein neues Opfer ihr Revier. Nichtsahnend eilt es seinem Ziel entgegen, und schon hat es zur Waidstrecke der Wissenschaft beigetragen. Zum Glück für die Beute verläuft die Hetzjagd unblutig, denn den Jägern geht es um nichts anderes als um nüchterne Zahlen. Wie lange braucht ein Mensch, um von A nach B zu gelangen? Diese Frage stand vor dem fröhlichen Halali. Die Zeitjäger aber stammen keineswegs aus der Fahrplanschmiede der Deutschen Bundesbahn. Robert Levine und Kathy Bartlett sind Psychologen von der California State University in San Francisco.

Eine Gastdozentur an einer südamerikanischen Universität hatte die beiden Forscher auf die Idee gebracht, die «Lebensgeschwindigkeit in verschiedenen Kulturräumen» zu vergleichen. Denn anders als nordamerikanische Studenten kamen die Kommilitonen jenseits des Äquators notorisch zu spät in ihre Vorlesung. Weder Mahnungen noch die Androhung schlechter Noten konnten dieses Verhalten ändern. Andererseits aber drängten die Südamerikaner auch nicht auf ein pünktliches Ende der Veranstaltung, während die Nordamerikaner schon Minuten vor Schluß ihre Sachen zusammenpackten. Gibt es ein kulturgeprägtes Zeitbewußtsein? Fragen wie diese lassen sich nicht im Labor ergründen. Dazu muß sich die Forschung auf die Straße begeben.

Die beiden Psychologen bereisten mit ihrem Team sechs Länder und unterzogen jeweils an einem klaren Sommertag – Wissenschaft braucht reproduzierbare Ergebnisse – die Passanten in belebten Städten einem Tempotest. Ergebnis: Japaner sind schneller als Nordamerikaner, dann folgen Briten und Taiwanesen. Den vorletzten Platz belegen die Italiener vor den Indonesiern.

Auch bei anderen Tätigkeiten als dem Durchmessen einer Wegstrecke bestätigten sich die Befunde. Ein italienischer Postbeamter braucht doppelt so lange, um eine Briefmarke zu verkaufen, wie sein Kollege in Japan. Und ein weiteres Vorurteil fand seine wissenschaftliche Bestätigung: Amerikanische Ostküstenbewohner reden und handeln schneller als ihre Landsleute im Westen.

Das Zeiterleben unterscheidet sich von Kultur zu Kultur, schlossen die Forscher aus ihren Ergebnissen. Aber auch von Stadt zu Stadt: Je größer die Metropole, desto hektischer eilen ihre Bewohner von Termin zu Termin. Immer sind sie von der Furcht geplagt, sie könnten etwas verpassen. Gerade diese Angst treibt sie in eine paradoxe Situation. Je mehr freie Zeit Menschen haben, desto mehr scheint sie ihnen davonzulaufen – ein Leben im Zeitalter von Sekundenkleber und Fünf-Minuten-Terrine. Alles muß schnell gehen, Zeit will schließlich effizient genutzt sein. «Die Nanosekundenkultur» nannte Jeremy Rifkin, Leiter der amerikanischen Foundation on Economic Trends, die unerbittliche Jagd nach dem Augenblick.

Doch nicht nur im Umgang mit der Zeit offenbaren sich einige Paradoxien. Im antiken Griechenland waren gleich drei Zeitbegriffe verbreitet: *kairos*, der Augenblick, der über Glück oder Unglück entscheidet, *aeon*, die ewig dahinfließende Zeit, und *chronos*, die gemessene Zeit. Die Wissenschaft der Gegenwart hat die antiken Vorstellungen kaum präzisieren können. Zwar gehen die Atomuhren immer genauer, doch ist das Phänomen Zeit dadurch nicht greifbarer geworden. Mag die klassische physikalische Zeit auch seit Isaac Newton gleichförmig dahinfließen, Einstein scheint nicht nur in der modernen Physik recht zu behalten: Zeit ist hier gedehnt, dort gestaucht, und andernorts gehen oft auch die Uhren anders.

Inseln der Gegenwart

Auch die Verhaltensforscherin Margret Schleidt hat Kulturvergleiche in dem kleinen bayerischen Ort Andechs angestellt. Anders als ihre amerikanischen Kollegen stieß sie dabei allerdings eher auf Gemeinsamkeiten denn auf Gegensätze. Schleidt sichtete das Filmarchiv des Max-Planck-Instituts für Humanethologie und registrierte bereits nach kurzer Zeit einen sich wiederholenden, immergleichen Rhythmus. Kurze Bewegungen wie etwa ein Winken oder Streicheln, das zornige Aufstampfen mit dem Fuß oder ein freundliches Händeschütteln dauerten immer etwa drei Sekunden, bevor die Bewegungsabfolge leicht variiert wurde. Das Erstaunliche daran: Das Leben im Dreisekundentakt scheint universell verbreitet zu sein, bei den Yanomami-Indianern am Orinoko oder dem San-Volk in der Kalahariwüste, bei den Trobriandern auf den melanesischen Inseln ebenso wie im bayerischen Bierzelt.

«Inseln der Gegenwart» nennt Ernst Pöppel, Direktor am Forschungszentrum Jülich, dieses Taktphänomen. Wann er dem Dreisekundentakt erstmals auf die Spur kam, weiß der Hirnforscher heute nicht mehr so genau. Um so genauer aber kann er das Phänomen beschreiben. «Wenn man eine Zeitlang dem Schlagen eines Metronoms zuhört, ordnen sich die gleichmäßigen Schläge im Kopf fast automatisch zu Gruppen. Beim Versuch, die Gruppen immer länger werden zu lassen, beginnt dieser Takt irgendwann zu verschwimmen, etwa dann, wenn zwischen den Schlägen mehr als drei Sekunden verstreichen.»

Das Versmaß des Lebens läßt sich auch in anderen Experimenten nachweisen. Soll eine Versuchsperson zwei Reize mit leicht unterschiedlicher Intensität miteinander vergleichen, dann müssen sie innerhalb eines Zeitfensters von drei Sekunden präsentiert werden. Das gilt für Lichtreize ebenso wie für Töne. Wird die Zeit überschritten, kann der Versuchsteilnehmer meist nur noch raten.

Den Takt im Kopf hat Pöppel fast überall entdeckt: im Versmaß von Gedichten wie in Bachschen Fugen, im japanischen Nô-Theater wie in Balladen der Beatles. Hier ein Experiment zur Nachahmung: Bei der Silbenfolge Ba-Ku-Ba-Ku-Ba-Ku . . . pendelt der Zuhörer im Geiste unausgesetzt zwischen den Großen Antillen und dem Kaspischen Meer, reist von Kuba nach Baku und zurück, auch das im Dreisekundentakt.

«All dies zeigt deutlich, daß das bewußte Jetzt sprach- und kulturunabhängig etwa drei Sekunden zu betragen scheint», glaubt die Physikerin und Philosophin Eva Ruhnau, die mit Pöppel am Münchner Institut für medizinische Psychologie zusammenarbeitete. «Das Jetzt ist kein Punkt, sondern besitzt eine Ausdehnung.» Eben darin unterscheiden sich biologische und physikalische Zeit. Denn in der Physik ist das Jetzt ein Punkt ohne Ausdehnung, ein nicht faßbares Abstraktum. Die Grenze zwischen Vergangenheit und Zukunft hat keine Dimension. Lebende Organismen schaffen sich, so scheint es, die Dimension der Gegenwart in ihrer Wahrnehmung selbst, geben ihr Dauer und Richtung. Folgen und Rhythmen ordnen und gliedern das Unfaßbare und machen es so dem Erleben zugänglich.

Was aber ist Gleichzeitigkeit? Wann beginnt das Nacheinander? Solchen Fragen sind die Münchner Forscher nachgegangen, indem sie Versuchspersonen baten, auf optische, akustische oder Berührungsreize mit einem Knopfdruck zu reagieren. Die Probanden mußten dabei entscheiden, ob ihnen ein oder zwei Reize präsentiert worden waren. Das akustische Sensorium des Menschen scheint in puncto Zeitwahrnehmung am besten abzuschneiden. Zwei kurze Klickgeräusche werden schon als getrennt wahrgenommen, wenn sie zwei bis drei Millisekunden, also zwei bis drei tausendstel Sekunden auseinanderliegen. Der Tastsinn braucht zehn Millisekunden Differenz zwischen zwei Reizen, der Sehsinn gar zwanzig bis dreißig. «Fusionsschwelle» nennen Pöppel und Ruhnau die zeitliche Grenze, an der zwei Ereignisse miteinander verschmelzen. Die Schwelle ist von der Physiologie der jeweiligen Sinneswahrnehmung abhängig und unterscheidet sich daher von Sinneskanal zu Sinneskanal. Im Vergleich zum Ohr ist das Auge ein verhältnismäßig träges Organ.

Doch wenn es gilt, Ordnung in die Zeit zu bringen, liegen die Sinne des Menschen gleichauf. Etwa dreißig Millisekunden Abstand sind nötig, damit eine Versuchsperson entscheiden kann, welcher visuelle, akustische oder taktile Reiz der erste und welcher der zweite ist. Erst nach dem Erreichen dieser sogenannten «Ordnungsschwelle» hat die wahrgenommene Zeit eine Richtung. Was beweist: Unabhängig von der Funktionsweise der Sinne und ihren typischen Verarbeitungszeiten ist die Identifikation und Einordnung von Ereignissen eine Funktion des Gehirns. Und: Dreißig Millisekunden entscheiden über das Vor- und Nachher. Unterhalb der Schwelle scheint die Zeit stillzustehen.

Für das Gehirn macht es Sinn, solche «Fenster der Gleichzeitigkeit» aufzustoßen. So treffen etwa bei einem Gespräch Bild und Ton des Gegenübers zu unterschiedlichen Zeiten ein. Das Licht ist etwa eine Million mal schneller als der Schall. Nur ein System, das Zeit nicht als Kontinuum, sondern als Reihe von komprimierten Momentaufnahmen wahrnimmt, akustische und visuelle Eindrücke zu einem Datenpaket zusammenschnürt, erzeugt eine stimmige Synchronisation von Ton und Bild.

Bei einigen Menschen ist diese zeitliche Synchronisation gestört. Ihr Gleichzeitigkeitsfenster ist mit etwa hundert Millisekunden etwa dreimal so groß wie das anderer Menschen. Der ungewohnt langgestreckte Zeitrahmen bereitet ihnen große Probleme, wenn sie schnell aufeinanderfolgende komplexe Reize verarbeiten müssen. So sind sie nur mit Schwierigkeiten in der Lage, die Reihenfolge von Lauten und damit Sprache wahrzunehmen und zu verstehen. Störungen des Zeitfensters findet man auch bei Epileptikern. Sie beschreiben, wie aus einem Gewirr von Reizen – etwa einem Fernsehbericht – eine einzelne Stimme oder ein Klang zeitlich abgekoppelt wird und plötzlich von der Umgebung losgelöst und damit ungeheuer dominant erscheint.

Der Takt im Hirn

Die von uns wahrgenommene Kontinuität der Zeit, die Einheit der Sinnesempfindungen, scheint also eine Illusion zu sein. Statt des gemächlichen Gleichmaßes erleben wir ein Trommelfeuer ineinandergeschachtelter Rhythmen: elementare zeitliche Fenster von dreißig Millisekunden und Intervalle von etwa drei Sekunden, in denen aufeinanderfolgende Informationen miteinander zu einem Jetzt verknüpft werden.

Daß aus aneinandergereihten Gleichzeitigkeiten Geschichte erwachsen kann, daß aus stroboskopartig erhellten Momenten ein Kontinuum entsteht, läßt sich nur mit den Eigenschaften und Fähigkeiten des Gehirns erklären. Die meisten Hirnforscher glauben, im Bewußtsein das Sinnesorgan der Zeit gefunden zu haben. Es registriert und speichert Ereignisse, analysiert ihren Ablauf und gibt ihnen ihre Reihenfolge. Zeit entsteht erst im bewußten Erleben. Wem das zu zeitgeistig erscheint, der kann das Zeit-Hirn-Problem auch als Hirn-Zeit-Problem angehen. Denn wie die Wahrnehmung der Welt gleichsam getaktet ist, erscheint auch das «Ich» erst in der Zeit: Moment für Moment wird der Historie des Subjektiven hinzugefügt, Identität entsteht aus der immer wieder erzählten und mit jedem Moment korrigierten Autobiographie. «Der Zeittakt ist das Baumaterial bewußter Tätigkeit», schreibt Ernst Pöppel.

Diesem Takt im Hirn sind die Forscher auf der Spur, seit vor über hundert Jahren erstmals Nervenzellen gefunden wurden, die ihre Signale in regelmäßigen, immer wiederkehrenden Salven absandten. Was steckt hinter dem Trommelfeuer der Neuronen?

Klebrige Zeiten

Im Rhythmus sehen viele Forscher die eigentliche Lösung für Wahrnehmen, Erkennen und Verstehen. Denn erst der taktvolle Umgang miteinander verbinde die Zellen zu Strukturen, und in diesen Strukturen verberge sich unser Bild der Welt. Mutmaßten die Wissenschaftler vergangener Jahrhunderte noch, die Außenwelt werde gleichsam in den Schädel projiziert, so hat die Hirnforschung der Gegenwart die Projektion in eine unübersichtliche Collage abstrakter Impulse verwandelt. Die Farbe eines Objekts etwa wird in anderen Hirnregionen verarbeitet als seine Kontur. Wieder andere Areale liefern Daten über die Bewegung des Objekts oder seine Lage im Raum. Wie das große Durcheinander dann zusammengesetzt wird, war lange Zeit umstritten.

Ein klassisches Modell nahm an, die Signale der aktiven Nervenzellen in verschiedenen Hirnregionen würden letztlich auf eine Zelle zurückgeschaltet, deren Aktivität schließlich das Objekt repräsentiere. Der Ehefrau repräsentiere also ein einziges feuerndes Neuron den Gatten. Dieses neuronale Lokalisationsmodell stand ganz in der Tradition der Phrenologie des 19. Jahrhunderts. Diskutierten die Forscher damals noch über verschiedene Hirnregionen, die sie für Hoffnung oder Spiritualität, Elternliebe oder Freundschaft verantwortlich machten, so siedelten Theoretiker des 20. Jahrhunderts etwa das Erkennen eines Objekts in einzelnen Nervenzellen an.

Die «Korrelationstheorie der Hirnfunktion» hat dem alten wie dem neuen phrenologischen Spuk ein Ende bereitet. Nicht die Verdrahtung zu einer bestimmten Zelle, sondern die Zeit kopple die verschiedenen aktiven Hirnregionen, glaubt der Urheber dieser Theorie, der Bochumer Hirnforscher Christoph von der Malsburg. Und in jeweils kurzfristigen Übereinstimmungen des Neuronenfeuers bestehe die Repräsentation der Welt. Statt starrer Programme oder fest verdrahteter Strukturen diene die Gleichzeitigkeit ihrer Aktivität als Bindemittel der Zellen.

Als von der Malsburg vor fünfzehn Jahren erstmals mit seiner Theorie an die Öffentlichkeit trat, reagierten die Experten kritisch. Zunächst wurde sein Modell nicht einmal publiziert. Fotokopien des «internen Reports» kursierten unter mäßig interessierten Kollegen.

Am Max-Planck-Institut für Hirnforschung in Frankfurt stießen Wolf Singer und sein amerikanischer Kollege Charles Gray schließlich durch Zufall auf die Gleichzeitigkeit im Gehirn. Sie hatten zwei Elektroden in die Sehrinde einer jungen Katze gesteckt. «Es begann, als wir einen Frequenzfilter abschalteten», erinnerte sich Singer später. «Plötzlich brummte es, ein ganz tiefer, dunkler Ton.» Obwohl die untersuchten Zellen durch Hunderte oder Tausende von Neuronen voneinander getrennt waren, feuerten sie im Gleichtakt, vierzigmal in der Sekunde.

Die Forscher hatten dem Tier einen senkrechten Balken vor den Augen entlanggeführt. Streifte der visuelle Reiz gleichzeitig zwei bestimmte Bereiche auf der Netzhaut des Auges, dann begannen die nachgeschalteten Sehrindenzellen im Großhirn koordiniert zu feuern. Präsentierten Singer und Gray jedoch einen senkrechten Balken im einen Teil des Gesichtsfeldes und einen horizontalen im anderen, war es mit dem Gleichmaß der neuronalen Aktivität vorbei. Die Zellen arbeiteten nur dann synchron, wenn sie auf denselben Reiz reagierten.

Ein Rhythmus mit Folgen: Nicht eine Zelle oder ein Ort repräsentiert einen Reiz, sondern eine aufeinander abgestimmte Schwingung verschiedener räumlich getrennter Zellverbände. Kohärenz nennen die Forscher das Phänomen der klebrigen Zeit im Hirn, die weit voneinander entfernt liegende Nervenzellen verbindet und auf diese Weise ein Muster entstehen läßt. War die Gattenliebe bei den Hirnforschern des 19. Jahrhunderts noch knapp hinter dem Ohr lokalisiert, so hat sich der Gatte inzwischen neuronal verflüchtigt und vagabundiert in den Windungen und Furchen unter der Schädeldecke umher. Nur dann und wann wird er gleichsam als Hauch sichtbar, zuckt für wenige

Momente rhythmisch durch das Hirn, um bald wieder zu verschwinden.

Auch Christof Koch vom California Institute of Technology ist davon überzeugt, daß das Gehirn im Gleichtakt funktioniert. Der deutschstämmige Neurobiologe vergleicht das neuronale Geschehen mit einem flackernden Weihnachtsbaum. Nur hin und wieder blinken einige Lichter im Gleichtakt, ein Muster entsteht. Im Gehirn entspricht diese nur in der Zeit existierende Struktur etwa dem Code für «Christstollen» oder «Krippe». «Synchron feuernde Neuronen hinterlassen für einige Zeit biochemische und elektrische Spuren, die das Kurzzeitgedächtnis darstellen», erklärt Koch sein Modell. «Wird man auf etwas anderes in der Umwelt aufmerksam, so wird eine andere Konstellation von Nervenzellen auf das neue Objekt reagieren, während die aktive erste Gruppe langsam auseinandertreibt.»

Für Christof Koch sind Kurzzeitgedächtnis und Bewußtsein untrennbar miteinander verbunden. «Wir kennen keinen einzigen Fall aus der medizinischen Literatur, in dem ein Patient keinerlei Kurzzeitgedächtnis mehr besaß, aber dennoch über Bewußtsein verfügte.» Erst wenn sich in den Schwingungen des Gehirns ein Szenario abzeichnet und Umwelt und Gegenüber deutlich werden, wird der Mensch zum Individuum. Francis Crick, der seit Jahren mit Koch zusammenarbeitet, sieht daher in den Schwingungen des Gehirns die «neuronale Unterschrift des Bewußtseins».

«Hat Wolf Singer die zelluläre Basis des Bewußtseins ent-

Abbildung 10: Lange Zeit glaubten die Forscher, die Elemente der Außenwelt würden jeweils durch einzelne Neuronen repräsentiert. Die Aktion einer spezifischen Nervenzelle, des «Großmutterneurons», verrate etwa die Anwesenheit der alten Dame. Heute ist an die Stelle des Großmutterneurons der «Großmutterrhythmus» getreten: Die gemeinsame Aktivität vieler Neuronen bildet ein Objekt der Außenwelt ab. Im Rhythmus des neuronalen Feuers liegt das Erkennen begründet.

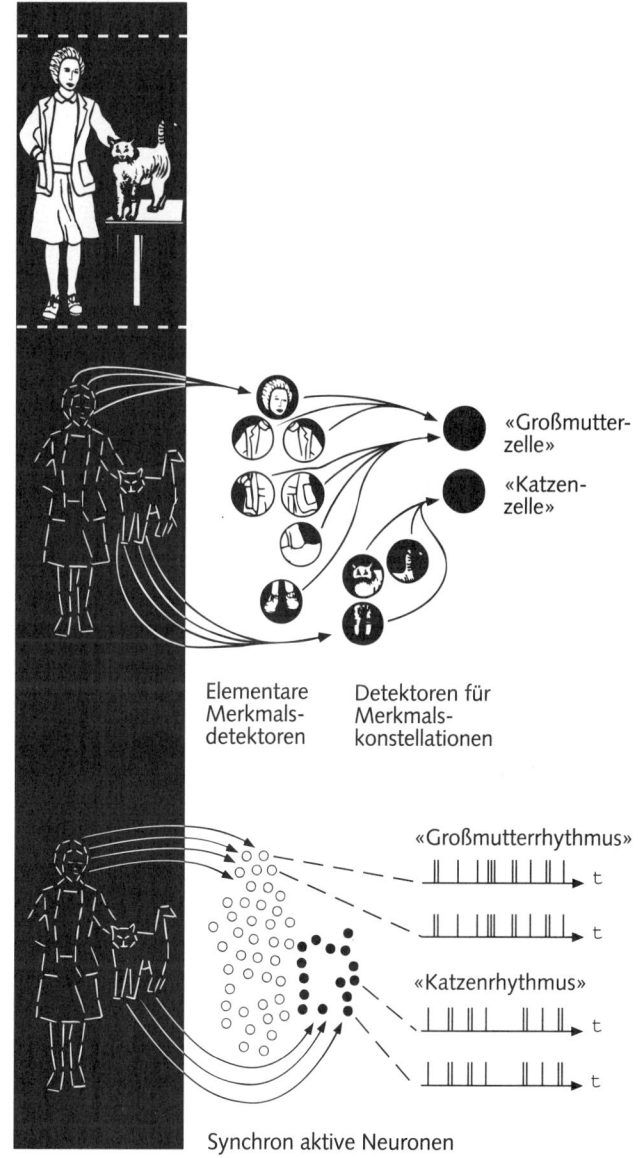

Der Großmutterrhythmus

«Großmutter-
zelle»

«Katzen-
zelle»

Elementare
Merkmals-
detektoren

Detektoren für
Merkmals-
konstellationen

«Großmutterrhythmus»

«Katzenrhythmus»

Synchron aktive Neuronen

hüllt?» fragte denn auch ungewöhnlich reißerisch das amerikanische Wissenschaftsmagazin *Science*, als Singer 1990 seine Daten veröffentlichte. Schon diskutierten unzählige Forscher die Vierzig-Hertz-Schwingung als Generalbaß des Geistes. Die Wissenschaftler erinnerten sich an Untersuchungen aus der ersten Jahrhunderthälfte, die Oszillationen in der Netzhaut von Tintenfischaugen oder im elektrischen Organ von Fischen nachgewiesen hatten. Der Swing der Neuronen wurde zum Gleichtakt auf unzähligen Konferenzen.

Doch auch die Kritik blieb nicht aus. Während sich die Vierzig-Hertz-Schwingung im Katzenhirn recht gut – wenn auch mit gewaltigem Arbeitsaufwand – nachweisen ließ, hatten die Forscher viel Mühe, auch nur die Spur einer Oszillation in Affenhirnen auszumachen. Andere Gruppen konnten die Ergebnisse der Frankfurter Forscher nicht nachvollziehen. Wolf Singer hatte bald eine Erklärung bereit: «Wir finden auch bei Affen synchrone Aktivität. Allerdings feuern die Zellen vielleicht zwei-, dreimal gleichzeitig. Dann ist schon Schluß.»

Inzwischen gelten die Vierzig-Hertz-Schwingungen beim Affen wie auch beim Menschen als sicher nachgewiesen, sagt Wolf Singer. Beständig tragen die Wissenschaftler neue Hinweise auf den allgegenwärtigen Rhythmus zusammen. Vom Insekt bis zum Säugetier, Trommelwirbel allerorten. Doch die Debatte um den Takt hält an. Die Forscher diskutieren mittlerweile nicht mehr das Gesamtkonzept, sondern haben sich in Streit um Teilaspekte verstrickt. Gibt es vielleicht verschiedene Tempi im Gehirn? Ist der Takt ein universelles Phänomen, oder sind nur bestimmte Zellen zu rhythmischer Aktivität befähigt? Ticken alle Hirnregionen gleich, oder unterscheidet sich der Rhythmus von Bereich zu Bereich?

Schwatzende Zellen

Das Forscherinteresse konzentriert sich heute keineswegs auf die zunächst favorisierten Vierzig-Hertz-Schwingungen im Hirn. Gammawellen, Frequenzen zwischen dreißig und achtzig Hertz, gelten nun als die aussichtsreichsten Kandidaten für die Informationskodierung im Hirn. Die alte Vierzig-Hertz-Debatte aber ähnelt inzwischen dem Disput unter Modemachern über die Rocklänge der nächsten Saison: Mal sind die Vierziger en vogue, dann wieder geraten sie in Vergessenheit.

Zudem wissen die Forscher nicht, ob nur spezielle Zellen rhythmisch agieren. Gyorgy Buzsaki, Neurowissenschaftler an der Rutgers University in New Jersey, glaubt, daß nur sogenannte hemmende Interneuronen ihre Signale in wellenförmigen Mustern senden. «Sie können das Phänomen mit dem Straßenverkehr in New York vergleichen», sagt Buzsaki. «Wer in einer Verkehrsleitstelle vor dem Bildschirm sitzt, sieht Tausende von Fahrzeugen, die sich in Gruppen seltsam koordiniert fortbewegen, obwohl sie alle eigenständig sind. Die Lösung des Rätsels sind die Ampeln.» Wie das Rot und Grün der Signalanlagen, glaubt der Neurowissenschaftler, könnten die Interneuronen den Strom des Erkennens kontrollieren. Charles Gray, heute an der University of California in Davis, hat in der Sehrinde von Katzen ähnliche Zellen entdeckt. «Chattering cells», «schwatzende Zellen», nennt er die Taktgeber in der Hirnrinde. Andere Zellen folgten dem «Gebrabbel der Schwätzer», sobald die Katze einen optischen Reiz wahrnehme, folgert Gray.

Wellengang im Schädel

Mit immer ausgefeilteren Methoden versuchen die Forscher, dem Takt der Zellen auf die Spur zu kommen. Am weitesten mit seiner Theorie vom Swing im Hirn aber geht der amerikanische Neurowissenschaftler Rodolfo Llinas. Voller Vehemenz vertritt er seine Thesen – auch wenn die Belege noch sehr spärlich sind. Llinas glaubt, verschiedene Hirnregionen hätten jeweils eigene zeitliche Bindungsmuster entwickelt. So würden aus tieferliegenden Hirnregionen etwa zehnmal pro Sekunde Signale in das Cerebellum genannte Kleinhirn, den Hirnbereich für die motorische Kontrolle, gesandt. «Die ins Cerebellum fließende Information wird durch diesen Zehn-Hertz-Takt geregelt», behauptet Llinas. «Das bedeutet, wir bewegen uns in einer diskontinuierlichen Weise. Niemand kann sich schneller bewegen als zehnmal pro Sekunde. Daß wir Bewegung dennoch als kontinuierlich wahrnehmen, ist allein auf die Geschwindigkeit zurückzuführen.» Jede Zehntelsekunde habe das System die Chance, ein Bündel von motorischen Nervenimpulsen zu schnüren und die Information mehr oder weniger synchron abzuschicken. Der dynamische Rhythmus erlaube es, je nach Bedarf verschiedene Kombinationen von Muskeln anzusteuern.

«Einen ähnlichen Rhythmus gibt es vielleicht für das ganze Gehirn», erklärt Llinas. Gemeinsam mit seinem Kollegen Urs Ribary glaubt er entdeckt zu haben, wie unablässig Wellen mit einer Frequenz von vierzig Hertz durch das ganze Gehirn branden. Llinas will gleich zwei Oszillatoren gefunden haben, die den Thalamus, eine paarige Struktur in den Tiefen des Gehirns, mit der Großhirnrinde verbinden. Eine der Schwingungen transportiere den Gehalt einer bestimmten Information, die andere sorge für ihren Kontext. Einem altertümlichen Radargerät gleich, taste das oszillierende Signal die neuronale Aktivität und ihre Verteilung ab.

«Alle kohärenten Impulse, die während eines Signalzyklus

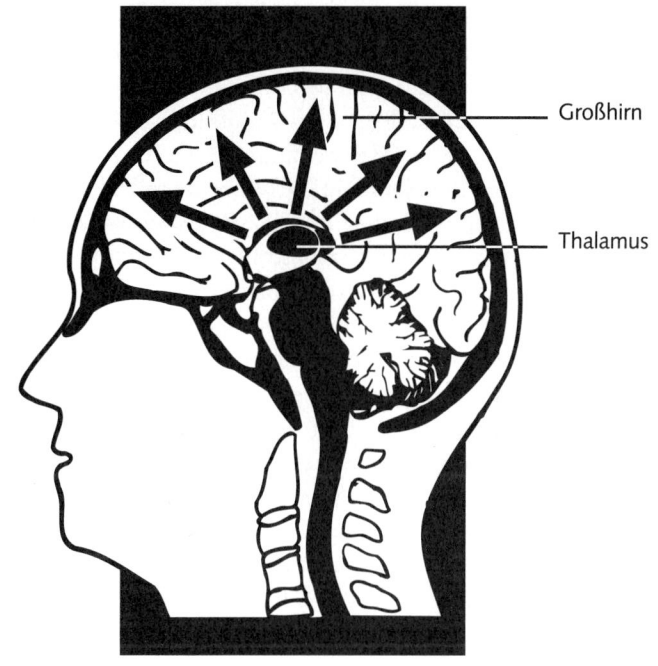

Großhirn

Thalamus

Abbildung 11: Der Thalamus, die sensorische Schaltstelle im Zentrum des Ge-
hirns, tastet mit einer Frequenz von vierzig Hertz die Aktivität des Cortex ab.
Das jedenfalls glaubt der amerikanische Neurowissenschaftler Rodolfo Llinas
nachweisen zu können. Ein Teil der Schwingungen transportiere dabei den
Gehalt der Information, der andere den jeweiligen Kontext. Noch ist Llinas'
«Radar im Hirn» jedoch eine äußerst umstrittene These. Manche Forscher hal-
ten die elektromagnetischen Signale, die der Amerikaner gefunden zu haben
meint, schlicht für ein Störrauschen in der Meßapparatur.

vom Thalamus registriert werden, werden wie ein geschlossenes Bild wahrgenommen», erläutert der Amerikaner. Jeder Durchgang ergebe ein neues Bild. Die schnelle Bildfolge werde schließlich, wie die Einzelbilder eines Kinofilms, die einen Projektor durchlaufen, als Kontinuität empfunden.

Doch Llinas' Projektor läuft nicht immer auf vollen Touren. Im Schlaf, glaubt der Forscher, durchlaufe das System nur zwei Zyklen pro Sekunde. Im Wachzustand erzeuge es zehn und erst bei voller Aufmerksamkeit vierzig Bilder pro Sekunde. «Nehmen wir einmal an, Sie gehen einen sonnigen Weg entlang», versucht Rodolfo Llinas sein etwas abstraktes Bild zu erläutern. «Ihr Gehirn produziert mit schöner Regelmäßigkeit, etwa zehnmal pro Sekunde, ein internes Bild der Außenwelt. Wenn nun etwas Unerwartetes passiert, etwa ein Hund bellt oder Ihnen plötzlich eine Mücke ins Auge fliegt, wird das langsame Signal gestoppt und ein schneller Vierzig-Hertz-Rhythmus aufgebaut.»

Ein schönes Modell, wenn es denn wahr ist. Denn Llinas mißt seine Frequenzen mit der sogenannten Magnetoenzephalographie (MEG). Dabei werden die mit der elektrischen Aktivität des Gehirns verbundenen Änderungen von Magnetfeldern aufgezeichnet. «Das MEG kann nur die Bewegung elektrischer Felder nachweisen, die parallel zur Schädeloberfläche wandern», wendet der Neurophysiologe David Cohen vom Massachusetts Institute of Technology ein. Beziehungen zu den Tiefen des Gehirns, also auch zum Thalamus, blieben somit verborgen, ließen sich mit dieser Methode gar nicht erfassen.

Die Wellen seien wahrscheinlich nichts anderes als ein Störrauschen, vermutet Chris Wood, Neurowissenschaftler am Nationalen Forschungszentrum in Los Alamos. Wolf Singer dreht gar das ganze Modell um. Der Rhythmus entstehe in der Hirnrinde, der Thalamus werde nur über den Gleichtakt in Kenntnis gesetzt.

Von Scheinwerfern und Schaltern

Daß der Thalamus eine wichtige Relaisstation im Gehirn ist, zeigt etwa der tragische Fall der jungen Amerikanerin Karen Anne Quinlan. Nachdem sie eine Mischung aus Alkohol und Beruhigungsmitteln zu sich genommen hatte, fiel sie in ein tiefes Koma und konnte nur noch künstlich am Leben erhalten werden. Erst nach einem einjährigen Rechtsstreit wurde auf Drängen der Eltern die Beatmungsmaschine abgestellt. Eine Autopsie ergab, daß nur der Thalamus der jungen Frau geschädigt war. Alle anderen Hirnteile waren intakt.

Der Thalamus gilt als Umschaltstation für alle Informationen, die von Seh-, Hör- und Tastsinn in das Großhirn geleitet werden. Doch nicht nur das. Es gibt eine ganze Reihe von Hinweisen darauf, daß er auch eine wichtige Funktion bei der Steuerung der Aufmerksamkeit hat. Noch immer ist nicht ganz geklärt, wie unsere Sinne auf bestimmte Reize der Außenwelt konzentriert werden.

Was geschieht, wenn wir uns nach einem überraschenden Geräusch hinter uns umdrehen? Was konzentriert unseren Blick auf einen bestimmten Gegenstand in unserem Gesichtsfeld, etwa auf das Wort, das Sie gerade lesen? Schon 1984 schlug der Nobelpreisträger und DNA-Entdecker Francis Crick vor, von der sogenannten Formatio reticularis aus würden bestimmte Hirnareale aktiviert. Wie ein Beleuchter im Theater einen bestimmten Ausschnitt der Bühne im Lichtkegel seines Scheinwerfers hervorhebe und den Rest der Szene im Dunkel verschwinden lasse, aktiviere ein Signal aus der Tiefe des Gehirns bestimmte Bereiche der Großhirnrinde. Cricks Bild vom Spotlight im Hirn leuchtet ein. Doch inzwischen haben die Forscher eine Reihe deutlich komplexerer Modelle entworfen. Von Oszillationen und Rückprojektionen ist da die Rede, von aktivierenden und hemmenden Systemen, von Aufmerksamkeitsfiltern und Informationsschleifen.

Sicher ist nur eines: Der Thalamus aktiviert nicht nur bestimmte Areale des Großhirns. Von hier aus wird die Gesamtaktivität unseres Denkorgans gesteuert. Ist der Thalamus zerstört, fällt auch das sogenannte Wecksystem aus, und der Mensch sinkt in ein tiefes Koma. Normalerweise regelt der Wecker im Hirn den Wach-Schlaf-Rhythmus. Kurz vor dem Einschlafen sendet der Thalamus periodische Bündel von sogenannten Alphawellen (sieben bis dreizehn Hertz) aus. Die im internationalen Jargon «Spindles» genannten Wellenpakete bereiten das Großhirn auf einen nun folgenden Schlafzyklus vor. Sie löschen nach und nach seine Aktivität aus.

Aber auch im Wachzustand lassen sich schlafbringende Alphawellen nachweisen, die über weite Bereiche der Hirnrinde oszillieren. Sie nehmen sogar mit wachsender Hirnaktivität zu. Diesmal aber lassen sie das Großhirn nicht in einen Dämmerzustand versinken, im Gegenteil: Vielleicht, so mutmaßen einige Forscher, bilden diese Wellen so etwas wie einen Aufräumtrupp. Von Moment zu Moment werde der Cortex durchforstet, die neuronale Aktivität in die rechten Bahnen gelenkt, Unbedeutendes ausgelöscht und so die Aufmerksamkeit gefiltert.

Es wird noch lange dauern, bis die vielfältigen Funktionen des Thalamus bis ins Detail aufgeklärt sind. Die Forscher werden meterlange Papierrollen studieren, auf denen die Hirnströme ihrer Probanden aufgezeichnet sind. Sie werden sich weiter über Wellenmuster beugen und versuchen, ihre Bedeutung zu enträtseln. Doch eines zeichnet sich schon heute ab: Der Thalamus ist nicht nur Substrat von Wachheit und Aufmerksamkeit, sondern prägt mit seinen Rhythmen anscheinend jede geistige Aktivität.

Super-Bindungen

Die Vorstellung von schwingenden Neuronenverbänden scheint so manches Problem elegant zu lösen. Doch glaubt man den Forschern und führt all ihre Theorien zusammen, dann geraten die Takte im Kopf wild durcheinander. Am Ende entsteht nicht eine komplexe rhythmische Struktur, das Feuer der Neuronen scheint in einem heillosen Rauschen unterzugehen.

Der deutsche Philosoph Thomas Metzinger hat das Konzept der korrespondierenden Rhythmen auf die Spitze getrieben. In seinem (allerdings noch sehr hypothetischen) Modell läßt gleich eine ganze Hierarchie von Takten schließlich ein Bild von der Welt entstehen. Die erste Ebene der zeitlichen Kodierung, glaubt Metzinger, verbinde die verschiedenen Eigenschaften eines Objekts, wie es von einem Sinnessystem wahrgenommen wird. Hier werden also etwa visuelle Qualitäten wie Form, Farbe, Tiefe und ähnliches miteinander zu einem Gesamtbild verbunden. Elliptische Form und die Farbe Gelb ergeben zum Beispiel die Information «Zitrone». Ein weiterer Takt führt die Impulse des visuellen Systems mit denen anderer Sinnessysteme, etwa des Geruchssinnes, zusammen. Erst jetzt gehört zum Bild auch der typische Duft. Der nun folgende Rhythmus läßt die sinnliche Erfahrung nicht nur für Millisekunden aufblitzen, sondern bindet mehrere Momentaufnahmen zu einem Eindruck von Gegenwart zusammen.

Damit der Mensch nun auch nach der Zitrone greifen kann, müssen noch die sensorischen Informationen und die motorische Koordination aufeinander abgestimmt werden – auch das im Gleichtakt. Ein letzter Rhythmus schließlich bindet die Zitrone in eine Szene ein, fügt die Informationen über andere Gegenstände, etwa einen Obstkorb oder eine Saftpresse, hinzu.

So kommt Thomas Metzinger mit einem einfachen Modell bereits zu einem Gewirr von fünf ineinandergeschachtelten Rhythmen. Die Partitur ist nahezu beliebig erweiterbar, rhythmische

Bindungen allerorten. Macht soviel Takt überhaupt noch Sinn?

Bei Experten stößt Metzingers Modell vor allem wegen seines einseitigen hierarchischen Aufbaus auf harsche Kritik. Vom einfachsten Sinnesreiz bis zur komplexen Szene etabliert der Philosoph seine Hierarchie von unten nach oben. Doch woher weiß das Gehirn, welcher Reiz, welches aktive Neuron einen Teil eines bestimmten Objekts repräsentiert, ohne daß es ein vorheriges Modell des Objekts kennt? Muß es neben dem Weg von der einfachen zur komplexen Information nicht auch einen umgekehrten Weg, einen von oben nach unten, geben? Und sind dann die scheinbar verbindenden Takte Ursache oder Ergebnis der Zusammenarbeit von spezialisierten Nervenzellen?

«Es gibt im Augenblick keinen Beweis für die Annahme, daß die beobachteten Synchronisationen sensorische Informationen miteinander verbinden oder gar die phänomenale Einheit des bewußten Wahrnehmens herstellen», erklärt der amerikanische Neurophysiologe Benjamin Libet und fordert von den Vertretern der Oszillationstheorie einen experimentellen Nachweis für diese weitreichende Interpretation. Der, glaubt Libet, liegt in weiter Ferne.

Die heftigste Abfuhr aber bekommen die Wissenschaftler auf der Suche nach dem Takt von der Oxforder Hirnforscherin Susan Greenfield. Die vierzig Hertz, gibt die Britin zu bedenken, seien schließlich bei Ratten oder Katzen ebenso wie beim Menschen nachgewiesen worden. «Dabei haben die doch einen völlig unterschiedlichen Grad von Bewußtsein. Es könnte sein, daß die vierzig Hertz für das Bewußtsein notwendig sind. Doch nichts weist darauf hin, daß sie auch ausreichen.» Dem Boom, den die Oszillationen im Hirn in den letzten Jahren erlebt haben, steht Susan Greenfield äußerst skeptisch gegenüber. «Diese Vierzig-Hertz-Debatte erinnert mich an die Weltformel in dem satirischen Science-fiction-Märchen *Per Anhalter durch die Galaxis*. Dort lautet die Antwort auf alle Fragen des Universums schlicht 42.»

Exkurs 7
Die Tempel des Geistes
Eine Bildungsreise nach La Jolla

Die Aussicht ist atemberaubend. Wild zerklüftet fallen die Klippen bis zu hundert Meter steil ab zum Strand. Kakteen begrünen den staubigen Lehmboden, unten dehnt sich glitzernd der Pazifische Ozean. Die Küste von La Jolla im Süden Kaliforniens gehört zweifellos zu den schönsten Stränden Nordamerikas. Hier, wenige Kilometer von der Metropole San Diego entfernt, finden Surfer, Taucher und Schnorchler ihr Paradies. Und hoch oben auf den Klippen liegt der Torrey Pines Golf Course, der zu den berühmtesten Golfplätzen der Welt zählt.

Kein Wunder, daß sich auch Wissenschaftler hier wohl fühlen. So kommt es, daß in der North Torrey Pines Road, nur wenige hundert Meter voneinander entfernt, gleich zwei Tempel der Hirnforschung liegen: zum einen, mit Blick auf den Pazifik, das Salk Institute, geleitet von Nobelpreisträger Francis Crick; nördlich davon, landeinwärts gerichtet, das Neuroscience Institute, dem Nobelpreisträger Gerald Edelman vorsteht.

Die zwei Wissenschaftsheroen teilen so manche Gemeinsamkeit. Der 1916 geborene, heute über achtzigjährige Crick klärte 1953 zusammen mit James Watson die langgesuchte Doppelhelixstruktur des Erbmoleküls DNA auf und begründete damit die moderne Gentechnik. Der dreizehn Jahre jüngere Edelman entzifferte 1969 als erster den chemischen Aufbau eines Antikörpermoleküls. Nun, mittlerweile im reifen Alter, mit Nobel-Meriten und einem eigenen Institut ausgestattet, versuchen sich beide Forscher noch einmal an einer ganz großen Herausforderung: dem Versuch, das Wesen des Geistes zu enträtseln und durch eine umfassende Theorie zu erklären.

Damit sind die Gemeinsamkeiten zwischen Crick und Edelman allerdings auch weitgehend erschöpft. Die unerbittliche, fast feindselige Konkurrenz ihrer Institute ist ein offenes Geheimnis. Statt Kooperation herrscht in erster Linie Konfrontation zwischen ihnen. Und ein Besuch in der North Torrey Pines Road lehrt, wie sehr das Ego der jeweiligen Forscher das Wissen um den Geist mitbestimmt.

«Es gibt derzeit nur eine einzige umfassende Bewußtseinstheorie, und das ist die von Dr. Edelman», lautet das Credo etwa im Neuroscience Institut, das auf dem Campus des Scripps Research Institute liegt. Dem Besucher wird hier unmißverständlich signalisiert, daß er nicht irgendeine beliebige wissenschaftliche Einrichtung betritt, sondern sozusagen das Heiligtum der Bewußtseinsforschung. Edelmans Institut liegt versteckt hinter den weitläufigen Gebäuden der Scripps-Klinik, abgeschieden vom lauten Treiben der Welt. Hier sollen, so Edelmans erklärter Wunsch, die Besten ihres Faches in einer Art «wissenschaftlichem Kloster» konzentriert arbeiten und einzig der Forschung dienen können.

An dem Entwurf des sechzehn Millionen Dollar teuren Wissenschaftskomplexes, der 1995 fertiggestellt wurde, war Edelman selbst maßgeblich beteiligt. Schließlich galt es, dem weltberühmten Bau des schräg gegenüberliegenden Salk Institute architektonisch etwas entgegenzusetzen. Dort hatte Louis I. Kahn in den sechziger Jahren einen modernistischen Tempel aus weißem Stein errichtet, der hoch über dem Ozean liegt und seiner klaren Linienführung wegen noch heute als architektonisches Meisterwerk gilt. Edelmans Bau dagegen, entworfen von den jungen Architekten Tod Williams und Billie Tsien, soll vor allem durch seine harmonische Anpassung an die Landschaft bestechen. Einem Raumschiff gleich wächst das Hauptgebäude aus dem staubigen Boden. Die biologischen Labors formen mit ihren spiegelnden Glasfassaden ein weites Halbrund und fassen damit einen zentralen Platz ein, in dem nach den Worten der Architekten der «wahre Geist dieses Gebäudes» zu finden sei.

Gerald Edelman und sein Neuroscience Institute

Voller Stolz weist Gerald Edelman zum Fenster hinaus. Von seinem Zimmer aus eröffnet sich ein phantastischer Blick über die karge Hügellandschaft Südkaliforniens. Um den Eindruck von Weite noch zu verstärken, ragt vor der Fensterfront eine schwarze Steinrampe, einem Sprungbrett gleich, weit über den Abhang hinaus ins Leere – für Edelman die Versinnbildlichung des ins Unendliche zielenden menschlichen Geistes. Seine Mitarbeiter dagegen witzeln, ihr Chef werde sie über diese Planke gehen lassen, wenn sie keine Ergebnisse vorweisen könnten.

Der Spruch ist nicht nur scherzhaft gemeint. Denn Gerald Edelman herrscht wie eine Art Guru über seine Wissenschaftler. «Er ist von dem Wunsch getrieben, jede Situation zu beherrschen. Man hat den Eindruck, er hat Angst davor, *nicht* zu dominieren», beschreibt sein Mitarbeiter Joseph Gally die Hierarchie im Institut des Nobelpreisträgers. Der selbst freilich zeichnet ein ganz anderes Bild: «Das grundlegende Prinzip hier lautet: Freiheit. Jeder kann erforschen, was er in seinem Feld für interessant hält, ohne unter finanziellem oder bürokratischem Druck zu stehen», formuliert Edelman die Grundregeln seines Ordens und führt als Vorbild Niels Bohrs legendäres Institut in Kopenhagen an. Dort debattierten in den zwanziger Jahren Geistesgrößen wie Werner Heisenberg und Erwin Schrödinger über die theoretischen Grundlagen der Quantenphysik – im Neuroscience Institute dagegen sollen die Fundamente zur Erklärung des Bewußtseins gelegt werden. «Mein Traum von diesem Institut ist der eines wissenschaftlichen Klosters, in dem hervorstechende junge Leute mit älteren zusammentreffen, in einem Klima der Freiheit, das schöpferische Ideen hervorbringt», sagt Gerald Edelman in einem ebenso werbenden wie eindringlichen Ton, der an einen amerikanischen Fernsehprediger erinnert. Auch von der äußeren Erscheinung her – korrekter grauer Anzug, tadellos sitzende Krawatte, dicke Hornbrille – entspricht der Biochemiker ganz diesem Bild.

In seinem Institut herrscht tatsächlich eine klösterliche Strenge, wie man sie im üblichen Wissenschaftsgetriebe kaum findet. Die nüchternen, grauweißen Räume atmen japanische Askese. Weder ratternde Maschinen noch lautstarke Unterhaltungen unterbrechen die gedämpfte Stille in den Fluren des Edelmanschen Denkgebäudes. Und zur Erbauung der Forscher trägt nicht nur eine ausgesuchte Bibiothek bei, sondern auch die exquisite Akustik im 352 Personen fassenden Auditorium, in dem regelmäßig Konzerte stattfinden.

«An einem Ort wie diesem kann man einfach keine gewöhnliche Wissenschaft betreiben», erklärt ehrfurchtsvoll George Miklos, der hier als Evolutionsbiologe forscht. Mit jeder Arbeit müsse man beweisen, daß man sich «on the cutting edge of science», an vorderster Forschungsfront, behaupte. Freilich beschäftigen sich die knapp fünfzig ausgesuchten Wissenschaftler, die hier unter der strengen Regie von Gerald Edelman arbeiten, hauptsächlich damit, die Theorie ihres Meisters weiterzuentwickeln, den sogenannten «neuronalen Darwinismus». Und die vielzitierte Freiheit im Neuroscience Institute entfaltet sich in engen Grenzen. Keine Zeile wird veröffentlicht, die Edelman nicht zuvor gelesen hat. Und auch der alltägliche Umgang ist von strenger Hierarchie geprägt. Punkt zwölf Uhr etwa hat sich alles in einem kleinen, stilvollen Speisezimmer zum Essen einzufinden. Bevor Kellner die verschiedenen Gänge auffahren, bestimmt Edelman mit knappen Worten die Sitzordnung an seinem Tisch. Widerspruch scheint undenkbar. Und wenn der Meister in Diskussionen das Wort ergreift, um einen Gedanken auszuspinnen, ein Problem zu diskutieren oder auch nur einen Witz zu erzählen, so ist ihm die respektvolle Ergebenheit seiner Mitarbeiter sicher.

Eine halbe Meile weiter südlich, im Salk Institute, kann man über ein solches Treiben nur lächeln. «Hier glaubt niemand, daß Edelmans Theorie irgendwohin führt», faßt die Biologin Elise Lamar die Stimmung unter den Salk-Forschern zusammen. Daß Edelman so großzügig finanziert werde, habe damit zu tun, daß sich das Scripps-Institut eben auch mit einem Nobelpreisträger habe schmücken wollen. «Doch leider wurden mit dem vielen Geld keine richtig guten Leute geholt», urteilt ein Salk-Forscher über das Konkurrenzinstitut. Edelman sei es wohl wichtiger gewesen, treue Gläubige um sich zu scharen, statt kreative und provokative Forscher anzuheuern. Nur am Salk Institute, so heißt es hier, werde wirkliche Spitzenforschung geleistet.

Im Gegensatz zu dem fast intimen Edelman-Kloster arbeiten am Salk Institute insgesamt über fünfhundert festangestellte Wissenschaftler, dazu kommen noch einige hundert Postdocs und Studenten. Ihre Labors reihen sich in fünfstöckigen Betonwaben auf, die einen monumentalen, rechteckigen Platz säumen. Wie im Neuroscience Institute herrscht auch in diesem Innenhof eine fast sakrale Stimmung. Eine künstliche Quelle entspringt am östlichen Ende und zieht sich schnurgerade nach Westen, wo sie in einen Wasserfall übergeht. Einige hundert Meter tiefer liegt der Ozean, und nichts versperrt die Sicht bis zum Horizont. In diesem Gebäude, so wollte es der Gründer Jonas Salk, sollte sich selbst ein Pablo Picasso wohlfühlen. Hinter den Betonfassaden werden allerdings heute Krankheiten wie Krebs, Aids oder Alzheimer auf ihre genetischen und molekularbiologischen Grundlagen hin untersucht.

In der Arbeitsgruppe von Terrence Sejnowski versucht man, ähnlich wie im Edelman-Institut, neuronale Prozesse künstlich im Computer zu simulieren. Von den Ergebnissen des ambitionierten Nachbarn zeigt man sich freilich wenig beeindruckt. Die Resultate der Edelman-Forscher seien in vielen Fällen «ziemlich ärmlich». Unter den Doktoranden kursieren gar wahre Schauergeschichten über die Verhältnisse im «wissenschaftlichen Kloster» des Neuroscience Institute. So erzählt einer von ihnen, er habe gehört, daß in Edelmans früherem Labor im New Yorker Rockefeller Institute nach dessen Auszug lauter Abhörwanzen entdeckt worden seien. Offenbar habe sie der Nobelpreisträger anbringen lassen, um seine Mitarbeiter unbemerkt bespitzeln zu können. Er jedenfalls wolle um alles in der Welt nicht unter Edelmans Kommando forschen.

An diesem Wissenschaftlerkrieg ist Salk-Präsident Francis Crick nicht ganz unschuldig. Der Molekularbiologe, der es selbst gut versteht, sich in Szene zu setzen, kritisierte seinen Nachbarn und Nobel-Kollegen öffentlich ebenso harsch wie pointiert. Der «neuronale Darwinismus» habe ihn nicht überzeugt, daß «Edelmans Sicht eine nützliche ist». Denn die Ideen des Fachkollegen seien hoffnungslos unklar und obskur. Der von sich selbst so überzeugte Edelman solle seine Theorie lieber «neuronalen Edelmanismus» nennen.

Francis Crick vor dem Salk Institute

Cricks Kritik sei «gleichzeitig spöttisch und schmeichelnd», antwortet der so Geschmähte ungerührt. «Ob es mich stört, daß ich Kritiker habe? Nein. Es würde mich stören, wenn jemand behauptete, ich stellte die falschen Fragen. Oh, boy, das würde mich stören.» So schnell läßt ein Nobelpreisträger sich nicht aus der Ruhe bringen. Im übrigen ist auch Edelman nicht um markige Worte verlegen, wenn die Rede auf andere Bewußtseinstheorien kommt. Die meisten Entwürfe seiner Kontrahenten bürstet der Immunologe mit einem berühmten Zitat des Physikers Wolfgang Pauli ab: Sie seien «nicht einmal falsch».

Ohne ein gerüttelt Maß Arroganz, so scheint es, kann sich auch in der Bewußtseinsforschung niemand behaupten. Um sich im Kampf um öffentliche Aufmerksamkeit und Forschungsgelder durchzusetzen, ist ein ausgeprägtes Selbstbewußtsein wohl unabdingbar. Dabei sind sich Francis Crick und Gerald Edelman näher, als ihre publikumswirksamen Seitenhiebe vermuten lassen. Im Gegensatz zu ihren Mitarbeitern pflegen jedenfalls die beiden Institutsleiter das Gespräch. Bei der Einweihung des Neuroscience-Gebäudes ließ es sich Crick zum Beispiel nicht nehmen, seinem Nachbarn persönlich zu gratulieren. Und in einem wissen die beiden sich sogar völlig einig: in der Verachtung ihrer gemeinsamen Widersacher aus der Riege der Philosophen, die immer noch behaupten, Bewußtsein könne naturwissenschaftlich nicht erforscht werden. «Wenn Typen wie Chalmers vom ‹hard problem› sprechen, dann ist das, soweit ich sehen kann, absolutes Blablabla», wettert Edelman, und Francis Crick setzt sogar noch eins drauf, wenn er über die Philosophen sagt: «Deren Bilanz in den vergangenen zweitausend Jahren ist so armselig, daß ihnen eine gewisse Bescheidenheit besser anstünde als die Überheblichkeit, die sie gewöhnlich an den Tag legen.»

Den passenden Kommentar zum Verhältnis zwischen den Bewußtseinsstars findet der Neurophysiologe Vilajanur Ramachandran, der in unmittelbarer Nachbarschaft zu Salk und Scripps an der University of California in La Jolla arbeitet. Um in der Wissenschaft zu reüssieren, sagt er, müsse man folgenden Grundsatz beachten: «Sei demütig gegenüber der Natur, aber nicht gegenüber anderen Leuten.» Gerald Edelman und Francis Crick haben dieses Konzept perfekt verinnerlicht.

Kapitel 7
Baupläne des Bewußtseins
Theorien und Maschinen des Geistes

Für Nobelpreisträger muß die Versuchung, in vorgerücktem Alter ihr gesammeltes Wissen zu *einer* großen Universaltheorie zusammenzufassen, unwiderstehlich sein. Der nahezu übermenschlichen Aufgabe, das Wesen des Geistes zu erklären, widmen sich nicht nur Francis Crick und Gerald Edelman. Auch Sir John Carew Eccles, geboren 1903 in Australien und 1963 in Stockholm ausgezeichnet für seine neurophysiologischen Arbeiten über die Reizleitung in Nervenzellen, zählt zu den berühmten Rittern des Geistes.

Der stets leidenschaftlich interessierte Eccles, der kurz vor seiner drohenden Pensionierung von Australien in die USA auswanderte und erst mit 72 Jahren den aktiven Wissenschaftsbetrieb verließ, kann gewissermaßen als Vorreiter all jener Forscher gelten, die sich heute um eine Erklärung des Bewußtseins mühen. Schon in den siebziger Jahren begann Eccles, populärwissenschaftliche Bücher über das Wesen des Geistes zu verfassen, lange bevor «Bewußtseinsforschung» überhaupt als adäquater wissenschaftlicher Gegenstand galt. Als er im Mai 1997 im Alter von 94 Jahren in Locarno starb, wurde mit ihm vielleicht der letzte große Dualist der Bewußtseinsforschung zu Grabe getragen.

Sein aufsehenerregendstes Werk schrieb John C. Eccles zusammen mit dem Philosophen Karl R. Popper, dem Begründer des Kritischen Rationalismus: Ihr Dialog erschien 1977 unter dem programmatischen Titel *The Self and Its Brain* (deutsche Ausgabe: *Das Ich und sein Gehirn*). Ihre Schlußfolgerung: Jedem Menschen sei ein besonderes «Ich-Bewußtsein» eigen, das nicht

allein auf die materiellen Hirnvorgänge zurückzuführen sei, sondern umgekehrt das neuronale Geschehen steuere und beeinflusse.

«Das Gehirn gehört dem Ich und nicht umgekehrt», formuliert es Popper in dem gemeinsamen Buch. Das «psychophysische
Ich» sei der «aktive Programmierer des Gehirns», das wie ein
Computer nur Befehle ausführe. «Die Seele ist, wie Platon sagt,
der Steuermann», meint Popper. Freilich geht der Philosoph
nicht gar so weit wie der stark vom katholischen Glauben ge-
prägte Eccles, der sich in einem späteren Buch genötigt fühlte,
«die Einzigartigkeit des Ich oder der Seele einer übernatürlichen
spirituellen Schöpfung zuzuschreiben», und davon überzeugt
war, daß die von Gott geschaffene Seele «dem wachsenden Foetus
zu einer Zeit zwischen der Empfängnis und der Geburt einge-
pflanzt» werde.

Zu dieser Ansicht gelangte der Hirnforscher freilich nicht allein durch den Glauben, sondern auch durch seine Erfahrungen
mit den Schwierigkeiten der Neurobiologie. «Alle materialistischen Lösungen vermögen es nicht, unsere erfahrbare Einzigartigkeit zu erklären», schreibt Eccles und polemisiert gegen jene
modernen Bewußtseinsforscher, die meinen, just eine solche Erklärung rücke nach und nach in Reichweite. Er glaubt vielmehr:
«Die Frage nach der Herkunft des Selbst läßt sich nur religiös beantworten. Es wird uns gegeben, es ist der Geist Gottes.»

Natürlich erinnert diese Auffassung stark an das dualistische
Denken von René Descartes. Als dieser 1637 den berühmtesten
Satz der Philosophiegeschichte, «Ich denke, also bin ich», nieder-
schrieb, ging es ihm nicht nur um eine logische Begründung seiner Philosophie. «Ich erkannte daraus», schreibt Descartes in seinem *Discours de la méthode*, «daß ich eine Substanz sei, deren
ganze Wesenheit oder Natur bloß im Denken bestehe und die zu
ihrem Dasein weder eines Ortes bedürfe noch von einem materiellen Dinge abhänge, so daß dieses *Ich*, das heißt die *Seele*, wodurch ich bin, was ich bin, vom Körper völlig verschieden und

selbst leichter zu erkennen ist als dieser und auch ohne Körper nicht aufhören werde, alles zu sein, was sie ist.» Für Descartes war die mechanisch arbeitende, ausgedehnte Körpersubstanz (*res extensa*) eben abgrundtief getrennt von der ausdehnungslosen denkenden Substanz (*res cogitans*). Einzig in der Zirbeldrüse sollten die beiden Bereiche sich berühren und aufeinander einwirken.

In der modernen Hirnforschung kommt Sir John Eccles diesem cartesischen Dualismus wohl am nächsten. Freilich bezeichnete der Nobelpreisträger sich selbst nicht als Dualist, sondern lieber als «Trialist». Schließlich basierte sein Denken auf Karl Poppers Modell der «drei Welten», das zwischen sinnlich erfahrbaren Gegenständen (Welt 1), «subjektivem Wissen» (Welt 2) und «Wissen im objektiven Sinne» (Welt 3) unterscheidet. Da diese drei Welten allerdings in pausenloser Wechselwirkung miteinander stünden, entstand für Eccles ein «trialistischer Interaktionismus»: Demzufolge beeinflußt nicht nur der Geist das Gehirn, sondern umgekehrt das Gehirn mitsamt seinen gespeicherten Erfahrungen auch das Bewußtsein.

Ähnlich wie Descartes beschäftigte sich Eccles ausgiebig mit der Frage, wie denn der von Gott geschaffene Geist auf das materielle Gehirn einwirken könne. Schließlich sollte diese Einwirkung weder materiell noch energetisch sein (denn da der Geist nichtmateriell ist, würden sonst die physikalischen Erhaltungssätze verletzt). Des Rätsels Lösung glaubte der Neurophysiologe allerdings nicht in der Zirbeldrüse gefunden zu haben, sondern – wenig überaschend – in seinem ureigensten Forschungsgebiet, der Reizleitung zwischen den Neuronen. Jede Zelle besitzt bis zu zehntausend Schaltstellen (Synapsen) zu Nachbarzellen. Erreicht ein Nervenreiz eine Zelle, öffnen sich winzige Säckchen (sogenannte Vesikel) und setzen chemische Botenstoffe (Neurotransmitter) frei. Diese Transmitter durchqueren den Spalt, der die Synapsen zweier Nachbarzellen trennt, und leiten so den Reiz weiter. Allerdings führt nicht jeder einlaufende Nervenimpuls zwangsläufig zur Ausschüttung eines Transmitterbläschens – für Eccles der entscheidende Punkt. Hier zeige sich die Einwirkung des Geistes, glaubte der Neurophysiologe: Denn das Bewußtsein bestimme die Wahrscheinlichkeit, mit der die Botenstoffe freigesetzt würden.

Obwohl sich diese These wohl kaum jemals experimentell beweisen läßt, geht die Theorie des Nobelpreisträgers noch einen Schritt weiter und postuliert autonom existierende «mentale Einheiten», sogenannte «Psychonen». Das Ensemble aller Psychonen zusammen bilde unser Bewußtsein, meinte Eccles. Gleichzeitig durchdrängen diese Psychonen die Fortsätze der Nervenzellen, die Dendriten. So beeinflußten sie einerseits das synaptische Geschehen und könnten andererseits Erfahrungen des jeweiligen Individuums in sich aufnehmen und verarbeiten. Diese Interaktion deutete Eccles analog zu den Wahrscheinlichkeitsfeldern der Quantenmechanik. Auch diese hätten weder Masse noch Energie und könnten doch mikroskopische Effekte auslösen. «Die Kopplung mit den Quantenfeldern verbindet unser Bewußtsein womöglich mit dem ‹Weltgeist›, der das ganze Universum durchdringt – also mit Gott», spekulierte Eccles gar.

Die Kritik an diesem Gedankengebäude blieb natürlich nicht aus. Schon der dualistische Ansatz ist den meisten modernen Hirnforschern ein Greuel: Die Tatsache, daß sich *bis jetzt* Bewußtsein nicht adäquat erklären lasse, beweise schließlich noch lange nicht, daß eine solche Erklärung prinzipiell unmöglich sei. Überdies zeige die Neurobiologie immer mehr, wie eng geistige Fähigkeiten mit der materiellen Struktur des Gehirns verknüpft sind – man denke nur an Phänomene wie Blindsight, Neglect oder Anosognosie. Mit dem Wirken eines Weltgeistes sind solche Bewußtseinsveränderungen jedenfalls nur schwer zu erklären. Auch im einzelnen ist Eccles' Theorie angreifbar. So ist zum Beispiel der Vergleich mit den quantenmechanischen Wahrscheinlichkeitsfeldern schief. Diese beschreiben nämlich nur *statistische* Verteilungen und sagen nichts über Wirkungen aus. Ganz abgesehen davon beschreibt die Quantenphysik Ereignisse auf atomarer Ebene – die einfachsten neuronalen Prozesse (wie etwa die Öffnung eines Transmitterbläschens) erfordern jedoch schon das Zusammenwirken von rund zehntausend Molekülen. Da hilft der Rückgriff auf die Quantenmechanik wenig.

Immerhin, so meint etwa der Bremer Hirnforscher Gerhard Roth, müsse man Eccles zugute halten, daß er nach plausiblen Mechanismen gesucht habe, wie der Geist auf das Gehirn einwirken könne. Im großen und ganzen jedoch wird der Dualismus heute kaum noch ernst genommen. Wie will man auch eine eventuelle göttliche Einwirkung oder das Vorhandensein einer Seele jemals schlüssig beweisen oder widerlegen? Ganz ad acta gelegt ist das dualistische Denken freilich nicht. Benjamin Libet, der eine Zeitlang mit Eccles in Australien zusammengearbeitet hat, denkt in eine ähnliche Richtung, auch wenn er nicht an Eccles' Weltgeist glaubt. Libet stellt sich eher vor, das Gehirn selbst erzeuge eine Art «Bewußtseinsfeld», das über die einzelnen Gehirnzellen hinausgehe. Eine, wie Libet selbst zugibt, «ziemlich wilde Theorie», die er aber für überprüfbar hält. Dazu möchte er ein Stück Großhirnrinde von allen Nervenverbindungen isoliert am Leben erhalten. Bei einigen Patienten, denen sowieso ein Stück des Cortex entfernt werden muß, ließe sich so etwas durchaus machen. Dieses isolierte Stück will Libet stimulieren. Die entscheidende Frage lautet dann: Spürt die Person diesen Reiz, auch wenn keinerlei Verbindung mehr zwischen ihrem Gehirn und diesem Gewebestück besteht? Die Antwort hätte Sir John Eccles wohl auch brennend interessiert.

Francis Crick und der
neurobiologische Reduktionismus

Genau die entgegengesetzte Position zu John Eccles vertritt der zweite Nobelpreisträger unter den Bewußtseinsjägern, Francis Crick. Dem DNA-Entdecker ist es maßgeblich zu verdanken, daß das Fragen nach dem Bewußtsein in der Naturwissenschaft überhaupt als legitimer Gegenstand akzeptiert wurde, denn nur ein gewiefter Wissenschaftsmanager wie er, dem jegliches spirituelle Spekulieren fernliegt, konnte dieses Thema auf die Tagesordnung heben, ohne gleich in den Verdacht wissenschaftlicher Esoterik zu geraten. Mit dem ganzen Gewicht seines Ruhms verkündete Crick 1990, nun sei die Zeit reif, das lange für unfaßbar gehaltene Rätsel des menschlichen Geistes naturwissenschaftlich in Angriff zu nehmen – und löste damit, wie der *Scientific American* notierte, eine «intellektuelle Stampede» aus, die immer mehr Hirnforscher, Computerexperten, Psychiater und Philosophen auf der Suche nach dem Bewußtsein mitriß.

Francis Crick hält sich dabei allerdings nicht lange mit philosophischen Grundsatzfragen auf. «Man gewinnt keine Schlachten», sagt er, «indem man darüber diskutiert, was genau die Bedeutung des Wortes ‹Schlacht› ist.» Die Forscher sollten sich lieber experimentell lösbaren Fragen zuwenden. Auf diese Weise werde man das Funktionieren des Geistes schon eines Tages verstehen können. Der Kontrast zu Eccles könnte wahrhaft nicht größer sein: Während jener glaubte, die Seele sei eine prinzipiell unerklärliche, göttliche Entität, hält Crick das für spirituellen Hokuspokus. «Sie, Ihre Freuden und Leiden, Ihre Erinnerungen, Ihre Ziele, Ihr Sinn für Ihre eigene Identität und Willensfreiheit – bei alldem handelt es sich in Wirklichkeit nur um das Verhalten einer riesigen Ansammlung von Nervenzellen und dazugehörigen Molekülen», schreibt er in seinem 1994 erschienenen Buch *Was die Seele wirklich ist*.

Diese «erstaunliche Hypothese» (so der Titel der englischen

Originalausgabe) hat Crick in enger Zusammenarbeit mit Christof Koch vom California Institute of Technology in Pasadena entwickelt. Ihre Grundannahme lautet: Bewußte Wahrnehmung wird hervorgerufen durch die elektrische Aktivität einer Gruppe von Nervenzellen, die über die ganze Großhirnrinde verstreut sind. Könne man erst diese neuronale Aktivität, das «neuronale Korrelat des Bewußtseins» (NCC), vollständig erklären, postulieren Crick und Koch, dann führe dies auch zum Verständnis komplexerer und subtilerer Phänomene wie etwa der Selbsterkenntnis oder des erstaunlichen Eindrucks eines «freien Willens».

Die notwendigen Bausteine dazu liefern klinische Untersuchungen an Patienten mit Hirnschäden, neurophysiologische und psychologische Experimente mit Affen und Menschen sowie die Ergebnisse der theoretischen Neuroinformatik. Sie erlauben es, «gewisse Aspekte des Leib-Seele-Problems auf streng reduktionistische Weise» anzugehen, meint Christof Koch. Das Ziel, eine naturwissenschaftliche Erklärung des Bewußtseins, sieht er schon im Bereich des Möglichen: «Wir können die schneebedeckten Berge bereits in der Ferne schemenhaft ausmachen, Gipfel, auf denen wir einmal stehen werden», schwärmte er euphorisch im Jahre 1991.

Doch bis dahin ist es auch heute noch ein weiter Weg. Vorläufig beschäftigen sich Crick und Koch vor allem mit visuellen Wahrnehmungsprozessen. Denn der Sehsinn ist sowohl bei Tieren als auch bei Menschen am besten erforscht und dokumentiert. Visuelles Bewußtsein entstehe, so vermuten die beiden neurobiologischen Reduktionisten, wenn Aufmerksamkeit mit dem Kurzzeitgedächtnis kombiniert werde. Schließlich gehört zu einer aufmerksamen Wahrnehmung mehr als nur simple Informationsverarbeitung. Das zeigen beispielsweise sogenannte Vexierbilder, die für den Betrachter mal diese, mal jene Bedeutung annehmen können – obwohl der visuelle «Input» in das Gehirn immer konstant bleibt. Welche neuronale Aktivität, so die entscheidende Frage, hängt mit diesem Aufmerksamkeitswechsel zusammen? Eine Antwort erhoffen sich Crick und Koch von den raumzeitlichen Mustern der aktiven Nervenzellen und folgen damit der Vierzig-Hertz-Hypothese. Ein kohärenter Eindruck entstehe aus dem Zusammenwirken vieler räumlich verteilter Neuronen, die im selben Takt «feuern». Christof Koch zitiert dazu immer gern sein plastisches Bild vom Gehirn als Weihnachtsbaum. Das zufällige Flackern von Milliarden von (Neuronen-) Lichtern an diesem «Baum» repräsentiere alle Eindrücke des visuellen Cortex. Werde die Aufmerksamkeit jedoch auf ein spezielles Objekt fokussiert, so begännen manche Lichter plötzlich im Gleichtakt zu blinken.

Verblüffende Phänomene wie etwa Blindsight legen für Koch allerdings nahe, daß die Nervenzellen im visuellen Cortex auch aktiv sein können (und zu einer Verhaltensänderung führen), ohne daß solche Eindrücke bewußt werden. «Francis Crick und ich verfolgen die vielversprechende Hypothese, daß es spezifische Neuronen im Gehirn gibt, deren Aktivität Aufmerksamkeit vermittelt», meint Koch. Die meisten Neuronen seien lediglich mit einfachen Rechenvorgängen beschäftigt. Nur eine kleine Zahl von Nervenzellen fasse deren Ergebnisse auch zu einer bewußten Wahrnehmung zusammen. Könne man ein bestimmtes Ensemble solcher Neuronen durch irgendwelche (noch zu erfindenden) technischen Mittel direkt stimulieren, «dann müßte der Mensch genau die Erfahrung haben, die mit den in diesen Nervenzellen kodierten Merkmalen verbunden ist», postuliert Koch. Dabei vermuten er und Crick, daß diese besonderen «Bewußtseinsneuronen» eine enge Verbindung zu den vorderen Bereichen der Großhirnrinde aufweisen. So werde ein Reiz vom primären visuellen Zentrum V1 durch immer höhere visuelle Zentren bis zur präfrontalen Region weitergeleitet, wo die Wahrnehmung dann (beispielsweise über das motorische Zentrum) zu bewußten Reaktionen führe.

Freilich geben Koch und Crick selbst offen zu, daß vieles an ihrem Ansatz noch spekulativ ist. Von einer endgültigen Bewußtseinstheorie sind die beiden jedenfalls noch weit entfernt. Viele Wissenschaftler werfen ihnen denn auch vor, sie hätten den Geist allzu sehr beschnitten, um ihn schließlich untersuchen zu können. «Mit Bewußtsein haben Cricks Arbeiten wenig zu tun. Was er untersucht, sind lediglich Wahrnehmungsprozesse», kommentiert etwa die Hirnforscherin Hanna Damasio aus Iowa. Andere Bewußtseinsforscher bemängeln an Cricks und Kochs Ansatz, daß sie «Geist» allzu lokal erklären wollten und bei ihrer Theorie weder die tieferen Zentren des Hirnstammes noch den Hirnstoffwechsel in ihrer Bedeutung für das Bewußtsein in Betracht zögen. So einleuchtend etwa Kochs Bild vom Weihnachtsbaum zunächst erscheint, das sogenannte «Bindungsproblem» ist damit noch nicht gelöst: Wer oder was genau fügt die flackernden Neuronen zu einem einheitlichen Eindruck zusammen? Und wie entsteht daraus der ganz subjektive Geist einer individuellen Person? «Nehmen wir an, es stellte sich heraus, daß Bewußtsein tatsächlich untrennbar mit Neuronen korreliert ist, die im Takt von vierzig Hertz feuern», meint etwa der Philosoph John Searle. «Würde das Bewußtsein erklären? Nein.» Dies sei so ähnlich, als ob man wisse, daß «die Bewegung eines Autos ‹korreliert ist› mit der Oxidation von Kohlenwasserstoffen unter der Kühlerhaube». Damit wäre noch lange nichts darüber ausgesagt, wie genau der Motor funktioniere und die Räder angetrieben würden.

Doch bei aller Kritik gehören Crick und der jüngere, aktivere Koch zweifellos zu den wichtigsten Vertretern der Bewußtseinsforschung. Überdies verstehen es beide glänzend, für ihr Fachgebiet zu werben. Christof Koch, der in den USA geboren ist, in Holland, Deutschland, Kanada und Marokko aufwuchs und heute «Professor for Computation and Neural Systems» am Caltech ist, liebt publikumswirksame Auftritte. Bei Vorträgen kommt er mitunter schon einmal als Cowboy verkleidet auf die Bühne. Und auf seiner Homepage im Internet (http:www.klab.caltech.edu/~koch/) kann man nicht nur Kochs Theorie studieren, sondern auch verschiedene Innenansichten seines Hirns bewundern.

«Cool, eh!» kommentiert der Physiker. Mag eine endgültige Theorie auch noch außer Reichweite liegen, soviel steht fest: Christof Koch läßt sich dadurch den Spaß nicht verderben.

Gerald Edelman und der neuronale Darwinismus

Während John Eccles und Francis Crick mit ihren Theorien die Extreme markieren – der neuzeitliche Dualist hier, der überzeugte Reduktionist da –, versucht Gerald M. Edelman den großen Wurf eher durch eine umfassende neurobiologische Synthese. Er sieht sich als Nachfolger des griechischen Arztes, Dichters und Philosophen Empedokles, der im 5. Jahrhundert vor Christus versucht hatte, die vier Elemente zu vereinen. «Göttliche Luft, vernichtendes Feuer» – mit diesem Empedokles-Zitat hat Edelman sein jüngstes Buch überschrieben. So wie Empedokles die Elemente, will er die modernen Ergebnisse und Theorien der Neurowissenschaften bündeln. Und er glaubt, den Schlüssel zum Bewußtsein schon so gut wie gefunden zu haben.

Von allen Wissenschaftlern, die sich auf die Suche nach dem Geist machten, ist der Immunologe wohl der ambitionierteste – und zugleich der umstrittenste Bewußtseinsforscher. «Edelman ist der neue Darwin», schwärmt etwa der bekannte Neurologe und Bestsellerautor Oliver Sacks und rückt damit Edelmans Gedankengebäude bereits in die Nähe von Charles Darwins Evolutionstheorie. Kritiker wie der Engländer Stuart Sutherland dagegen werfen dem Nobelpreisträger vor, sein Publikum vor allem mit Rhetorik zu verführen: «Das Ärgerliche an einer Theorie, die alles erklärt, ist, daß sie nichts erklärt.»

Tatsächlich fällt es schwer, Edelmans Beitrag zu einer endgültigen Bewußtseinstheorie richtig zu erfassen. Zwar ist der in New York geborene Biochemiker ein glänzender Redner, der es versteht, das Geschehen im Kopf bildhaft und mit einem scheinbar unerschöpflichen Vorrat an Anekdoten und Metaphern zu schildern. Wer sich mit ihm unterhält, wird von dem immensen Wissen des Nobelpreisträgers fast erdrückt. Dennoch hat man am Ende Mühe, aus seiner Theorie die Essenz zu destillieren. Selbst Fachleute haben damit ihre Schwierigkeiten. Francis Crick etwa meint, Edelmans Erklärungen seien hinter einer «rauchigen Mattscheibe aus Kauderwelsch» verborgen. Und nicht wenige Wissenschaftler argwöhnen gar, daß der Chef des Neuroscience Institute sich ganz bewußt einer schwer verständlichen Sprache bediene, um seine Theorie unangreifbar zu machen.

Die Schwierigkeit, Edelmans Werk einzuordnen, hängt wohl auch damit zusammen, daß es in weiten Teilen einem Kompendium gängiger Mehrheitsmeinungen entspricht. Eine Nacht auf dem Züricher Flughafen genügte dem Nobelpreisträger, um die Grundzüge seiner Theorie zu formulieren. Damals, 1976, verpaßt er seinen Anschlußflug – und macht aus der Not eine Tugend. Edelman kauft Papier, läßt sich auf einer Bank nieder und schreibt bis zum Morgengrauen. Zwei Jahre später veröffentlicht er erstmals seine nächtlichen Gedanken, nach einem weiteren Jahrzehnt führt er sie detailliert in drei dicken Wälzern für Fachkollegen und Experten aus. In dem Buch *Göttliche Luft, vernichtendes Feuer* hat er diese «Trilogie» noch einmal für interessierte Laien zusammengefaßt.

Für den Immunologen ist die Biologie der Schlüssel zum Bewußtsein. Wer das menschliche Denken verstehen wolle, müsse sich anschauen, wie das Gehirn entstanden ist, müsse seine Evolution und Struktur erforschen. Das Descartessche Diktum «Cogito ergo sum» verkehrt der Biochemiker glatt in sein Gegenteil: «Sum ergo cogito» – ich denke, weil ich bin. Geistige Phänomene sind für ihn lediglich ein zwangsläufiges Produkt biologischer Hirnvorgänge. «An Bewußtsein gibt es nichts Geisterhaftes», versichert Edelman. «Ich für mein Teil bin überzeugt, daß die Wissenschaft die Basis des Bewußtseins auf dieselbe Art erklären

214 Baupläne des Bewußtseins

wird, wie etwa die Physik eine Theorie der Materie aufstellt.» Allerdings ließen sich geistige Vorgänge, Verhalten oder Sprache nur erforschen, wenn man zunächst die zugrundeliegende Biologie verstanden habe.

Als Vorbild zitiert Edelman gern William James, den Gründervater der amerikanischen Psychologie: «Bewußtsein ist kein Ding, Bewußtsein ist ein Prozeß.» Ähnlich wie in der Evolution, so meint der Nobelpreisträger, spiele sich auch in unserer Großhirnrinde ein ständiger Kampf ab – und diese immerwährende Konkurrenz führe am Ende zu Bewußtsein. Da sei zunächst die «Entwicklungsselektion»: Von Geburt an ist das Gehirn mit einem Überfluß an Nervenzellen ausgestattet. Die Gene steuern die Spezialisierung von Zellen, führen zur groben Ordnung der Gewebe und schließlich zum «primären Repertoire» der Neuronenstruktur. Doch nicht alle Nervenzellen überleben: Der Überschuß hat zur Folge, daß in manchen Regionen bis zu 70 Prozent aller Neuronen absterben. In der «Erfahrungsphase der Selektion» organisiert sich die entstandene Vielfalt unabhängig von den Erbanlagen. Die Reize der Außenwelt führen dazu, daß Gruppen von Nervenzellen über andere dominieren. Durch Sinneseindrücke und Erfahrungen werden bestimmte Verbindungen zwischen den Neuronen gestärkt, andere geschwächt. Begünstigt werden Zellgruppen, die auf ein bestimmtes Ereignis mit höherer Wahrscheinlichkeit als andere reagieren. Schlecht angepaßte Zellgruppen sterben ab, die überlebenden schließen sich zu größeren Verbänden («Karten») im Gehirn zusammen und wachsen schließlich zu globalen Kartenwerken heran.

Soweit ist die Theorie weder besonders neu noch revolutionär. Doch Gerald M. Edelman hat dafür einen schlagkräftigen Namen gefunden: «neuronaler Darwinismus». Das Gehirn, so meint er, lasse sich am ehesten mit einem komplexen Ökosystem vergleichen. «Es ist ein selektives System, wie ein Dschungel oder ein Garten. Und es gibt spezielle Strukturen, die den Dschungel in einen Garten verwandeln.»

Worin bestehen diese Strukturen? Was erzeugt die offensichtliche Einheit unserer Wahrnehmung? Manche Neurologen, bemerkt Edelman amüsiert, hätten versucht, dieses «Bindungsproblem» dadurch zu lösen, daß sie sich eine Art Homunculus im Hirn vorstellten, der die entscheidenden Fäden zieht. Bei etwa zehn Milliarden Nervenzellen in der Großhirnrinde und Trillionen möglicher Verbindungen zwischen ihnen sei das freilich ein Ding der Unmöglichkeit. Da tauche natürlich sofort die Frage auf, wie der Homunculus das schaffen solle. Etwa weil in dessen Kopf wieder ein kleiner Homunculus sitze? Und in dessen wieder einer und so weiter, ad infinitum? Dieser Ansatz führe also nicht weiter. «Das Gehirn ist auch kein Computer», doziert Edelman. Schließlich ließe sich das Nervensystem nicht unabhängig von Umwelt und Gesellschaft betrachten. Deren Zustände jedoch seien so vieldeutig und unendlich, daß sie nicht als Anweisung für ein Computerprogramm dienen könnten. Und an einen «Weltgeist» wie Eccles mag der Immunologe erst recht nicht glauben.

Die entscheidende Komponente der Bewußtseinserklärung von Gerald Edelman ist – neben dem neuronalen Darwinismus – ein Prozeß, den er «re-entry» nennt. Auf deutsch übersetzt man das wohl am ehesten mit «reziproker Kopplung neuronaler Gruppen». Diese Kopplung beschreibe das komplexe Geschehen im Dschungel der Großhirnrinde: Würden in den Nervenzellen des Cortex elektrische Signale erzeugt – durch äußere Reize wie Bilder, Töne und Gerüche oder auch durch interne Gedanken und Gefühle –, dann komme es zur Ausschüttung von Neurotransmittern, die in dem riesigen Netz von Verbindungen andere Neuronen anregten, deren Aktivität wiederum auf die ersten zurückwirke. Mit «re-entry» sei dabei mehr als nur Rückkopplung gemeint, betont der Biochemiker. Dieser Prozeß beschreibe vielmehr den unaufhörlichen, wechselseitigen Dialog der Neuronen, bei dem Tausende, vielleicht Millionen von parallelen Verbindungen gleichzeitig aktiv seien. Der akkumulierte Effekt dieses hin-

und hergehenden Neuronenfeuers führe dazu, daß sich ein Organismus in der Welt orientieren könne und schließlich so etwas wie «primäres Bewußtsein» entwickle.

Für ein solches Primärbewußtsein, wie es etwa auch Tieren eigen ist, sind laut Edelman folgende Ingredienzen erforderlich: Zum einen muß ein Organismus nicht nur wahrnehmen, sondern die Eindrücke auch kategorisieren können. «Kategorien entstehen relativ zur Situation und zu den Zielen der Anpassung des jeweiligen Organismus», erläutert der Biochemiker. «Nehmen Sie diesen Stuhl. Für einen Menschen ist das ein Stuhl, für einen Kakerlaken ist es eine steile Kante und für eine Katze ein Ich-weiß-nicht-was. Ein evolutionärer Mechanismus im Gehirn teilt die Welt in diejenigen Kategorien ein, die für mein Überleben notwendig sind.»

Die zweite Bewußtseinszutat ist für Edelman Erinnerungsvermögen. Allerdings glaubt der Biochemiker nicht an bestimmte Bewußtseinsneuronen, in denen etwa spezielle Erinnerungen gespeichert sind. «Das macht keinen Sinn. Jedesmal, wenn man sich an etwas unter neuen Umständen erinnert, ändert man es wieder.» Erinnerungen seien eben gerade keine feststehenden Repräsentationen, die wie in einem Computer abgespeichert oder in neuronalen Netzen kodiert seien. Auch Erinnerungen würden ständig rekategorisiert.

«Das Gehirn nimmt ständig Wahrnehmungskategorisierungen vor und zwar in ‹real-time›, also jetzt, in der Gegenwart», erläutert Edelman. «Allerdings gehen manche Wahrnehmungen in Erinnerung über, andere nicht. Woran liegt das?» In einem selektiven Programm muß es – dritte Ingredienz – eine Bewertung geben. «Man braucht Systeme, die beispielsweise einem Baby sagen, ob es besser ist, an der Brust der Mutter zu saugen oder seinen Kopf zur Seite zu drehen.» Ein Teil dieser Werte sei dabei durch die Evolution vorgegeben. «Man wird mit Wertevorurteilen geboren», sagt Edelman. «Ein Tiger hat ein anderes Wertesystem als ein Mensch.» Was freilich Menschen und einige andere höhere Tiere interessant mache, sei die Tatsache, daß sie ihre Werte durch Lernen verändern könnten.

«Mit einem festen Wertesystem ist die Lernfähigkeit eines Systems sehr begrenzt. Aber wenn wir annehmen, daß es ein ‹reentry› zwischen dem lernenden System und seinem Wertesystem gibt, so daß man letzteres verändern kann, dann entstehen alle möglichen Arten neuer Phänomene wie Nichtlinearität und so weiter.» Die entscheidende Idee von Edelman ist, daß zu all diesen Leistungen des Gehirns weder ein spezieller Algorithmus noch eine Syntax oder gar ein Homunculus notwendig sind. «Lassen Sie mich Ihnen ein konkretes Beispiel geben», meint Edelman. «Für die verschiedenen Komponenten Ihrer visuellen Wahrnehmung sind rund dreißig funktional verschiedene Karten verantwortlich. Zusammen erschaffen sie ein Bild, das Sie selbst schließlich als Einheit wahrnehmen. Dennoch gibt es kein übergeordnetes Programm, keine übergeordnete Karte dafür – nur all diese einzelnen Nervenverbände, die sich gegenseitig auf vielen unterschiedlichen Wegen ständig parallel Signale in großem Maßstab zusenden. Wie machen sie das? Wenn das gelöst ist – und ich denke, wir haben es gelöst –, dann sind tatsächlich schon neun Zehntel des Weges zu einer Erklärung des Gehirns zurückgelegt.»

Bewußtsein in der Tonne

Der Nobelpreisträger beläßt es jedoch nicht nur beim Theoretisieren. Im Neuroscience Institute versuchen er und seine Mitarbeiter auch, die abstrakten Ideen in konkrete Modelle umzusetzen und mit Software und kleinen Robotern das neuronale Geschehen zu simulieren (auch wenn Edelman betont, das Gehirn sei kein Computer). Im Edelman-Institut heißen die elektronischen Gehirne freilich «Darwin», und sie zeichnen sich dadurch aus, daß sie durch ständige «re-entry»-Mechanismen ihre Umwelt immer wieder neu kategorisieren. Durch ein solches Vorgehen würden dem System als ganzem Eigenschaften verliehen, die es etwas tun ließen, «was streng genommen nicht Sache des Computers ist», heißt es etwas wolkig in Edelmans Buch.

«Mit Darwin haben wir hier zum erstenmal ein vollständiges System entwickelt, mit dem wir versuchen können, das Verhältnis zwischen Gehirnaktivität und Verhalten zu erklären», meint auch Olaf Sporns, ein junger schlaksiger Deutscher, der schon seit zehn Jahren bei Edelman arbeitet und im Institut als einer der brillantesten Köpfe gilt. Kernstück des Simulationsprogramms Darwin (inzwischen in seiner vierten Version) ist ein kleiner tonnenförmiger Roboter von der Größe eines Papierkorbes, vollgestopft mit Elektronik: NOMAD bewegt sich auf Rollen fort und hat über zwei «Sinnesorgane» Kontakt zur Außenwelt. Mit Hilfe einer Kamera «sieht» er, und ein elektrischer Kontakt, der mit einem Magneten verbunden ist, fungiert als sein «Mund». NOMADs ganze Welt ist etwa zwei mal zwei Meter groß: ein Stück Laborboden, abgeteilt durch schwarze Vorhänge und bestückt mit verschieden gemusterten kleinen Würfeln.

In dieser künstlichen «Umwelt» soll NOMAD zeigen, wie ein sich selbst überlassenes System lernt und Erfahrungen verarbeitet. Die kleine Robotertonne kurvt in ihrer Laborwelt umher und wird dabei mit «guten» und «schlechten» Mustern konfrontiert, Würfeln, die elektrisch geladen sind, und solchen, denen eine Spannung fehlt. Nähert sich NOMAD einem der Objekte, zieht er es mit seiner magnetischen Schnauze zu sich heran und prüft mit dem elektrischen Kontakt die Spannung auf seiner Oberfläche. Ein vorgegebenes Wertesystem läßt ihn geladene Würfel als «gut schmeckend», die anderen als «schlecht» einstufen. Die Edelman-Forscher gehen dabei von der Tatsache aus, daß jeder Organismus von Geburt an über bestimmte Grundwertungen verfügt, die nicht erst gelernt werden müssen. «Wenn ein Baby zum Beispiel etwas in den Mund nimmt, das

bitter oder sauer schmeckt, wird es das sofort ausspucken»,
meint Sporns.

Im Simulationsprogramm DARWIN IV laufen – freilich auf
sehr primitive Weise – dieselben Lernprozesse ab, die Sporns und
Edelman auch im menschlichen Hirn vermuten: Der «Ge-
schmackssinn» ist als «Urwahrnehmung» direkt mit einem
internen Bewertungssystem gekoppelt. Wenn der Roboter
«schmeckt», wird es aktiviert, so daß die gleichzeitig einlaufenden visuellen Reize eine Bedeutung erhalten. Begegnet der Roboter etwa einem schlecht schmeckenden Würfel mit schwarzen
Streifen, wird auch der visuelle Input «schwarze Streifen» als ne-
gativ bewertet – NOMAD hat etwas gelernt. Wird diese Erfahrung mehrfach wiederholt, ordnet der Roboter bald automatisch
Würfeln mit diesem Streifenmuster einen schlechten Geschmack
zu und nähert sich ihnen gar nicht mehr.

Dies ist freilich noch keine Hexerei, schließlich bestehen
NOMADs künstliche Neuronen aus mathematischen Gleichungen, die genau nach diesem Prinzip programmiert sind. «Uns
interessiert natürlich jetzt, wie sich NOMAD mit der Zeit entwickelt oder unter verschiedenen Bedingungen verhält», erläutert Olaf Sporns. Wenn auch das grundlegende Strickmuster von
NOMADs neuronalem Netz vorgegeben ist, so wird sein Zustand doch schon nach kurzer Zeit unvorhersagbar. So zeigte sich
beispielsweise, daß das Roboterhirn auch wieder «vergißt»: Ist es
zu lange keinen «schlecht schmeckenden» Objekten mehr begegnet, erlahmt die gelernte Bewertung der visuellen Reize, und
NOMAD nähert sich von neuem den zuvor gemiedenen
schwarz gestreiften Würfeln. «Wir haben zu unserer Überraschung auch festgestellt, daß das System erstaunlich robust gegenüber kleinen Änderungen ist», erzählt Olaf Sporns. Als einmal ein Doktorand aus Versehen den Winkel der Kamera
verstellte, glich NOMAD diese verzerrte Wahrnehmung nach einiger Zeit selbständig aus – eine Anpassung, die auch lebende
Organismen vornehmen.

So interessant dies alles auch sein mag, wie kommt man von solchen Versuchen zu Bewußtsein? An dieser Stelle wird Sporns überraschend bescheiden: «Über Bewußtsein rede ich nicht. Dafür bin ich noch zu jung.» Sein Chef und Meister Gerald Edelman dagegen kommt bei dieser Frage erst richtig in Fahrt. Wortreich erklärt er, wie sich seiner Meinung nach aus einem «primären Bewußtsein», geprägt durch Wahrnehmungskategorisierung, Erinnerungsvermögen und ein Wertesystem, schließlich infolge sozialer Interaktion, durch Syntax, Semantik und die Erfahrung des Selbst beim Menschen «höherstufiges Bewußtsein» entwickle. En detail führt er aus, welche anatomischen Strukturen daran beteiligt sind und wie diese durch eine umfassende reziproke Kopplung zusammenwirken.

Dennoch bleibt man am Ende etwas ratlos zurück. So richtig Edelmans biologische Betrachtungsweise auch sein mag, was die höheren Bewußtseinsfunktionen angeht, verliert sich momentan vieles doch noch im Spekulativen. «Edelmans Theorie ist an vielen Stellen so diffus, daß sie sich weder widerlegen noch bestätigen läßt», kommentiert etwa Christof Koch. Und auch John Searle, der den neuronalen Darwinismus immerhin für «den gründlichsten Versuch zur neurobiologischen Behandlung des Problems des Bewußtseins» hält, stellt fest, daß «Edelmans Prosa» an manchen Stellen «nicht sehr klar» sei.

Freilich behauptet der Nobelpreisträger auch gar nicht, Bewußtsein bereits vollständig erklärt zu haben. Er gibt zu, daß es wohl noch einige Jahre dauern werde, bevor einige Aspekte seiner Theorie geprüft werden könnten. Dennoch ist er davon überzeugt, auf dem rechten Weg zu sein. «Ein reiches Forschungsgebiet, das sich damit beschäftigt, wie sich unsere Begriffe auf unseren Körper abbilden, steckt zur Zeit noch in den Kinderschuhen», schreibt er. Die Dynamik reziprok gekoppelter Schaltkreise erkläre zumindest im Prinzip, «wie die Verkörperung des Geistes sich abspielt», und verbinde dadurch Erkenntnis mit Biologie.

Vom Wesen der Wissenschaft

Doch nehmen wir einmal an, ein Gehirn funktioniere tatsächlich nach den von Edelman beschriebenen Prinzipien und zeige alle wichtigen Merkmale seiner Theorie (inklusive reziprok gekoppelter Schaltkreise). Dennoch bleibt am Ende ein Problem, auf das etwa der Philosoph John Searle hinweist: Könnte ein Gehirn nicht auch all diese funktionalen Mechanismen aufweisen, *ohne* bewußt zu sein? Anders gefragt: Wieso kommt es zu diesem höchst subjektiven Eindruck, den das Ich von sich und der Welt hat? Wie beantwortet Gerald Edelman das grundlegende Problem der philosophischen «Qualia»?

Solche Fragen sind für Gerald Edelman Ausdruck einer großen Konfusion. «Es geht mir nicht darum, zu erklären, was Qualia letzten Endes *sind*.» Das sei dasselbe, als würde man einen Physiker fragen, was ein Teilchen letztlich sei oder was sich vor dem Big Bang abgespielt habe. «Wenn ich versuche, Ihnen die Röte von rot mit Worten zu erklären, wird das nicht funktionieren. Entweder Sie haben die Fähigkeit in Ihrem Körper, Rot wahrzunehmen – oder nicht.» Diesen Erklärungsnotstand könne man jedoch nicht der Wissenschaft zum Vorwurf machen. Denn dazu müßte man theoretisch jedes Ereignis rekonstruieren, das zum subjektiven Empfinden einer Person beigetragen habe – etwa alle Eindrücke, die sich im Laufe ihrer Geschichte mit der Farbe Rot assoziiert hätten. Und das scheitere allein daran, daß es schlicht unmöglich sei, all diese Daten zu bekommen.

Dem hält John Searle das Beispiel der Schmerzempfindung entgegen: «Zweifellos werden sich meine Schmerzen ein wenig von Ihren unterscheiden, vielleicht werden wir niemals über eine vollständige kausale Erklärung dessen verfügen, warum und wie sie sich unterscheiden. Aber trotzdem benötigen wir immer noch eine wissenschaftliche Erklärung, wie genau Schmerzen durch Vorgänge im Gehirn verursacht werden.» Wenn das Gehirn physische Strukturen aufweise, die Schmerzen oder Bewußtsein verursachen sollen, dann müsse man genau erklären, wie sie das tun. Dieses Problem habe Edelman noch nicht gelöst. «Das Rätsel bleibt», schließt Searle.

«Ich glaube, die Frage, um die es eigentlich geht, lautet: Was erwarten wir von der Wissenschaft?» antwortet Gerald Edelman. Die Vorstellung, daß die Wissenschaft scheitere, weil sie die mystische Grenze zur Subjektivität nicht überschreiten könne, sei «absolut falsch». «Wissenschaft erklärt nicht das Wesen der Welt, sondern nur den Rahmen der Welt. Selbst die modernste physikalische Theorie der Materie antwortet nicht auf die alte Leibnizsche Frage: Warum gibt es etwas und nicht nichts?» Genauso sei es auch in der Bewußtseinsforschung. Da sei letztlich Bescheidenheit angebracht. «Ich wäre sehr happy, wenn das, was ich über die Mechanismen des Gehirns weiß, uns erlauben würde, vorauszusagen, wie sich das Bewußtsein einer Person verändert, wenn ich sie an bestimmten Stellen des Gehirns beeinflusse.»

Damit hat Edelman nun freilich ein grundlegend neues Problem aufgeworfen: Woher wissen wir eigentlich, wann das Fragen nach dem Bewußtsein ein Ende gefunden hat? Welches ist der ultimative Test, den eine Bewußtseinstheorie bestehen muß, um von allen anerkannt zu werden? Eine Möglichkeit hat der Immunologe schon genannt: die Fähigkeit zur gezielten Manipulation. Genauer: das Vermögen, deren Ergebnisse exakt vorherzusagen. Hätte dem mittlerweile verstorbenen Drogenpapst Timothy Leary etwa in den sechziger Jahren eine umfassende Bewußtseinstheorie zur Verfügung gestanden, so hätte er in der Lage sein müssen, die Wirkung von LSD auf den Geist vorherzusagen, ohne selbst je einen «Trip» zu nehmen. (Ob er deshalb weniger Drogen konsumiert hätte, ist freilich eine andere Frage).

Auf solche Manipulationen kommen wir im letzten Kapitel zurück. Ein Nachteil dieser Methode ist jedoch offensichtlich: Oft ist sie in ethischer Hinsicht problematisch. Eine zweite Herangehensweise scheint da einfacher: der Versuch, so etwas wie Bewußtsein künstlich nachzuahmen. Wird es dereinst gelingen, Maschinen zu bauen, die ähnlich bewußt wie wir Menschen sind? Das wäre wohl der schlagkräftigste Beweis dafür, daß die Geheimnisse des Geistes gelöst sind. Kein Wunder, daß solche Bewußtseinsmaschinen die Forscher in Edelmans Neuroscience Institute faszinieren. Und kein Wunder auch, daß diese Vision schon lange die menschliche Phantasie anregt.

Ausflug in die KI

Im 18. Jahrhundert schraubte Jacques de Vaucanson als erster eine mechanische Ente zusammen, die schwimmen, watscheln, schnattern und Körner aufpicken konnte. Das künstliche Federvieh schied seine Nahrung sogar nach angemessener «Verdauungszeit» als nasse Häufchen wieder aus und begeisterte damit das Publikum der feinen Pariser Salons. Damit dürfen wir Monsieur de Vaucanson wohl mit Fug und Recht als ersten Vertreter des «künstlichen Lebens» bezeichnen, einer Fachrichtung, die heute nichts von ihrer Faszination eingebüßt hat.

Was für das aufgeklärte Publikum damals das mechanische Spielzeug war, ist für uns moderne Zeitgenossen zum Beispiel ein Superrechner wie der Schachcomputer Deep Blue, der sich mittlerweile anmaßt, dem weltbesten menschlichen Schachspieler überlegen zu sein. Als er im Februar 1996 erstmals eine Partie gegen Schachweltmeister Gari Kasparow gewann, da avancierte die Partie «Mensch gegen Maschine» zum größten Schachspektakel aller Zeiten. Und bei der Revanche im Mai 1997 war das Interesse nicht minder groß. Schließlich gelte es, wie Kasparow pathetisch formulierte, «die Ehre der Menschheit zu verteidigen». Haben wir diese inzwischen mit Kasparows Niederlage verloren?

Tatsächlich erscheint das Schachspiel wie geschaffen dafür, en miniature zu prüfen, wie sich komplexes Denken nachahmen läßt: Ein begrenzter Satz von Regeln bringt eine schier unendliche Zahl möglicher Spielverläufe hervor. Und für einen Spieler kommt es nicht nur auf rein rationales Denken an, sondern auch auf menschliche Eigenschaften wie Intuition und Kreativität oder absichtsvolle Täuschung des Gegners. Beweist also Deep Blue, wie sehr das menschliche Denken bereits nachgeahmt werden kann und daß uns Maschinen vielleicht gar eines Tages überflügeln werden?

Ja und nein. Ein hochgezüchtetes Computermonster wie Deep Blue ist dem Menschen zwar in puncto Rechenleistung weit überlegen, aber das ist auch schon alles. Ein Gefühl für gute Züge oder vorteilhafte Stellungen – wie es jeder geübte Schachspieler hat – geht ihm ab. Stur prüft der Rechner etwa zweihundert Millionen Stellungen pro Sekunde nach dem Kriterium des Materialvorteils durch. Zwar gehen in seine Bewertung auch (von Menschen vorher einprogrammierte) Spielkonstellationen ein, aber Deep Blues wahre Stärke liegt in etwas anderem: Dank seiner Rechenkapazität denkt er so weit voraus, daß ihm mitunter geniale Züge gelingen. Als er Kasparow erstmals mit einem solchen spielentscheidenden Zug verblüffte, da notierte der Weltmeister: «Zum erstenmal spürte, ja roch ich buchstäblich eine Art von Intelligenz auf der anderen Seite.» Die Maschine habe sich da einen Zug errechnet, den ein Mensch aus dem Gefühl heraus gemacht hätte. «Es war fast so, als könne sich Arnold Schwarzenegger mit bloßer Muskelkraft dem Geist von Albert Einstein annähern», meinte Kasparow. «Von einem bestimmten Punkt an scheint, zumindest im Schach, immense Quantität in Qualität umzuschlagen.»

Kann dieses Prinzip auch für andere Bereiche künstlicher Intelligenz gelten? Kommt es gar nicht darauf an, *wie* eine Maschine arbeitet, sondern lediglich darauf, welchen «Output» sie liefert? Das jedenfalls ist die Prämisse des berühmten Turing-Tests, den der britische Mathematiker und Computertheoretiker Alan Turing 1950 vorgeschlagen hat. Gelingt es einem Computer, täuschend echt menschliche Intelligenz nachzuahmen, so Turings Gedanke, dann müssen wir ihm auch Intelligenz zubilligen. Natürlich sei die Frage, ob Maschinen wirklich denken können, «zu sinnlos, um überhaupt eine Diskussion zu verdienen», schrieb Turing damals in einem Essay in der Zeitschrift *Mind*. Sein Test solle diese Frage auch nicht beantworten, sondern eher ersetzen. Bis heute gilt der Turing-Test als ultimativer Gradmesser künstlicher Intelligenz.

In der ursprünglichen Form des Tests kommuniziert ein Mensch via Tastatur und Bildschirm mit einem unsichtbaren Gegenüber. An dessen Anworten muß er zu erkennen versuchen, ob sein Gesprächspartner aus Fleisch und Blut ist oder nur aus künstlichen Prozessoren besteht. Schafft es ein Rechner, für einen Menschen gehalten zu werden, so hat er den Turing-Test bestanden. Freilich ist dies bis heute noch keinem Computer wirklich gelungen. Zwar gab es einzelne Fälle, in denen sich die Fragesteller von einem Elektronengehirn übertölpeln ließen – doch das lag jeweils eher an allzu naivem menschlichem Vorgehen als an ausgefuchsten Programmen. Computertheoretiker fragen sich daher zu Recht: Mißt der Turing-Test nicht eher das Denkvermögen der Menschen, die ihn durchführen, als das der Maschinen?

Um den Stand der Technik zu überprüfen, veranstaltet der Soziologe und KI-Aktivist Hugh Loebner seit 1991 jedes Jahr eine Art Turing-Wettbewerb. Hunderttausend Dollar winken dabei demjenigen Computer, der die Jury glauben machen kann, sie unterhalte sich mit einem Menschen. Doch bislang mußte Hugh Loebner das Preisgeld noch nie auszahlen. Allzu durchsichtig sind die Programme gestrickt, und schon nach wenigen Fragen zeigt sich, welches Terminal als einziges wirklich mit einem Menschen verbunden ist.

Alan Turing selbst glaubte 1950 noch, bis zum Ende des Jahrhunderts werde man Maschinen wohl Denkvermögen zuerkennen müssen. Davon kann heute (noch) keine Rede sein. Auch wenn Superrechner wie Deep Blue durchaus auf manchen Gebieten überraschende Leistungen vorzuweisen haben, so ist die «künstliche Intelligenz» (kurz «KI» oder im internationalen Jargon auch «AI» für «artificial intelligence» genannt) insgesamt doch noch weit von den hochgesteckten Zielen entfernt, die ihre euphorischen Pioniere einst in greifbarer Nähe glaubten.

Erstaunlicherweise zeigte sich nämlich, daß gerade viele jener Fähigkeiten besonders schwer nachzuahmen sind, die für ein menschliches Hirn kinderleicht scheinen: ein Gesicht wiederzuerkennen, über einen Witz zu lachen oder sich auf triviale Spiele einzulassen – ganz zu schweigen von einer sinnvollen Unterhaltung. Die größte Herausforderung für einen Computer, so meint etwa KI-Vordenker Marvin Minsky vom Bostoner Massachussetts Institute of Technology (MIT), sei es, Maschinen mit «common sense», also gesundem Menschenverstand, auszustatten. Solange das nicht gelingt, ist an ein Bestehen des Turing-Tests ernsthaft nicht zu denken.

CYC und Cog

1984 startete Douglas Lenat im texanischen Austin den wohl anspruchvollsten Versuch, einem Elektronengehirn das menschliche Denken nahezubringen. Über zehn Jahre lang fütterten Lenat und seine Mitarbeiter geduldig einen Rechner mit all jenen Regeln, die der menschlichen Begriffswelt zugrunde liegen und die für uns einen (oft unausgesprochenen) Konsens darstellen. Das Programm CYC (wie in «enCYClopedic») lernte dabei höchst banale Dinge wie «Brot ist Essen» oder «Abends wird es dunkel» oder auch «Wenn man schwitzt, wird man naß». Diese – für Menschen offenkundigen – Tatsachen werden für CYC in eine präzise Logik übersetzt, in Konzepte gegossen, verknüpft durch Axiome und Hunderte von erklärenden «Mikrotheorien». Dem

Rechner soll also der von Minsky geforderte gesunde Menschenverstand regelrecht eingebimst werden. Irgendwann, so Lenats Hoffnung, werde CYC dann so viele Regeln verinnerlicht haben, daß er in der Lage sei, sein Wissen durch eigene Lektüre selbständig zu erweitern.

Doch trotz der gewaltigen Paukanstrengung – mehr als 170 Mannjahre Arbeit stecken bereits in der CYC-Kodierung – zeigte das Programm bislang noch keinerlei eigene Denkleistung. Als 1995 die Forschungsfinanzierung für das gigantische Programmiervorhaben auslief, besann sich Lenat daher mehr auf den praktischen Nutzen seiner riesigen EnCYClopädie: Jetzt versucht der KI-Forscher sie als Datenbasis für Interessenten aus der Wirtschaft zu vermarkten.

Typisch für den derzeitigen Stand der KI-Forschung ist auch ein Maschinenwesen, das in der berühmten Bostoner Denkfabrik MIT zu besichtigen ist. Im dortigen «Artificial Intelligence Laboratory» lebt seit 1994 Cog, ein humanoider Roboter, der das Denken (*cogito*) schon im Namen trägt. Einem Menschen ähnelt er allerdings momentan nur sehr entfernt. Cog ist ein metallischer Torso, ausgerüstet mit einem stählernen Greifarm und einer Art Kopf mit vier hervorstechenden schwarzen Kameraobjektiven. Immerhin entsprechen sowohl die Proportionen als auch die Bewegungsmöglichkeiten des Roboters denen eines Menschen – auch wenn sich Cog wesentlich ruckartiger als seine humanen Vorbilder bewegt.

Anders als CYC soll Cog eher auf spielerische Art lernen. Nach dem Willen seines geistigen Vaters Rodney Brooks soll das Maschinenwesen wie ein Kind mit der Umwelt interagieren und sich dabei selbst optimieren. Statt ihm die richtigen Verhaltensweisen einzurichten (wie es Lenat mit CYC versuchte), hofft Roboterforscher Brooks, daß sein «Baby» entsprechende Konzepte selbst entwickelt und auf diese Weise vielleicht sogar eines Tages intelligent wird. Doch vorerst versucht sich Cog noch an bescheidenen Aufgaben: Zu seinen größten Herausforderungen zählt es, ein

Objekt ins Visier zu nehmen und richtig danach zu greifen oder – eine andere Koordinationsaufgabe – Nägel einzuschlagen.

«Hinsichtlich der motorischen Kontrolle steht Cog mittlerweile auf der Stufe eines vier bis fünf Monate alten Kindes», meint Lynn Andrea Stein, die das Cog-Projekt unter philosophischen Aspekten betreut. «Aber was seine Wahrnehmung angeht, so sieht er noch nicht einmal wie ein Neugeborenes.» Immer noch quälen sich die Roboterforscher damit, ein visuelles System zu entwickeln, das dem Menschen auch nur einigermaßen nahe kommt. Wie beispielsweise kann ein Roboter wissen, daß ein Gegenstand, dessen Lage verändert wurde, immer noch derselbe ist? Möglicherweise hat sich dabei dessen Beleuchtung verändert oder seine Form, vielleicht ist er plötzlich auch von anderen Dingen verdeckt und daher nur halb zu sehen. Was für ein Elektronengehirn eine fast unlösbare Aufgabe ist, scheint jedem menschlichen Baby schon in die Wiege gelegt. Versteckt etwa die Mutter spielerisch Gegenstände, so erkennt sie ein Kleinkind mühelos wieder, selbst wenn von ihnen nur ein Teil sichtbar ist. «Trotz jahrzehntelanger Forschung wissen wir immer noch nicht genug über Wahrnehmung, um zu verstehen, wie das funktioniert», seufzt Lynn Stein.

Das chinesische Zimmer

Die Fortschritte der künstlichen Intelligenz sind also – allen Schachcomputern zum Trotz – derzeit eher bescheiden. Werden diese technischen Probleme eines fernen Tages gelöst sein? Und wird es dann noch, so die entscheidende Frage, eine prinzipielle Grenze geben, die den Roboter vom Menschen trennt?

Legt man den Turing-Test zugrunde, so gilt als einziges Kriterium für diese Unterscheidung das Verhalten von Mensch und Maschine. Dabei kommt es nicht darauf an, was im Inneren eines

Computers oder Roboters wirklich vor sich geht, sondern nur auf dessen Fähigkeit, menschliche Zustände zu simulieren. Diesen Standpunkt formuliert der Philosoph Paul Churchland radikal: «Wenn Maschinen es schaffen, alle unsere inneren kognitiven Tätigkeiten bis ins letzte Detail zu simulieren, dann wäre es geradezu ein neuer Rassismus, ihnen den Status echter Personen vorzuenthalten.»

Gegen diese rein behavioristische Betrachtungsweise gibt es jedoch einen Einwand, den John Searle 1980 erstmals formulierte und der sich seither zu einem zentralen Argument der Debatte entwickelt hat. Denn auch wenn eine Simulation perfekt sei, so meint der Philosoph aus Berkeley, gebe es immer noch etwas, das den Menschen vom Rechner unterscheide: das innere Erleben oder auch Bewußtsein.

Um das zu verdeutlichen, ersann Searle das Beispiel vom chinesischen Zimmer: Stellen Sie sich vor, Sie sind in einen Raum eingeschlossen und bekommen von Zeit zu Zeit einen Fragenzettel mit chinesischen Schriftzeichen hereingereicht. Da Sie (einmal angenommen) kein Chinesisch verstehen, wissen Sie nicht, was diese Zeichen bedeuten. Allerdings besitzen Sie ein wundersames Buch, das Ihnen genau vorschreibt, mit welcher Kette von Schriftzeichen Sie jede der unverständlichen Symbolfolgen beantworten sollen. Also schlagen Sie nach, schreiben die Antwort auf und reichen den Zettel nach draußen. «Nehmen wir nun an, das Regelbuch sei so verfaßt, daß meine Antworten auf die Fragen von denen eines gebürtigen Chinesen nicht zu unterscheiden sind», schreibt Searle. «Also hätte ich den Turing-Test für Chinesisch bestanden. Gleichwohl habe ich nicht die geringste Ahnung von Chinesisch.» Searles unausweichliche Schlußfolgerung: «Das bloße Hantieren mit Symbolen genügt nicht für Fähigkeiten wie Einsicht, Wahrnehmung, Verständnis oder Denken.» Daher könne auch ein Computerprogramm nie die Voraussetzungen einer geistigen Tätigkeit erfüllen.

Dieser Einwand gegen die künstliche Intelligenz zielt auf ein grundsätzliches Problem. Selbst wenn ein künstliches Gebilde noch so perfekt menschliches Verhalten zu simulieren vermag, so verbindet es damit doch niemals eine tieferliegende Bedeutung, wie es ein Mensch tut. Dem Turing-Test entgehe also eine wesentliche menschliche Eigenschaft, meint Searle. Natürlich brachten die Vertreter der KI bald eine ganze Reihe von Gegenargumenten vor, etwa den Einwand, daß es nicht die einzelne Person, sondern sozusagen das ganze System «Chinesisches Zimmer» sei, das ein scheinbares Verständnis chinesischer Schriftzeichen generiere. Worauf Searle erwiderte, er könne auch den Inhalt des Bearbeitungsbuches auswendig lernen und die Beantwortung der Fragen unter freiem Himmel durchführen – dennoch verstehe er die fremden Schriftzeichen nicht. Es würde zu weit führen, an dieser Stelle alle Argumente pro und contra aufzuführen. Tatsache ist jedoch, daß sich die Debatte um das chinesische Zimmer nun schon über anderthalb Jahrzehnte hinzieht und ein Ende nicht abzusehen ist.

«Woher weiß Searle, daß ich bewußt bin?» fragt Lynn Stein ärgerlich. «Ich denke nicht, daß Menschen anders sind als der Rest des Universums», formuliert die Roboterexpertin ein Credo ihrer Zunft. «Und wenn ich ein Wesen bauen könnte, das genauso aussieht und sich genauso verhält wie ich, würde wohl auch Searle zustimmen.» Doch damit hat sie die von Searle aufgeworfene Frage nach dem inneren Erleben nicht wirklich beantwortet. Woher wissen wir, daß ein Gegenüber bewußt ist? Einer der wenigen Philosophen, denen aufgefallen ist, welch ernstes Problem Searles Einwand für die künstliche Intelligenz darstellt, ist Daniel Dennett. Als überzeugter Materialist schafft er es sich allerdings in einer reichlich hemdsärmligen Art vom Hals: Innere Erlebnisfähigkeit definiert er einfach wiederum über äußeres Verhalten. Bewußt sei ein System dann, wenn es fähig ist, über seine inneren Zustände zu sprechen. Punkt. Das kann freilich jeder Computer, der anzeigt, wieviel freien Arbeitsspeicher er noch hat. Zwar gibt der Rechner damit über seinen inneren Zustand Auskunft – aber würden wir ihn allein deshalb als bewußt bezeichnen?

Wie tief die Kluft zwischen Maschinen und Menschen wirklich ist, hätten die Vertreter der künstlichen Intelligenz noch nicht einmal richtig bemerkt, meint der Philosoph John Haugeland von der Universität Pittsburgh: «Bewußtsein – das ist ein Thema, welches in der Fachliteratur der Kognitionswissenschaft auffällig abwesend ist. Es liegt nahe, daß solch ein dröhnendes Schweigen ein häßliches kleines Geheimnis birgt … Könnte das Bewußtsein eine theoretische Zeitbombe sein, die im Schoß der KI tickt? Wer weiß?»

Exkurs 8
Die Gottesmaschine
In Dr. Persingers Kellerlabor

Die Geschichte klang zunächst reichlich unglaubhaft: Ein kanadischer Forscher, so stand in der englischen Tageszeitung *Independent* zu lesen, könne mit Hilfe von magnetischen Feldern mystische Erfahrungen hervorrufen. «Einer der Teilnehmer meinte, Gott begegnet zu sein; ein anderer dagegen floh aus der Versuchskammer und erklärte, sie müsse exorziert werden, da der Teufel darin hause», hieß es in dem Artikel. All dies aufgrund schwacher magnetischer Signale, die Michael Persinger über einen Motorradhelm auf den Kopf seiner Probanden wirken ließ. «Dank Dr. Persinger sollte so jedermann auf Knopfdruck ein mystisches Erlebnis möglich sein», schrieb der *Independent*.

Ist so etwas möglich? Erste Erkundigungen brachten nicht viel Licht in die Sache. Den Namen «Dr. Persinger» kannte in Deutschland kaum jemand. Der eine oder andere Forscher hatte von den obskuren kanadischen Versuchen zwar schon einmal gehört. Aber was genau dahintersteckte, wußte niemand zu sagen. Immerhin, die erwähnte Laurentian University in Sudbury, Ontario, fand sich tatsächlich im Internet. Und auch unter dem Namen «Persinger, Michael» gab es einen Eintrag und eine Telefonnummer ...

Einige Wochen später landet eine kleine kanadische Propellermaschine aus Toronto auf dem Provinzflughafen von Sudbury. Der erste Eindruck ist nicht sehr erhebend. Es gießt in Strömen, und die Gegend wirkt ziemlich trostlos. Eine Hundertvierzigtausend-Seelen-Stadt, verloren in der kanadischen Weite. Wohnmobile, kleine Einfamilienhäuser, flaches, eintöniges Land, links und

rechts der Fahrbahn Förderbänder und Abraumhalden: Sudbury
lebt vor allem vom Nickelbergbau.

Auch die Laurentian University sieht im Regen nicht gerade
einladend aus. Entstanden in den sechziger Jahren, besteht sie aus
einer Ansammlung klotzig-häßlicher Betonkomplexe. Jetzt, an
einem Samstagabend, liegt der Campus menschenleer und verlassen da. Die Hochschulgebäude sind dunkel, und am vereinbar-
ten Treffpunkt ist zunächst niemand zu sehen. Ein Mißverständ-
nis? Plötzlich wird am Ende eines langen Ganges ein Lichtschein
sichtbar. Eine dunkle Gestalt kommt langsam näher – eine Szene
wie aus einem billigen Gruselfilm.

Bei genauer Betrachtung wirkt Michael Persinger allerdings
vollkommen diesseitig. Die Krawatte sitzt korrekt, trotz der
Abendstunde, und der Nadelstreifenanzug paßt zu seiner etwas
steifen Förmlichkeit. Sieht so ein Mann aus, der übersinnliche
Erfahrungen vermittelt, ein Schamane der Neurophysiologie?
Schwer zu glauben, der einundfünfzigjährige Hirnforscher mit
den hageren, etwas besorgten Gesichtszügen und den großen
Brillengläsern hat so gar nichts Esoterisches an sich. Eher erinnert er an einen gewissenhaften Beamten, der gerade Überstun-
den macht. «Früher war ich jeden Tag hier», erzählt er, während
wir in das einsame Untergeschoß der Universität hinabsteigen.
«Aber auf die Proteste meiner Familie hin bleibe ich jetzt sonn-
tagvormittags zu Hause – und arbeite dort.» Kein Zweifel, hier
spricht ein leidenschaftlicher Wissenschaftler.

Im Vergleich zu vielen hochmodernen Bewußtseinslaborato-
rien wirkt Persingers Forschungsstätte allerdings eher wie ein
Hobbykeller. Die technische Ausrüstung seines «Behavioural
Neuroscience Laboratory» besteht aus einigen veralteten Computern, Verstärkern und einem EEG. Ihre Kabel führen in eine
kleine, schallisolierte Kammer, deren Einrichtung vom Sperrmüll
stammen könnte: Umgeben von alten Teppichen und Kissen
thront ein abgewetzter Polstersessel, auf einem Tisch liegen Kabel, Klebeband und Kleenextücher griffbereit.

Hier also finden die bewußtseinserweiternden Versuche statt. Mit dunklen Brillengläsern vor den Augen, licht- und schallisoliert, nimmt der Proband auf dem Sessel Platz und bekommt einen umgebauten Motorradhelm aufgesetzt. «Innen sind an jeder Seite des Helms vier Magnetspulen angebracht», erläutert Persinger, «und darüber spielen wir sehr schwache Magnetfelder ein, die etwa ein Mikrotesla betragen.» Diese elektromagnetischen Signale entsprächen in ihrer Intensität etwa einem Zwanzigstel des Erdmagnetfeldes, wirkten allerdings wesentlich gezielter auf das Denkorgan ein. «Wir können dabei das Gehirn als seinen eigenen Verstärker benutzen und die Muster der Hirnströme in das Organ zurückspielen, die wir zuvor mit dem EEG aufgezeichnet haben», erklärt der Hirnforscher eifrig, «wir können aber auch andere Signale einspielen, die wir am Computer künstlich erzeugen.»

So weit die Technik. Die damit erzielten Wirkungen seien in der Tat höchst bemerkenswert: Manche Versuchspersonen hätten das Gefühl, ihr Körper vibriere oder fange gar an zu schweben, bei anderen tauchten höchst lebendige Erinnerungen aus der Kindheit auf, und nicht wenige glaubten unter dem Motorradhelm, eine eigentümliche «Präsenz» wahrzunehmen, so als sei plötzlich noch jemand in der Kammer. «Sie sagen zum Beispiel, daß sie ihren Schutzengel gespürt haben oder Gott oder so etwas Ähnliches», erklärt Persinger, als sei dies das Normalste der Welt. Manche Versuchspersonen empfänden das zwar als «ziemlich heftige Erfahrung», aber viele wollten es gern noch einmal erleben. «Wenn die Leute aus unserer Kammer kommen, fühlen sie sich im allgemeinen sehr gut. Meist sind sie nur etwas durcheinander.» Und wie steht es mit negativen Erfahrungen? «O ja, das kommt vor», meint Persinger gelassen. Daß jemand jedoch meine, dem Teufel zu begegnen, geschehe höchst selten. «Wissen Sie, das sind Extremfälle, wir sind jedoch mehr am allgemeinen Durchschnitt interessiert», erklärt er betont sachlich. Überdies habe er die Erfahrung gemacht, daß die Leute selbst ein negatives

Michael Persinger

Gefühl noch einmal erfahren wollten. «Das scheint bizarr, aber denken Sie daran, daß Leute auch in Horrorshows und ähnliches gehen, um sich zu stimulieren.»

Hier, in einer Provinzuniversität in einem abgelegenen kanadischen Städtchen, finden also die vielleicht heikelsten Menschenversuche der modernen Hirnforschung statt. Ob es denn keinen Protest dagegen gegeben habe? Na ja, meint Persinger, anfangs hätten vor seinem Labor noch bibelfeste Kirchgänger gegen ihn und seine «dämonischen» Experimente demonstriert. Doch er habe ihnen klargemacht, daß er keinesfalls irgendwelche Glaubensvorstellungen zerstören wolle – seither herrsche Ruhe.

«Wir sind nicht daran interessiert, Gott zu beweisen oder zu widerlegen. Wir sind daran interessiert, die Teile des Gehirns zu finden, die diese Art der Erfahrung vermitteln», erläuterte Persinger und kramt nach einem Stapel Veröffentlichungen, mit denen er die Wissenschaftlichkeit seiner Arbeit belegt. So spiele etwa das Muster der eingespielten Signale eine wichtige Rolle. «Wir können zwar nicht gezielt bestimmte Erfahrungen hervorrufen, aber mit speziellen Feldern können wir grob gewisse Themen oder emotionale Komponenten beeinflussen – die Details des Erlebten freilich reflektieren jeweils die individuelle Geschichte der Versuchsperson.»

Die Erzeugung mystischer Erlebnisse ist jedoch nicht das eigentliche Ziel des kanadischen Doktors der Psychologie und Physiologie. Eher sind sie das Abfallprodukt einer ungewöhnlichen Ufo-Theorie. Persinger, der auch Geophysik studiert hat, ist nämlich überzeugt, daß Ufo-Sichtungen auf natürliche Leuchtphänomene zurückzuführen sind, die in Zusammenhang mit Erdbeben auftreten. Seit Jahren versucht er, diese These statistisch zu belegen. Könnte es nicht sein, so hatte Persinger in diesem Zusammenhang spekuliert, daß die tektonischen Verwerfungen auch das Gehirn beeinflussen, indem sie abrupte Schwankungen des Erdmagnetfeldes auslösen? Könnten auf diese Weise nicht auch Visionen oder andere mystische Erfahrungen hervorgerufen werden?

Um diese Hypothese zu testen, hat er in den vergangenen zehn Jahren über fünfhundert Versuchspersonen seinen modifizierten Motorradhelm aufgesetzt. Meist nehmen in Persingers Polstersessel Studenten Platz, die für ihre freiwillige Teilnahme an den Experimenten einen kleinen Notenbonus bekommen. Manchmal sind es auch Leute, die sich aus Neugier melden, oder Patienten mit Hirnschädigungen, die auf therapeutische Wirkungen hoffen. Als Vorsichtsmaßnahme müssen seine Probanden vor der elektromagnetischen Stimulation einige Koordinationstests absolvieren und einen Fragebogen ausfüllen. Mit Fragen wie: «Ich lese gern Technikmagazine» oder «Ich wurde schon einmal auf ein Raumschiff gebracht» erforscht Persinger das Persönlichkeitsprofil seiner Probanden und bemüht sich, vorab mögliche Risikofaktoren abzuklären. Seine Versuche beeinflussen schließlich das sensible elektrische Geschehen im Temporallappen – bei besonders labilen Personen kann eine starke Veränderung in diesem Bereich zu epileptischen Anfällen führen.

Hat der Hirnforscher keine Angst vor möglichen Nebenwirkungen? «Bei neuen Entdeckungen haben wir immer das Risiko des Unbekannten», erwidert Persinger. «Bis jetzt haben wir keine Hinweise darauf, daß wir damit im Gehirn irgend etwas anstoßen. Die empirischen Daten zeigen, daß selbst Langzeitbehandlungen mit intensiven Feldern ein relativ kleines Risiko bergen. Dennoch versuchen wir natürlich, auf der sicheren Seite zu bleiben, indem wir die Probanden meist nur einmal den Signalen aussetzen. Das reduziert das Risiko.» Und falls die Versuche doch unvorhergesehene Folgen haben? «Wir haben die Vereinbarung, daß die Probanden mich jederzeit anrufen können, wenn in den folgenden 24 oder 48 Stunden irgend etwas Ungewöhnliches passiert.»

Obwohl Michael Persinger sich mitunter gern mit Otto Hahn, dem Entdecker der Kernspaltung, vergleicht, ist er doch sichtlich bemüht, seine Experimente nicht allzu dramatisch erscheinen zu lassen: «Wir versuchen nur das zu imitieren, was das Gehirn von allein tut.» Zwar hätten etwa 20 bis 30 Prozent aller Teilnehmer in der Nacht nach den Versuchen sehr lebhafte Träume. «Doch die Effekte von schwachen elektromagnetischen Feldern sind subtil», versichert er in beruhigendem Ton. «LSD wirkt dagegen wie ein Vorschlaghammer.» Daß die «subtilen Effekte» dennoch so erstaunliche Wirkung haben, erklärt der Neurophysiologe auch damit, daß in der schallisolierten Kammer plötzlich alle akustischen und (durch die Brille) visuellen «Inputs» wegfallen. Dadurch würden viele Neuronen von passiver Informationsregistrierung befreit und empfänglich für die Wechselwirkung mit den induzierten Strömen der externen magnetischen Felder.

Diese richtet Persinger im übrigen mit Vorliebe auf die zentralen Hirnregionen Amygdala und Hippocampus, denn das seien die «elektrisch labilsten Bereiche».

Nun ist die Wirkung der diffusen Magnetfelder reichlich unspezifisch, und auch Persinger weiß nicht so genau, was sie an welcher Stelle des Gehirns exakt auslösen. Entsprechend nebulös ist auch die wissenschaftliche Erklärung seiner erstaunlichen Ergebnisse. Diese führt er vor allem auf die Spezialisierung der rechten und linken Gehirnhälfte zurück. Schließlich ist durch PET-Aufnahmen schon länger bekannt, daß im Gehirn eine Art Arbeitsteilung stattfindet: Links werden analytische Prozesse und Sprache verarbeitet, die rechte Seite dagegen ist eher für ganzheitliche Aufgaben zuständig, zum Beispiel für das Erkennen von Gesichtern, Musikalität oder auch Kreativität (vgl. Abbildung 9, Seite 165). Persinger geht allerdings noch einen Schritt weiter und vermutet in der linken Hemisphäre auch den «Sinn für das Selbst», denn «ohne Sprache gibt es kein Selbstverständnis». In der rechten Hemisphäre sei dagegen, sozusagen als Äquivalent, «das Gefühl einer Präsenz» angesiedelt.

Diese Interpretation stützt er auf seine experimentellen Befunde: «Wirken die Magnetfelder vor allem auf das Gebiet um den linken temporalen Parietallappen, hören die Versuchspersonen oft Stimmen, die ihnen Instruktionen erteilen – diese werden meist mit Gott oder ähnlichem in Verbindung gebracht», erläutert Persinger. «Stimulieren wir dagegen rechts, haben die Probanden das Gefühl, als ob irgendein Ding, eine Wesenheit, neben ihnen stehe, die ihnen fremd ist. Technisch nennen wir das ein ‹Ego-Alien›.» Dieser Eindruck sei eher mit negativen Gefühlen gekoppelt. Wirken die elektrischen Reize dagegen eher links, berichten die Versuchsteilnehmer meist von positiven Gefühlen. Persingers Theorie zufolge sitzt daher in der linken Gehirnhälfte nicht nur der «Sinn für das Selbst», sondern auch der Optimismus, rechts dagegen finden sich pessimistische Stimmungen – eine gewagte Hypothese.

Doch damit nicht genug: Auf diese Weise, so meint der Hirnforscher, ließe sich auch das Zustandekommen religiöser Erfahrungen erklären. Zu solchen Erlebnissen komme es gewöhnlich dann, wenn die vertraute Umgebung zusammenbreche. In derartigen Situationen nehme zunächst die Aktivität der rechten, ängstlichen Hemisphäre zu. Spitze sich die Lage zu und erzeuge etwa Streß oder Schmerz, schütze sich das Gehirn dadurch, daß es seine linke Hälfte, also den Sinn für das Selbst, gewissermaßen ausschalte. Dadurch gewinne die rechte Hemisphäre die Oberhand, und die dort verarbeiteten Erfahrungen – Träume, Visionen, Halluzinationen – träten mit einem Mal verstärkt ins Bewußtsein. «Werden solche rechtshemisphärischen Invasionen wiederholt», erläutert Persinger, «regen sie, paradoxerweise, neue Aktivität in der linken Seite an. Und da die linke Hemisphäre eher Optimismus verbreitet, fühlt die Person in diesem Moment plötzlich große Freude und Zuversicht in sich aufsteigen.» Auf diese Weise werde die ursprüngliche Angst in ihr Gegenteil verkehrt und – wenn der Prozeß weit genug gehe – schließlich ein neuer, umfassenderer Sinn des Selbst etabliert. Daraus könne das Bedürfnis entstehen, all diese neuen Erfahrungen in ein System zu bringen und andere davon zu überzeugen – kurzum, all das, was ein rechtes religiöses Erleuchtungserlebnis ausmacht.

Michael Persinger selbst glaubt freilich nicht an Gott: «In den vergangenen tausend Jahren hat sich diese Hypothese, ob Gott existiert oder nicht, als völlig unnütz herausgestellt. Sie war verantwortlich für unsägliche Qualen und die meisten Kriege», lautet sein Urteil. Für ihn entstand der Glaube an Gott, als der Mensch einen Sinn für die eigene Person entwickelte. Mystischen oder religiösen Erlebnissen lägen im Grunde nur elektrische Übergangszustände im Temporallappen des Großhirns zugrunde. Solche «temporal lobe transients» (TLTs) seien jedoch höchst potente Modifikatoren menschlichen Verhaltens: «Eine singuläre Episode in einem passenden Kontext kann zu einer weitreichenden Verhaltensänderung führen.»

Inzwischen ist es spät geworden. Michael Persinger steht auf und streift sich einen leicht vergilbten Laborkittel über. «Ich muß jetzt meine Ratten füttern», entschuldigt er sich. Von seinem kleinen Büro aus geht es noch ein Stockwerk tiefer in einen Kellergang, der links und rechts von Stahltüren gesäumt ist. Hier leben rund fünfhundert Versuchsratten, an denen der Hirnforscher seine Theorien überprüft. Bei einigen von ihnen hat er durch Drogen Epilepsie hervorgerufen. Nun untersucht er den Einfluß von Magnetfeldern auf ihr Verhalten. «Während eines epileptischen Anfalls ist das Gehirn elektrisch sehr labil und sensibel», erklärt Persinger, während er das Futter abmißt. «Durch die Anwendung von elektromagnetischen Feldern können wir allerdings das Ausmaß des Schadens beeinflussen.» In einem zweiten Raum versucht er, die Gedächtnisleistung der Tiere durch entsprechende Magnetbestrahlung zu erhöhen. Oder er erforscht den Einfluß des veränderlichen erdmagnetischen Feldes auf die Aggressivität seiner Tiere. «Dazu benutzen wir Tiere, die wir chronisch epileptisch gemacht haben und in deren Käfigen wir geomagnetische Felder imitieren.» Dadurch ließen sich beachtliche Effekte erzielen, meint Persinger hoffnungsvoll. Doch zu seinem Bedauern wollten die meisten Forscher von solchen Zusammenhängen offenbar nichts wissen.

Tatsächlich findet der Neurophysiologe aus Sudbury bislang wenig Anklang bei seinen Fachkollegen. So veröffentlicht er meist in unbekannten und nicht besonders angesehenen Journalen wie etwa *Perceptual and Motor Skills*, einer Zeitschrift, in der man sich eine Publikation durch Abnahme einer gewissen Anzahl teurer Sonderdrucke «erkauft». Eine der wenigen, die sich intensiv mit Persingers Arbeiten auseinandersetzten, ist die britische Psychologin Susan Blackmore, die sich die Erforschung parapsychologischer Phänomene zum Ziel gesetzt hat. Nach einem Selbstversuch in Persingers Labor meinte sie allerdings, das sei das Riskanteste gewesen, was sie je gemacht hätte. «Es war, als ob mich jemand an den Schultern und Beinen ergriff und meinen

Körper verdrehte und auseinanderzog», beschrieb sie ihre Erfahrungen unter Persingers Motorradhelm. Nacheinander durchlebte sie intensive Zustände von Ärger, Wut und Angst, und als sie schließlich die Kammer verließ, «da fühlte ich mich für Stunden schwach und desorientiert».

Zu Recht warnt Susan Blackmore, daß niemand die Langzeitwirkungen magnetischer Felder auf das Gehirn kenne. In der Abgeschiedenheit seiner Provinzuniversität geht Michael Persinger derweil mit seinen Experimenten schon in die nächste Stufe. «Das ist unser neuestes Gerät: der sogenannte Oktopus», sagt der Forscher und deutet auf einen mit Klebeband umwickelten Kranz von acht Magnetspulen, der den Probanden über den Kopf gestülpt werden soll. «Damit können wir das Magnetfeld um den ganzen Kopf rotieren lassen und erzielen dadurch noch stärkere Effekte», erläutert der Hirnforscher. «Hinterher sind die Leute allerdings wirklich verwirrt, manchmal verlieren die Versuchspersonen sogar das Bewußtsein.» Wie bitte? «Ach wissen Sie», beruhigt Persinger, «wenn jemand stundenlang vor dem Fernseher sitzt, dann ist er hinterher auch benommen.»

Kapitel 8
Die Chemie des Geistes
Von eigenen und fremden Drogen

In San Francisco kann selbst ein Straßenschild zur Attraktion werden. Beispielsweise an der Kreuzung von Haight und Ashbury Street: Unter diesem Schild lassen sich Touristen besonders gern fotografieren. Vor allem ältere Semester dokumentieren so ihren Besuch im legendären Haight-Ashbury-Distrikt, der Keimzelle der Hippiebewegung. Hier begann die Flower-power-Kultur, hier brach 1967 der «Sommer der Liebe» aus. Im selben Jahr, als in Berlin der Student Benno Ohnesorg erschossen wurde, predigten die Blumenkinder in San Francisco «Make love, not war». Eine ganze Generation geriet in Aufruhr und erprobte Alternativen zum herrschenden bürgerlichen Lebensstil. Hand in Hand mit der politischen Bewegung ging die Forderung nach privater Bewußtseinserweiterung. Die Hippies entdeckten die östliche Mystik – und psychedelische Drogen.

Zum wortgewaltigsten Propagandisten der neurochemischen Erleuchtung wurde Timothy Leary, Psychologiedozent an der ehrwürdigen Harvard University. Er empfahl Drogentrips als Therapie und predigte ein runderneuertes Bewußtsein durch Lysergsäurediethylamid (LSD). Die Droge wurde zur Waffe der spirituellen Befreiung, und halluzinogene Trips gehörten zur Hippiebewegung wie der Weihrauch zur katholischen Kirche. Drogenguru Leary gründete gar eine religiös angehauchte Gemeinschaft namens «League of Spiritual Discovery» (abgekürzt LSD). Das gemeinsame Motto der Hippies, Beatniks und Freaks: «Turn on, tune in, drop out». Das «Antörnen» bezog sich dabei nicht nur auf den Drogenkonsum und ein entsprechendes Aufdrehen der Stimmung, sondern auch auf die neue, vor allem sinnlichere Wahrnehmung der Welt. «Einstimmen» bedeutete, ein gemeinsames, alternatives Lebensgefühl aufzubauen, und schließlich bezeichnete das «Aussteigen» den Abschied von sozialen Zwängen und den rigiden Institutionen der herrschenden Gesellschaft. In San Francisco starteten viele Jugendliche zu ihren ersten psychedelischen Reisen, und LSD wurde zum ersten Psychedelikum, das einen entscheidenden Einfluß auf die westliche Kultur gewann.

Noch heute zehrt die Gegend um die Straßen Haight und Ashbury von ihrem damaligen subkulturellen Ruhm. «Drugstores» verkünden ungeniert «Ecstasy sold here», und selbst normale Getränkeshops verheißen in ihrer Werbung «liquid experience», flüssige Erfahrung. Doch zugleich wird deutlich, wie sehr sich die Zeiten seit dem Sommer der Liebe gewandelt haben. Aus der Protestkultur von einst hat sich mittlerweile ein einträgliches Geschäft entwickelt. Boutiquen, Cafés und Andenkenläden bieten von der Haschpfeife bis zum passenden Hippie-Outfit alles feil, was zum Image der Blumenkinder paßt. Und für viele Touristen gehört ein Bummel durch das bunte Viertel ebenso zu einem San-Francisco-Besuch wie eine Fahrt mit dem Cable Car – Sightseeing statt sozialer Revolte.

Zwar ist der gesellschaftliche Einfluß der damaligen Jugendrebellion bis heute in vielen Bereichen spürbar, und die LSD-Trips haben mit Sicherheit die Weltsicht einzelner nachhaltig verändert. Doch zu der allgemeinen Bewußtseinsrevolution, von der die Hippies damals träumten, ist es nicht gekommen. Übrig geblieben sind in Haight-Ashbury nur einige wenige echte Relikte aus alter Zeit, etwa die alternative Free Clinic, in der sich Drogenabhängige kostenlos behandeln lassen können. Auch sie wurde 1967 gegründet, als Reaktion auf die «medizinischen Bedürfnisse einer wachsenden chemisch abhängigen Bevölkerung», wie es eine Selbstbeschreibung formuliert. Die jungen, oft mittellosen Drop-outs sollten hier unbürokratische Hilfe finden, ungeachtet des Ansehens der Person und ohne eine polizeiliche Meldung fürchten zu müssen. Heute kann die Freie Klinik wohl auf die längste Erfahrung im Umgang mit bewußtseinserweiternden Chemikalien zurückblicken. «Viele Drogenphänomene traten hier im Haight-Ashbury-Distrikt zum erstenmal auf – und wir bekamen sie als erste zu Gesicht», erinnert sich Rick Seymour, der selbst seit 27 Jahren in der Klinik mitarbeitet und heute das *Journal of Psychoactive Drugs* mitherausgibt.

Die Geschichte der Hippiebewegung wie der Psychedelika überhaupt zeigt vor allem eines: Unser «normales» Bewußtsein ist ein höchst fragiles Gebilde, das sich dramatisch beeinflussen und verändern läßt. «Als die Droge auf die Straße kam und wahllos benutzt wurde, gingen auch die Probleme los», erinnert sich Rick Seymour. So führten die halluzinogenen Zustände vor allem bei unerfahrenen Konsumenten mitunter zu Panikattacken oder Angstgefühlen, manche sprangen im Drogenrausch gar aus dem Fenster. Die Zahl der Suizidfälle wuchs beständig. Gegen solche akuten psychischen Auswirkungen half oft die sogenannte «Talkdown»-Strategie: ansprechen, dem «user» Sicherheit vermitteln und ihn so in die Realität zurückbringen. «LSD-Konsumenten sind ungeheuer empfänglich für Suggestionen. Entsprechend können Wahrnehmungen ebenso als wohltuend wie auch als bedrohlich eingestuft werden», meint Seymour.

Ein unkonventionelles «Talk-down» ist beispielsweise von Timothy Leary überliefert. Er erhielt eines Tages einen Anruf von einem LSD-Jünger, der sich offenbar gerade auf einem schlechten Trip befand: «Es ist furchtbar, ich weiß nicht, wo ich bin, überall ist Wasser um mich her. Was soll ich tun?»

«Aha», antwortet Leary, «die Straßen sind also voller Wasser?»

«Ja, ja, die Straßen sind voller Wasser.»

«Dann schau die Straße entlang. Siehst du einen goldenen Dom?»

«Äh – ja, ja, ich seh ihn.»

«Gut, siehst du vielleicht vier goldene Pferde vor dem Dom?»
«Ah ja, ich seh sie, ich seh sie.»
«Wunderbar», sagt Leary, «du bist auf dem Canale Grande in Venedig. Have a good trip!»

Freilich gingen nicht alle Bewußtseinsreisen so glimpflich zu Ende. In der Haight-Ashbury-Klinik fanden sich bald auch die ersten Drogenkonsumenten mit psychischen Langzeitfolgen ein. Manche hatten echte Schizophrenien entwickelt, andere litten unter einem Gefühl emotionaler Leere, so als lebten sie in einer Art Blase abgeschirmt von der Außenwelt. «In solchen Fällen bieten wir psychologische Therapien an», erzählt Seymour, «und wir fördern vor allem die Selbsthilfe.» In der Free Clinic treten die Doktoren daher auch eher als Freunde denn als Autoritäten auf, weiße Kittel sind verpönt. Und die Drogenabhängigen brauchen nach wie vor keine polizeiliche Meldung zu fürchten. Die Klinik in San Francisco, die vor allem von freiwilligem Engagement lebt, wurde damit zum Vorbild einer ganzen Bewegung. Auf ihrem Höhepunkt in den siebziger Jahren fand sie rund sechshundert Nachahmer in den USA. Heute, in den Zeiten von Aids und schrumpfenden Sozialausgaben, haben sich die Aufgaben der Haight-Ashbury-Ärzte zwar gewandelt. Nun kümmern sie sich auch um Obdachlose und andere Randgruppen. Aber immer noch bildet die Drogentherapie einen wichtigen Bestandteil ihrer Arbeit.

Ein Gefühl wie Verliebtsein

Genauso wie sich die politischen Rahmenbedingungen wandelten, haben sich auch die Rauschmittel selbst verändert. Waren früher LSD oder Heroin en vogue, so ist es heute vor allem die Techno-Droge Ecstasy, die immer mehr Menschen in ihren Bann zieht. In Deutschland zum Beispiel nimmt die Zahl der Konsumenten von Jahr zu Jahr um mehr als 30 Prozent zu, Tendenz steigend. Die Wirkung von Ecstasy ist grundsätzlich anders als die der Psychedelika: Statt von halluzinogenen Sinneswahrnehmungen und einer Auflösung des Ich-Gefühls berichten Konsumenten von einer ebenso harmonisierenden wie stimulierenden Wirkung. Ecstasy gilt als «Wahrheits- und Liebesdroge», die das Herz öffnet und ein entspanntes, sorgenfreies Gefühl von Vertrautheit und Intimität vermittelt. Kein Wunder, daß «XTC» in den achtziger und neunziger Jahren zur ultimativen Partydroge avancierte. Erst die aufputschende und leicht in Trance versetzende «Glückspille» gibt den Tanzparties der Techno-Szene den richtigen Kick und läßt die «Raver» ein ganzes Wochenende lang durchhalten. (Mit der Liebe ist es allerdings so eine Sache: XTC verstärkt zwar die Empfindungen, schwächt jedoch die Libido. Auch das paßt zum modernen Trend: Hinsehen erwünscht, Anfassen verboten.)

Die Geschichte dieser Droge ist freilich wiederum eng mit San Francisco verknüpft, genauer gesagt, mit der Arbeit des Biochemikers Alexander Shulgin, dessen Ruf als «Tripmaster» unter Eingeweihten legendär ist. «Sascha» Shulgin arbeitete Ende der fünfziger Jahre für die Dole Chemical Company vor den Toren San Franciscos. Nach der Erfindung eines profitablen Insektizids erhielt er ein eigenes Labor und begann dort systematisch psychedelische Drogen zu erforschen. Er synthetisierte nicht nur unzählige neue Substanzen, sondern erprobte diese auch an sich selbst und seinen Freunden. Seine Arbeitgeber waren davon allerdings wenig begeistert und komplimentierten ihn Mitte der sechziger Jahre hinaus. Nach seiner Entlassung arbeitete Shulgin in seinem Privatlabor in der Nähe San Franciscos weiter und verfaßte schließlich die Bibel der Psychedelika: Einen dicken Wälzer namens *Pihkal – Phenethylamines I Have Known and Loved*. Darin finden sich seine autobiographischen Erfahrungen nebst detaillierten Syntheseanleitungen für 179 psychedelische Substanzen inklusive Wirkungsanalyse. Unter der Nummer 109 gibt Shulgin das Rezept für «3,4-Methylenedioxy-n-Methyl-amphetamin» an, kurz MDMA, auch bekannt als «Adam» oder Ecstasy.

«MDMA faszinierte mich», heißt es in Shulgins Rezeptsammlung. «Jeder, der es benutzt hatte, beantwortete die Frage ‹Wie ist es?› auf dieselbe Weise: ‹Ich weiß es nicht.› Und auf die Frage ‹Was passiert?› kam die Antwort: ‹Nichts› ... Auch ich denke, daß nichts passiert. Und dennoch scheint irgend etwas verändert ... Meine Stimmung war leicht, glücklich, aber mit einem tiefliegenden Gefühl, daß sich gerade etwas Bedeutendes ereigne ... Ich fühlte, daß ich über tiefe oder persönliche Dinge mit einer ungewöhnlichen Klarheit reden konnte, und ich erlebte eine Stimmung, wie man sie etwa nach dem zweiten Martini hat, wenn man brillant und mit besonderer analytischer Schärfe zu diskutieren versteht.»

Allerdings hat Shulgin Ecstasy nicht als erster entdeckt. Schon im Dezember 1912 war die Substanz von der deutschen Pharmafirma Merck zum Patent angemeldet worden. Die Merck-Chemiker hatten sie ursprünglich als Appetitzügler entwickelt. Ihrer seltsamen Nebenwirkungen wegen kam die Schlankheitspille jedoch nie auf den Markt. Die Droge geriet in Vergessenheit. Erst als Shulgin sie erneut synthetisierte, ging die eigentliche Geschichte von Ecstasy los. 1977 verabreichte «Sascha» sie beispielsweise einem Bekannten, einem Psychologen namens «Adam», der gerade in Rente gehen wollte. «Er rief mich einige Tage später an, um mir zu sagen, daß er seine Ruhestandspläne aufgegeben habe», schreibt Shulgin. Bis zu seinem Tod reiste Adam durch die Lande und machte Tausende von Psychotherapeuten mit der neuen Droge bekannt. Denn die harmonisierende Wirkung von Ecstasy erwies sich als probates Mittel zur schnellen Beseitigung lange unterdrückter psychologischer Barrieren. «MDMA ist Penicillin für die Seele, und wenn man einmal die Effekte von Penicillin kennt, gibt man es nicht mehr auf», zitiert Shulgin einen begeisterten Psychiater.

Fast zehn Jahre lang zirkulierte die Droge, deren Verbreitung und Konsum zunächst noch legal waren, unter wenigen Eingeweihten. Therapeuten nutzten sie zur Behandlung, und Leute wie Shulgin erforschten im stillen ihr Potential. Erst Mitte der achtziger Jahre erregte Ecstasy in den Vereinigten Staaten öffentliches Aufsehen, als die US Drug Enforcement Agency die Droge verbieten wollte und ihre User dagegen protestierten. Die Berichterstattung der Medien machte Ecstasy landesweit bekannt, und die Zahl der Konsumenten explodierte. Auch der selbsternannte Guru Bhagwan Shree Rajneesh empfahl die «Liebesdroge», und seine rotorange gekleideten Anhänger waren es (unter anderem), die Ecstasy nach Europa brachten.

Vordergründig erscheint der Ecstasy-Konsum weit unspektakulärer als die halluzinogenen Trips der früheren Hippies. «XTC» katapultiert die User gerade nicht in andere, fremde Realitäten, sondern läßt sie eher unter den gegebenen Umständen besonders gut funktionieren. «Unsere Gesellschaft, die von Schnellebigkeit, Leistungsdruck und Konsumrausch geprägt ist, vermittelt vor allem über die Medien den Anspruch, immer fit, dynamisch und ‹gut drauf sein› zu müssen. Ecstasy und andere Partydrogen passen genau zu diesem Anspruch», schreibt die Berliner Ethnologin Elke Dangeleit, die in ihrer Magisterarbeit die Technoszene und ihren Drogenkonsum untersuchte.

Nichtsdestotrotz ist Ecstasy heute verboten. In den USA wurde es gar derselben Kategorie wie LSD und Heroin zugeordnet und gilt als gefährliche Droge ohne medizinischen Nutzen. Studien an Ratten haben gezeigt, daß der Ecstasy-Konsum zu einer Schädigung von Rezeptoren im Hirn führen kann. Überdies wurden vereinzelt Todesfälle durch Kreislaufkollaps in der Techno-Szene bekannt, wenn die Raver bei ihrem aufgeputschten stundenlangen Tanzen zuwenig Flüssigkeit zu sich nahmen. Auch stellen sich nach einem Rausch mitunter Depressionen ein, die sich bis zu Psychosen auswachsen können. Dies gilt vor allem für die «Heavy User», die Ecstasy oft mit anderen Drogen kombinieren.

Rausch im Dienst der Wissenschaft

So unterschiedlich die Auswirkungen von Ecstasy und LSD auch sind, eines haben sie doch gemeinsam: Beide waren zunächst legale Drogen, die anfangs unter einigen wenigen Eingeweihten zirkulierten und vor allem in der Psychotherapie vielversprechende Wirkungen zeigten. Mit steigender Popularität häuften sich jedoch auch die Berichte von dramatischen Nebenwirkungen. Schließlich wurden die Rauschmittel gesellschaftlich geächtet, und damit endete in vielen Fällen auch die Forschung. LSD etwa wurde 1966 für illegal erklärt, und Timothy Leary mußte wegen Verstoß gegen das Drogengesetz wiederholt ins Gefängnis. Erst heute, fast dreißig Jahre später, beschäftigen sich Wissenschaftler wieder mit dem Einsatz von Halluzinogenen. Auf den (mittlerweile verstorbenen) Leary, der die Psychedelika so populär machte, sind sie dabei nicht sonderlich gut zu sprechen: «Der Forschung hat der LSD-Prophet einen furchtbaren Bärendienst erwiesen», sagt etwa der Heidelberger Psychiater Manfred Spitzer, der selbst LSD zur Behandlung psychischer Krankheiten erprobt.

Doch nicht nur Psychiater, sondern auch Grundlagenforscher auf der Suche nach einer Erklärung des Bewußtseins sind heute an Experimenten mit alten und neuen Psychedelika interessiert. Solomon Snyder gehört dabei zu den unverbesserlichen Optimisten. «Von all den bedeutenden Umwälzungen, die im 20. Jahrhundert auf wissenschaftlichem Gebiet stattgefunden haben, versprechen heute insbesondere zwei, das Geheimnis, das sich um das menschliche Bewußtsein rankt, unserem Verständnis näherzubringen», schreibt der Direktor der Abteilung Neurowissenschaften an der Johns Hopkins University in Baltimore: «Die eine dieser Revolutionen betrifft die Entwicklung neuer Gruppen von Pharmaka, welche die Psyche in einer noch nie gekannten Weise beeinflussen; bei der anderen handelt es sich um die explosionsartige Erweiterung unseres Wissens über die

Funktionsweise des menschlichen Gehirns auf zellulärer und molekularer Ebene.»

Die Zuversicht des Forschers ist nicht weiter verwunderlich, betrifft sie doch die Gebiete, auf denen Snyder selbst seit Jahrzehnten forscht. Seine Interessen überspannen dabei das weite Gebiet zwischen Neurologie, Pharmakologie und Psychiatrie. Doch die Trennung zwischen der Pharmakologie und der Neurochemie, die Solomon Snyder in seinem emphatischen Plädoyer vornimmt, ist bei genauem Hinsehen recht willkürlich. Tatsächlich stehen die beiden Bereiche, von denen sich der Forscher die Lösung des Bewußtseinsrätsels erhofft, in enger Beziehung zueinander. Viele Drogen greifen gezielt in das Zusammenspiel der etwa hundert Milliarden Nervenzellen im Gehirn ein. Jede dieser Zellen steht in Kontakt mit tausend bis zehntausend anderen Neuronen – ein unvorstellbar komplexes System. Wer die Wirkung von Heroin oder Kokain, LSD oder XTC verstehen will, muß daher zuallererst die Anatomie und Chemie der Neuronen studieren. In welchen Hirnregionen werden die Substanzen aktiv? Welche molekularen Mechanismen liegen ihrer Wirkung zugrunde? Wie laufen diese Mechanismen im Normalzustand des Gehirns ab, und was lösen sie aus?

Umgekehrt offenbaren oft erst die Bewußtseinsveränderungen der Drogentrips, welche Hirnareale und Abläufe Bewußtsein hervorbringen. Wenn Drogen aufputschen oder ermüden, dann deshalb, weil die Zellen und Systeme, auf die sie wirken, auch im Normalfall Wachheit oder Müdigkeit steuern. Wenn bestimmte Substanzen Halluzinationen hervorrufen, scheinen die betroffenen Hirnareale etwas mit der wohlsortierten inneren Weltordnung zu tun zu haben. Empfindet der Konsument dagegen auf seinem Trip Euphorie oder Depression, dann beeinflussen die entsprechenden Regionen im Hirn vermutlich den Gefühlshaushalt des Menschen.

So erscheint es naheliegend, daß die mit dem Drogenkonsum einhergehenden Bewußtseinserweiterungen oder -trübungen viele Forscher neugierig machten. Schon Mediziner des 19. Jahrhunderts forderten, Drogen zur Erkundung der Hirnfunktionen einzusetzen. Der französische Arzt Jacques Joseph Moreau de Tours schrieb bereits 1845 ein Buch über die von ihm beobachteten Gemeinsamkeiten des Haschischrausches mit verschiedenen Geisteskrankheiten. Andere Forscher experimentierten mit Opium, Kokain oder Fliegenpilzen. In den zwanziger Jahren des 20. Jahrhunderts prägte der Freiburger Psychiater Kurt Beringer für den bewußtseinsverändernden Drogenrausch den Begriff «Modellpsychose». Doch noch heute ist ungeklärt, ob es tatsächlich molekulare Gemeinsamkeiten zwischen psychischen Erkrankungen und drogeninduzierten Psychosen gibt. In einer aufwendigen Fragebogenaktion untersuchte der Schweizer Psychologe Adolf Dittrich die Gemeinsamkeiten von veränderten Bewußtseinszuständen nach dem Drogenkonsum, bei der Meditation, im «Flow» konzentrierten Arbeitens oder im Traum. Alle Veränderungen, die die innere Welt dabei erfahre, schreibt Dittrich, hätten letztlich einen gemeinsamen Kern – ein phänomenologisches Ergebnis, das noch immer seiner experimentellen Bestätigung harrt.

Neuronaler Smalltalk

Denn eben diesen Kern suchen die Forscher seit mehr als einem Jahrhundert. Lange Zeit drohten die Neurologen dabei an der Komplexität des Gehirns zu scheitern. Je genauer sie hinsahen, desto mehr verwirrende Details offenbarten sich. Doch so komplex unser Gehirn auch erscheinen mag, es ist eigentlich aus recht simplen Einheiten aufgebaut. Unser ganzes Denken und Fühlen beruht auf der – wie Solomon Snyder es nennt – Konversation zwischen den Neuronen. Für diesen immerwährenden neuronalen Smalltalk sind die Nervenzellen bestens gerüstet.

Wie alle anderen Körperzellen besitzen sie einen von Zellplasma umgebenen Kern, in dem die genetische Information niedergelegt ist. Vom Zellkörper ausgehend zieht sich jedoch ein langer Fortsatz, das Axon, durch weite Bereiche des umliegenden Gewebes. Solche Axone überbrücken beim Menschen Distanzen von wenigen Millimeterbruchteilen bis zu mehr als einem Meter. Bei Giraffen sind es gar viereinhalb Meter, über die eine einzelne Zelle ihr Signal transportiert – mit dem langen Hals kam die lange Leitung.

Die Konversation der Zellen ähnelt dem Geschwätz einer Schulklasse, bevor der Lehrer den Raum betritt. Von außen betrachtet wirkt das neuronale Geschehen wie ein wildes Durcheinander, und doch gibt es bei näherem Hinsehen feste Regeln. Wie bei den Schülern einer Klasse pflegen manche Zellen untereinander einen langanhaltenden intensiven Kontakt. Andere finden nur sporadisch Anschluß. Einzelne Gruppen haben im Laufe der Zeit eigene Kommunikationssysteme und -formen entwickelt. Das Geschehen ist in beständigem Wandel begriffen. Je nach Situation werden einzelne Individuen gezielt von der Kommunikation ausgeschlossen oder in das Gespräch einbezogen.

So einheitlich die Nervenzellen im Prinzip aufgebaut sind, ihr dichtes Beziehungsgeflecht ist zunächst schlicht undurchschaubar. Das Axonende der Neuronen weist oft unzählige Verzweigungen auf. So kann eine einzelne Zelle mit vielen anderen Neuronen Kontakt aufnehmen. Doch das System ist nicht fest

Abbildung 12: Die meisten Neuronen im Nervensystem von Wirbeltieren haben einige wichtige Merkmale gemeinsam: Vom Zellkörper aus, der den Zellkern enthält, entspringen zwei verschiedenartige Fortsätze: die Dendriten und das Axon. Die Dendriten bilden gleichsam das Empfangssystem der Zelle, das Axon den Sendeapparat. Es ist von einer fettreichen sogenannten Markscheide umgeben, die von Zellen gebildet wird und den beim Menschen bis zu einem Meter langen Zellfortsatz elektrisch isoliert. Über das Axon wird das Signal bis zu den Synapsen, den Schaltstellen zu den nachgeschalteten Nervenzellen, fortgeleitet.

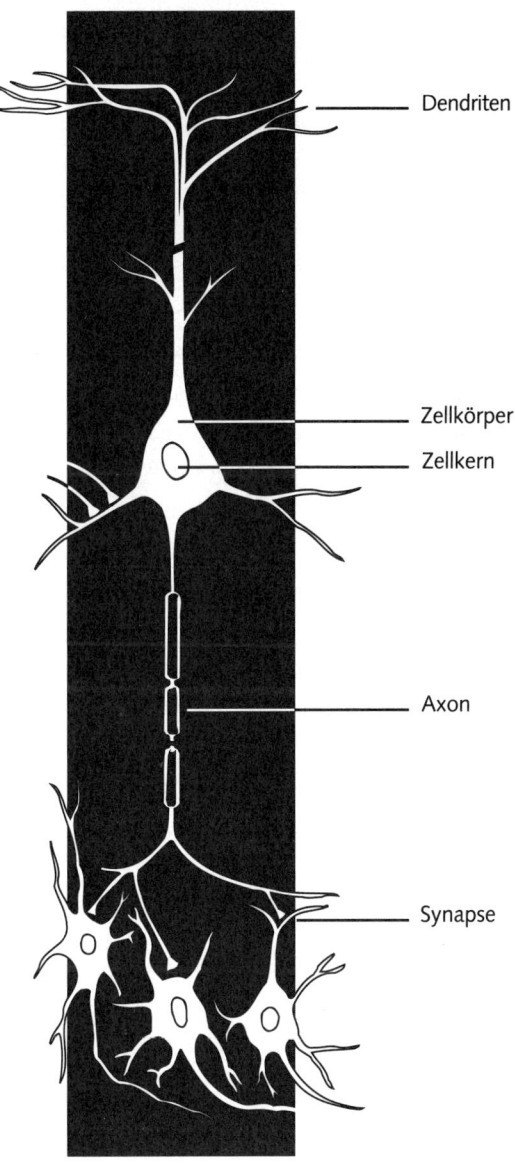

Nervenzelle

Dendriten

Zellkörper

Zellkern

Axon

Synapse

verdrahtet. Verbindungen werden hergestellt und aufgelöst, verstärkt oder abgeschwächt. Signale werden verteilt, verstärkt, verhindert, laufen vor und zurück.

Erst spezielle Färbetechniken ermöglichten es den Forschern, den Verlauf einzelner Informationsbahnen nachzuvollziehen. Die Fortschritte der Neuroanatomie sind in vielen Fällen auf eine ausgeklügelte Farbstoffchemie oder Färbemethode zurückzuführen. 1906 wurden der Italiener Camillo Golgi und der Spanier Ramón y Cajal für ihre Arbeiten auf diesem Gebiet der Nervendarstellung mit dem Nobelpreis ausgezeichnet. Sie arbeiteten mit einer Silberfärbung, die einzelne Zellen im Gewebe sichtbar machte. Heute werden oft fluoreszierende Farbstoffe oder an bestimmte Antikörper gekoppelte Agenzien zur Zellfärbung verwendet. Spezielle Mikroskope und Beleuchtungstechniken machen selbst kleinste Details sichtbar.

Um die Jahrhundertwende war die Technik jedoch noch längst nicht ausgereift. Wer die Architektur des Gehirns verstehen wollte, mußte schon sehr genau hinsehen und vor allem viel mikroskopische Erfahrung mitbringen. Dennoch kamen auch die Experten zu widersprüchlichen Ergebnissen: Anders als Golgi, der das Nervengewebe für ein durchgehendes Geflecht hielt, formulierte Cajal die These, das Nervensystem bestehe aus einzelnen abgegrenzten Einheiten, den Neuronen. «Jedes Neuron», erklärte Cajal, «besitzt einen Rezeptorapparat, den Zellkörper und die dendritischen Fortsätze, einen Sendeapparat, das Axon, und einen Apparat für die Verteilung, die terminale Verästelung der Nervenfaser.» Cajal sollte recht behalten: Neuronen sind abgeschlossene eigenständige Einheiten. Die Enden ihrer Axone treffen auf den Zellkörper anderer Nervenzellen oder – und das ist der häufigere Fall – auf eine andere Art von Zellfortsätzen, die sogenannten Dendriten – Cajals Rezeptorapparat. Jede Zelle besitzt nur ein einzelnes Axon, kann jedoch mehrere oft weitverzweigte Dendriten aufweisen. Sie nehmen das Signal auf und leiten es zum Zellkörper weiter. Dort summieren sich die eingehenden Signale. Wird jetzt eine bestimmte Erregungsschwelle überschritten, sendet die Zelle ihrerseits eine Botschaft.

Über Axone wie Dendriten wird das Signal der Zelle elektrisch fortgeleitet. Zur Übertragung der Botschaft auf eine andere Zelle aber wird das elektrische Signal in ein chemisches übersetzt. An der Nervenendigung, der Synapse, löst der eintreffende elektrische Impuls die Freisetzung einer chemischen Verbindung aus. Aus kleinen Bläschen, den Vesikeln, werden Neurotransmitter ausgeschüttet. Sie überwinden den schmalen Spalt zwischen den Zellen und reagieren auf der Gegenseite mit speziellen Rezeptoren auf der Zelloberfläche. Die Reaktion öffnet Ionenkanäle in der die Zelle umhüllenden Membran. Der nun einsetzende Fluß der elektrisch geladenen Ionen baut über die Zellmembran hinweg eine Spannung auf. Das chemische Signal ist wieder in ein elektrisches übersetzt worden. Die Synapse ähnelt dabei einer Einbahnstraße im Netz der Kommunikationswege. Das Signal kann von einer Zelle auf die andere übertragen werden, jedoch nicht wieder zurück.

Im Reich der Boten

Die Chemie der Neuronen hat einen entscheidenden Einfluß auf ihre Aktion. Je nachdem, welcher Botenstoff sich in den Vesikeln befindet, wirkt ein elektrisches Signal nach seiner Übersetzung hemmend oder erregend auf die nachfolgende Zelle in der Informationskette. Die meisten Neurotransmitter werden dort synthetisiert, wo sie benötigt werden, in der Synapse. Hier werden sie in den Vesikeln eingelagert, bis ihre Zeit gekommen ist. Wie ein sauber gefertigter Schlüssel passen sie ins Schloß der Rezeptoren auf der Gegenseite. Kaum haben sie dort angedockt, werden sie auch schon wieder entfernt, machen den Platz frei für eine erneute Signalkaskade. Einige Transmitter werden noch im synaptischen Spalt mit Hilfe spezieller Enzyme abgebaut. Meist aber werden sie – die Natur ist eine Meisterin der Ökonomie – für den nächsten Einsatz recycelt.

Drogen können auf vielen Ebenen in dieses chemische Wechselspiel der Zellen eingreifen. Sie verhindern die Synthese der Neurotransmitter oder hemmen ihren Abbau. Sie lassen die Vesikel leerlaufen oder blockieren die Resorption, den Recyclingprozeß der Neuronen. Sie drängen anstelle der Transmitter an die Bindungstellen der nachgeschalteten Zellen. Dabei können sie als sogenannte Agonisten ihre Wirkung imitieren oder als Antagonisten schlicht den Schlüssel-Schloß-Mechanismus außer Kraft setzen. Entscheidend für die Forschung ist jedoch, daß viele Psychopharmaka ebenso spezifisch wirken wie die körpereigenen Botenstoffe. So bringen sie gezielt bestimmte Systeme und Regionen im Gehirn aus dem Tritt und lösen immer wieder dieselben Symptome aus.

Die Opiate Morphium und Heroin etwa binden an die Rezeptoren von Endorphinen, die im Körper Gefühle, Lust und Schmerz steuern. Im schottischen Aberdeen entdeckten John Hughes und Hans Kosterlitz in den siebziger Jahren diese körpereigenen Rauschmittel und nannten sie zunächst nach dem griechischen Ausdruck für «im Kopf» Enkephaline. Der Ausdruck Endorphine für «endogene morphinähnliche Substanzen» setzte sich erst später nach langen Diskussionen durch. Heute werden die beiden Begriffe meist synonym benutzt.

Endorphinrezeptoren finden sich im Rückenmark wie auch in vielen Bereichen des Gehirns. 1975 gelang es Solomon Snyder, Candace Pert und Michael Kuhar an der Johns Hopkins University, die Lokalisation der Rezeptoren mit Hilfe radioaktiv markierter Opiate sichtbar zu machen. Sie fanden Endorphinneuronen im sogenannten Mandelkern, der Amygdala, sowie im Hypothalamus. Die Amygdala ist ein Teil des limbischen Systems. Dieses System bildet um den Hirnstamm herum eine Art

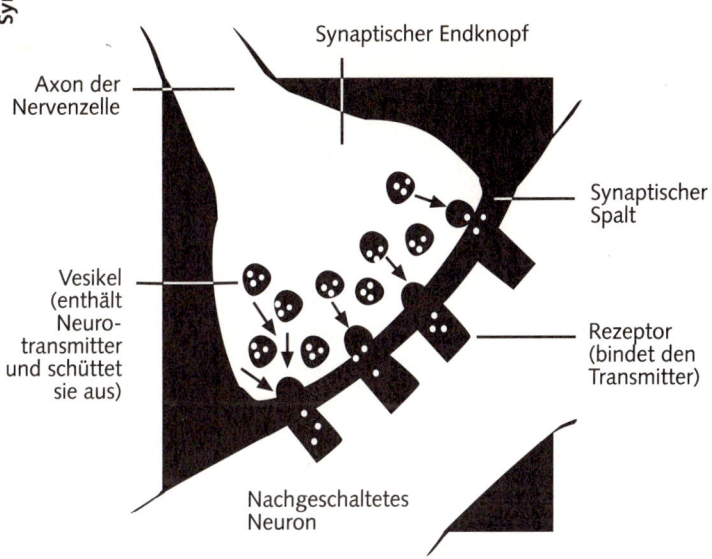

Synapse

Synaptischer Endknopf

Axon der
Nervenzelle

Synaptischer
Spalt

Vesikel
(enthält
Neuro-
transmitter
und schüttet
sie aus)

Rezeptor
(bindet den
Transmitter)

Nachgeschaltetes
Neuron

Abbildung 13: Synapsen sind die Schaltstellen des Nervensystems. Sie arbeiten mit Neurotransmittern als Botenstoffen und lassen Signale nur in einer Richtung passieren (sogenannte elektrische Synapsen sind im Gegensatz zu ihren chemischen Vettern weitaus seltener). Gelangt ein elektrisches Signal über das Axon zum synaptischen Endknopf einer Nervenzelle, werden dort aus kleinen Bläschen, den Vesikeln, die Neurotransmitter ausgeschüttet. Die chemischen Boten überwinden den schmalen Spalt zwischen den Zellen und docken auf der gegenüberliegenden Seite an spezifische Rezeptoren an. Dieser Schlüssel-Schloß-Mechanismus öffnet in der Membran der nachgeschalteten Zelle Ionenkanäle. Elektrisch geladene Teilchen überwinden die Membran und bauen so eine Spannung auf. Das nun wieder elektrische Signal wird über Dendriten und den Zellkörper zum nächsten Axon geleitet. Dort kann der Zyklus erneut beginnen. Dafür, daß ein Signal nicht endlos zwischen verschiedenen Zellen kursiert, sorgen sogenannte hemmende Synapsen, die die nachgeschalteten Zellen am Aufbau eines elektrischen Potentials hindern.

Ring (Limbus), der vor allem emotionale Effekte kontrolliert. Vom Locus coeruleus aus, einer im Schnittbild bläulich schimmernden Region im Hirnstamm, vermitteln Endorphine euphorische Gefühle. Auch in vielen anderen Zentren des Gehirns lassen sich die Andockstellen für Morphine aufspüren. Die Liste der Johns-Hopkins-Forscher umfaßt nahezu dreißig Regionen, in denen sie das radioaktiv markierte Opiat nachweisen konnten, darunter den mittleren Teil des Thalamus. Diese Struktur im Zentrum des Gehirns ist die Haupteingangszentrale für unsere Wahrnehmungen. Hier werden die Signale der Sinnesorgane gefiltert und an die Großhirnrinde weitergeleitet. Der mittlere Bereich des Thalamus ist für Sinneskanäle zuständig, über die starke, brennende Schmerzen an das Gehirn vermittelt werden – genau der Typ von Schmerz, der sich durch Opiate lindern läßt.

Hier agieren auch die körpereigenen Betäubungsmittel. Doch anders als ihre chemischen Verwandten machen die Endorphine nicht süchtig. Sie werden unmittelbar nach ihrem Kontakt mit den entsprechenden Rezeptoren abgebaut. Der Konsum von Opiaten führt dagegen zu Abhängigkeit: Die Opiate werden im Vergleich zu den Endorphinen verhältnismäßig langsam abgebaut. Die körpereigene Endorphinausschüttung wird unterdrückt, das Gehirn damit seiner eigenen schmerzstillenden und glücksauslösenden Substanzen beraubt. Die Zahl der Endorphinrezeptoren geht immer weiter zurück. So kommt es zu einer Toleranzentwicklung des Körpers und schließlich zur Sucht.

Für das Verständnis der Wirkung von Kokain, Amphetaminen und Psychedelika sind wieder andere Botenstoffe von Bedeutung, an erster Stelle vermutlich das Trio Noradrenalin, Dopamin und Serotonin. Noradrenalin und Dopamin haben eine anregende Wirkung auf das Nervensystem, Serotonin sorgt dagegen für eine Beruhigung der Neuronen.

Noradrenalin ist der typische Transmitter des sympathischen Nervensystems. Er erhöht Puls und Blutdruck, weitet die Bronchien und bereitet so den Körper auf Höchstleistungen vor.

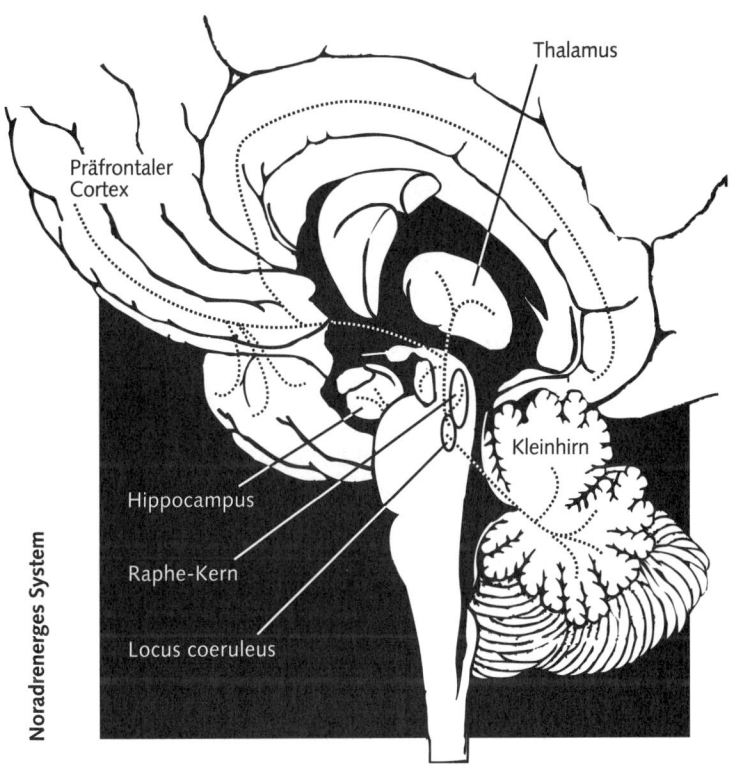

Abbildung 14: Noradrenalin gehört zu den wichtigsten aktivierenden Transmittern des Nervensystems. Die noradrenergen Systeme sind auf ein paar kleine Ansammlungen im Hirnstamm begrenzt. Von hier aus senden sie ihre Fasern in fast alle Regionen des Gehirns. Sie verbinden den Hirnstamm mit dem Kleinhirn, dem Hypothalamus, der Großhirnrinde und vielen anderen Strukturen. Auffallend unter den noradrenergen Systemen ist der Locus coeruleus. Hier sind die Zellkörper der meisten noradrenergen Neuronen lokalisiert. Obwohl die winzige Struktur im Hirnstamm beim Menschen nur rund dreitausend Nervenzellen enthält, stehen diese Zellen vermutlich mit einem Drittel, vielleicht auch der Hälfte aller Hirnneuronen in Verbindung.

Noradrenalin löst das «fight/flight/fright syndrome» aus. So nennen die Forscher eine eigentümliche Mischung aus Kampfbereitschaft, Fluchtreflex und Furcht. Die noradrenergen Systeme im Gehirn beschränken sich auf ein paar kleine Ansammlungen im Hirnstamm. Auffallend unter den noradrenergen Systemen ist wie schon bei der Lokalisierung von Endorphinrezeptoren der Locus coeruleus. Hier sind die Zellkörper der meisten noradrenergen Neuronen lokalisiert. Obwohl die winzige Struktur im Hirnstamm beim Menschen kaum mehr als dreitausend Nervenzellen enthält, stehen diese Zellen vermutlich mit einem Drittel, vielleicht auch der Hälfte aller Hirnneuronen in Verbindung. So sehen manche Forscher im Locus coeruleus gar den Kern des Ich.

Möglicherweise beeinflussen die noradrenergen Neuronen des «blauen Ortes» den Erregungszustand jener Nervenzellen in der Großhirnrinde, die für höhere Hirnfunktionen zuständig sind. Die durch sie erzeugte Wachheit könnte die Basis des Bewußtseins sein. So ist auch die aufputschende Wirkung der Amphetamine («Speed») zu erklären. Sie ähneln in ihrer Struktur dem Neurotransmitter Noradrenalin und wirken wie dieser stimulierend. Der Mechanismus der Amphetaminwirkung besteht darin, Noradrenalin und Dopamin aus den Vesikeln der Synapsen freizusetzen. Das Signal ist eindeutig und dem Körper wohlbekannt: Fight, flight, fright. Der ganze Organismus kommt auf Hochtouren.

Dopaminrezeptoren finden sich in ihrer höchsten Konzentration in der Substantia nigra, einer im Hirnschnitt schwarzbräunlich erscheinenden Struktur (daher der Name) im Mittelhirn. Eine Region in der Nähe der Substantia nigra, die fast unaussprechliche Area tegmentalis anteroventralis, verbindet das Mittelhirn mit dem limbischen System und mit vielen höheren Hirnregionen. Stark von dopaminergen Neuronen beeinflußt ist auch die Funktion des Nucleus accumbens, einer Schnittstelle zwischen Emotionen und motorischer Kontrolle.

Wie die Amphetamine wirkt auch Kokain auf das Dopamin-

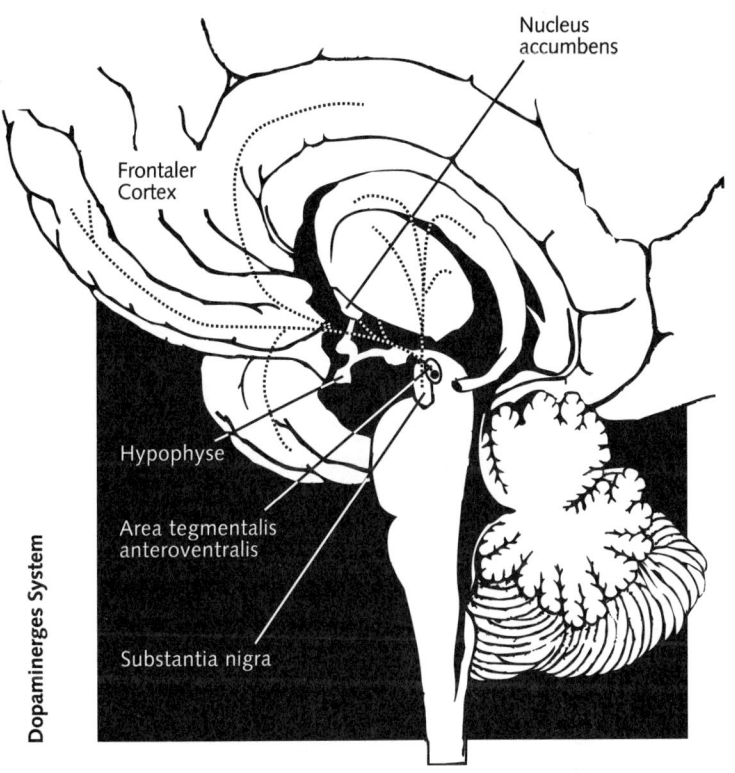

Nucleus
accumbens

Frontaler
Cortex

Hypophyse

Area tegmentalis
anteroventralis

Dopaminerges System

Substantia nigra

Abbildung 15: Das Dopamin ist wie das Noradrenalin ein wichtiger aktivieren-
der Transmitter. Dopaminrezeptoren finden sich vor allem in der Substantia ni-
gra, einer Region im Mittelhirn. Die Struktur hat ihren Namen erhalten, weil
sie im Hirnschnitt schwarz-bräunlich erscheint. Von hier aus ragen Nervenbah-
nen bis in das Corpus striatum, ein wichtiges motorisches Kontrollzentrum des
Gehirns, aber auch zu den Basalganglien, großen Nervenzellmassen tief im In-
nern des Großhirns, sowie in den Frontallappen. Eine Region in der Nähe der
Substantia nigra, die Area tegmentalis anteroventralis, verbindet das Mittelhirn
mit dem limbischen System und mit vielen höheren Hirnregionen. Stark von do-
paminergen Neuronen beeinflußt ist auch die Funktion des Nucleus accumbens,
einer Schnittstelle zwischen Emotionen und motorischer Kontrolle.

und Noradrenalin-Rezeptorsystem. Es verhindert die Resorption von Dopamin und Noradrenalin an der synaptischen Endigung. So erhöht die Droge die Verfügbarkeit der Botenstoffe im Gehirn, verursacht nach dem Entzug jedoch einen Mangelzustand. Die Dopaminrezeptoren stehen in engem Zusammenhang mit dem sogenannten Belohnungssystem des Gehirns. Ein Dopaminüberschuß im Hirn ruft daher ein positives Gefühl hervor. Doch auch psychische Erkrankungen wie Schizophrenie, manisch-depressive Episoden sowie schwere Depressionen werden auf Störungen im Dopaminhaushalt zurückgeführt. Die mit dem Kokainkonsum einhergehende Dopaminausschüttung kann schizophrene Psychosen hervorrufen. Die Blockierung von Dopaminrezeptoren hat dagegen einen der Schizophrenie entgegenwirkenden Effekt. Noch aber ist unklar, ob das eher hypothetische Nervennetz des Belohnungssystems tatsächlich für alle angenehmen Gefühle – und entsprechend ihr Gegenteil – verantwortlich ist.

Auf der Wechselwirkung mit dem Neurotransmitter Serotonin beruht vor allem die Wirkung psychedelischer Drogen wie LSD. Neuronen vom Serotonintyp finden sich ausschließlich in einer kleinen Region, die sich vom Hirnstamm bis zum Mittelhirn zieht, den sogenannten Raphe-Kernen. Wie die Zellen des noradrenergen Systems entsenden die Serotoninneuronen ihre Fortsätze in zahlreiche höhere Hirnregionen. Auch sie stehen intensiv mit dem limbischen System, der emotionalen Schaltstelle des Gehirns, in Verbindung.

Die Technodroge Ecstasy ist eine Amphetaminverwandte. Sie kombiniert die aufputschende Amphetaminwirkung mit einem sympathogenen Effekt: man fühlt sich fit und geliebt. Ecstasy erhöht, das zeigen neuere Untersuchungen, die Ausschüttung von Noradrenalin und Serotonin. Bei Entzug der Droge nach längerem Gebrauch entsteht im Gehirn ein Serotoninmangel, der schwere Depressionen auslösen kann. Im Tierversuch wurde nachgewiesen, daß sich bei anhaltendem Ecstasy-Konsum die Nervenendigungen serotonerger Zellen zurückbildeten.

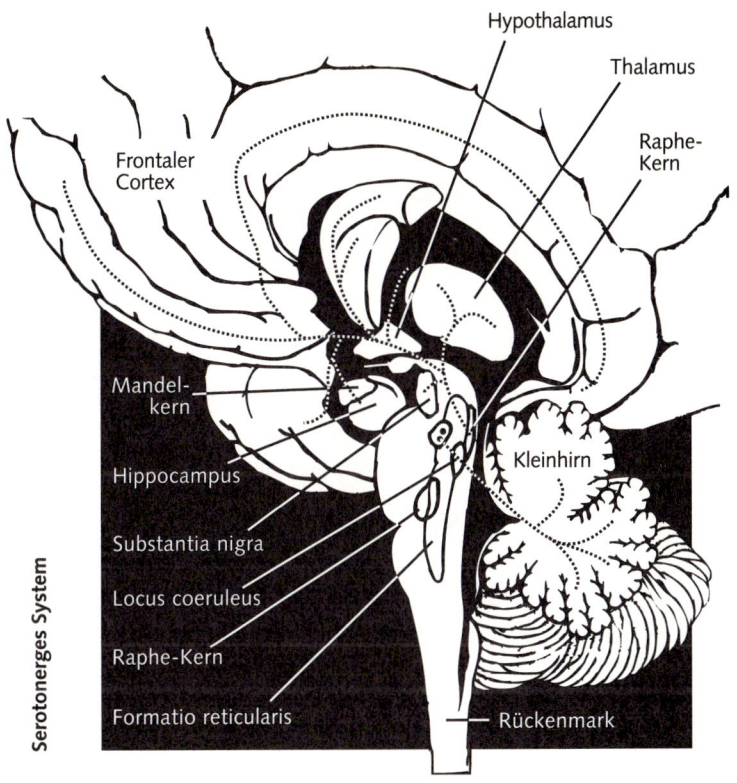

*Abbildung 16: Das serotonerge System sorgt im Gegensatz zum Noradrenalin-
und Dopaminsystem eher für eine Beruhigung der Neuronen im Gehirn. Nervenzellen vom Serotonintyp finden sich ausschließlich in einer kleinen Region,
die sich vom Hirnstamm bis zum Mittelhirn zieht, den sogenannten Raphe-Kernen. Wie die Zellen des noradrenergen Systems entsenden die serotonergen
Neuronen ihre Fortsätze in zahlreiche höhere Hirnregionen. Auch sie stehen intensiv mit dem limbischen System, der emotionalen Schaltstelle des Gehirns, in
Verbindung.*

In den Tiefen des Gehirns

Inzwischen sind viele, wenn auch längst nicht alle, molekularen Mechanismen von Drogenwirkung und -sucht aufgeklärt. Nahezu alle Drogen und Psychopharmaka greifen an den evolutionsgeschichtlich ältesten Systemen des Gehirns an. Die Regionen in den Tiefen des Gehirns steuern fundamentale Funktionen des Organs. Sie lassen uns hellwach sein oder in tiefen Schlaf fallen. Sie regulieren unsere Gefühle. Sie versetzen Körper und Geist in helle Aufregung oder lassen uns beruhigt dahindämmern. Kurz: Sie regeln den Grad unserer Bewußtheit. Wie genau LSD, Heroin oder die Amphetamine jedoch das Bewußtsein, unsere innere und äußere Wahrnehmung beeinflussen, ist noch weitgehend unklar. Woher stammen die seltsamen Bilder und Töne, die sich im Rausch einstellen? Sind sie Produkte der psychedelisch angeregten Phantasie? Vielleicht, so eine der jüngeren Theorien, entstammen sie gar der Wirklichkeit.

Stellen Sie sich einmal vor, Sie stecken in Höhe der Ohren Ihre Zeigefinger etwa fünf Zentimeter weit in den Kopf. Dann können Sie – theoretisch natürlich – das limbische System mit Ihren Fingerspitzen kitzeln. Hier werden Ihre Sinneseindrücke gefiltert und emotional bewertet, die einlaufenden Daten mit Gedächtnisinhalten abgeglichen. So entsteht ein scheinbar wohlgeordnetes inneres Bild von der Welt. Wie wenig dies unter Umständen mit der äußeren Realität übereinstimmt oder daß es gar in die Irre führen kann, zeigen etwa die immer wieder verblüffenden optischen Täuschungen oder ungewöhnliche Patienten wie die von Vilajanur Ramachandran. Offenbar wird im Gehirn für jeden erlebten Augenblick aus der Erfahrung eine erwartete Wirklichkeit berechnet. Wir haben alle angeborene und erworbene Vorurteile über die Beschaffenheit der Welt im Kopf. Bei einer zu starken Abweichung von erwarteter und aktueller Wirklichkeit ertönt ein Alarmsignal.

Psychopharmaka brachten die Forscher auf die Spur eines allgegenwärtigen Zensors im Kopf (einzig im Traum scheint er zuweilen abgeschaltet). Viele Drogen wirken direkt oder indirekt auf das limbische System. So setzen Beruhigungsmittel wie Valium augenscheinlich die Wahrnehmungsschwelle für kritische Abweichungen von Modell und Realität herauf. Nun beginnen erst bei stärkeren Sinnesreizen die Alarmglocken im Kopf zu läuten. Tranquilizer scheinen also die Funktion des Zensors zu verstärken, der einfach ignoriert, was nicht sein darf, und beruhigt nur das zur Kenntnis nimmt, was in sein Weltbild paßt. Setzt man bei Tablettensüchtigen die Beruhigungsmittel ab, so reagieren sie mit einer Steigerung der Sinneswahrnehmung und werden im Entzug etwa deutlich empfindlicher gegen Licht und Geräusche – der Zensor wird schwach, die Eindrücke gelangen ungefiltert ins Gehirn.

Genau in diese Richtung scheint auch Cannabis zu wirken. Das Hanfprodukt schwächt den Zensor. In psychologischen Tests wiesen die Forscher nach, daß das visuelle System des Gehirns nach Cannabiskonsum kaum noch in der Lage ist, überflüssige Bildbestandteile zu ignorieren oder gleichsam neuronal wegzuretuschieren. Während Sie beispielsweise diese Zeilen lesen, nehmen Sie vermutlich eine soeben zur Seite gestellte Kaffeetasse nicht mehr bewußt wahr, obwohl sie sich durchaus noch in Ihrem Gesichtsfeld befindet. Ihr Blick konzentriert sich auf das Wesentliche. Gut, daß Sie keinen Joint geraucht haben. Sonst würde sich womöglich die Tasse unweigerlich zwischen die Buchstaben drängen. Die optischen Verzerrungen oder auch Halluzinationen, die sich auf einem Trip einstellen, scheinen also, glauben die Forscher, hyperreale, unretuschierte Bilder der Außenwelt zu sein.

Die Zensorhypothese ist nicht unumstritten. Denn nicht alle Halluzinationen lassen sich mit übersteigerter Realität erklären. Eines aber machen die mit dem Konsum einhergehenden Veränderungen unbestreitbar deutlich: Neben spezifischen Bahnen der Sinneswahrnehmung und Informationsverarbeitung im Gehirn sind auch unspezifische Systeme, die Stimmungen, Wachheit

oder Aufmerksamkeit regulieren, an der bewußten Wahrnehmung beteiligt und können sogar ihre Inhalte verändern. Ja, ihre
Funktion scheint sogar eine unabdingbare Grundvoraussetzung
bewußten Erlebens zu sein.

An eben diesen unspezifischen Systemen setzt entsprechend
auch die Strategie der pharmakologischen Therapie an. Nachdem
die Drogen in der Psychotherapie lange Zeit in Verruf geraten
waren, werden sie nun vorsichtig wieder eingesetzt. LSD und Psi-
locybin sollen die Psychotherapie bei schweren Neurosen oder
Alkoholismus ergänzen. Etwa viertausend Patienten wurden bisher weltweit mit psychedelischen Substanzen behandelt, sech-
zehnhundert Fälle ausführlich dokumentiert, darunter recht dra-
matische Behandlungserfolge bei KZ-Überlebenden, wie eine
Studie an der niederländischen Universität Leiden zeigt.

1988 bewilligte das Schweizer Bundesamt für Gesundheitswe-
sen ein fünfjähriges Forschungsprogramm mit LSD und Ecstasy
an hundertzwanzig schwer gestörten Patienten. «MDMA scheint
vorübergehend Barrieren und Widerstände gegen die Einsicht in
gefühlsmäßige Bereiche und Beziehungssituationen zu lockern,
so daß eine Verarbeitung unerledigter und emotional blockierter
Erlebnisse möglich wird», schwärmt der an dem Programm be-
teiligte Solothurner Psychiater Samuel Widmer in seinem Buch
Ins Herz der Dinge lauschen, das bezeichnenderweise im Nacht-
schattenverlag erschienen ist.

Die Forscher bewegen sich dabei auf einem schmalen Grat. Wo
der kontrollierte Drogenkonsum zur Therapie wird, kann die un-
kontrollierte Einnahme fatale Folgen haben. Manche erfahren
gar unfreiwillig die radikalste Form der Bewußtseinsveränderung: den Sturz in die Bewußtlosigkeit.

Koma

Mit einem Chemiebaukasten, den ihm seine Eltern geschenkt hatten, braute sich der Collegestudent Barry Kidston im Sommer 1976 eine Substanz namens MPPP zusammen. Dieses «1-Methyl-4-Phenyl-Propionoxypiperidin» hatte 1947 erstmals der Hoffmann-La Roche-Chemiker Albert Ziering synthetisiert, und Kidston benutzte es als billigen Heroinersatz. Das ging einige Monate gut, dann machte der junge Amerikaner bei der Synthese einen kleinen Fehler. Als er sich seine Droge wie gewohnt intravenös spritzte, begann sein Arm bald darauf wie Feuer zu brennen, und eine verheerende Lähmung breitete sich in Kidstons Körper aus. Innerhalb von drei Tagen «fror» der Collegestudent regelrecht ein. Er konnte sich weder bewegen noch sprechen, und seine Eltern brachten ihn ins Krankenhaus. Dort entdeckte man schließlich, daß Kidston dieselben Symptome wie Parkinson-Kranke zeigte: Offenbar war in seinem Gehirn die Ausschüttung des Neurotransmitters Dopamin gestört, der eng mit der Bewegungskontrolle zusammenhängt. Als Kidston daraufhin das Gegenmittel L-Dopa erhielt, «taute» er innerhalb kurzer Zeit wieder auf.

Allerdings, das zeigten auch ähnliche Fälle von «eingefrorenen Süchtigen» Anfang der achtziger Jahre im kalifornischen San Jose, ist L-Dopa kein Allheilmittel. Auch wenn die Besserung am Anfang dramatisch ist, so treten doch nach einiger Zeit verheerende Nebenwirkungen auf. Als Barry Kidston im September 1978 nach achtzehnmonatiger Behandlung in eine Depression fiel und an einer Überdosis Kokain starb, zeigte die Autopsie seines Gehirns dieselben neuronalen Schäden wie bei einem Parkinson-Patienten: ein extremer Zellverlust in der Substantia nigra. Die «dunkle Substanz» war bei Kidston praktisch verschwunden. «Hätte man die Gehirnschnitte ohne Kommentar einem anderen Neuropathologen vorgelegt, so hätte dieser Parkinson diagnostiziert», heißt es im Untersuchungsbericht.

Noch dramatischer waren die Wirkungen einer Droge, die 1967 erstmals in kleinen Mengen auf den Markt gekommen war: Phencyclidin – im Szenejargon «Angel Dust». Phencyclidin wurde 1956 als Anästhetikum entwickelt und wird noch heute als Narkosemittel in der Tiermedizin eingesetzt. In geringen Dosen ruft die Droge Rastlosigkeit, Euphorie, Enthemmung und Erregtheit hervor. Einige Konsumenten aber fielen nach einer Überdosis in ein tiefes Koma. Ganz Mutige versuchten die Droge zu titrieren, ihre Konzentration also so zu erhöhen, daß der Engelsstaub die größtmögliche Wirkung zeigte, der Konsument aber bei Bewußtsein blieb. Ein gefährliches Spiel: Die Zahl der Komafälle stieg.

Doch vielleicht kann gerade dieser Zustand tiefer Bewußtlosigkeit das Rätsel des Bewußtseins lösen helfen. Das jedenfalls glaubt der Bremer Hirnforscher Hans Flohr. Denn die anästhetische Wirkung vieler Narkotika ist bis heute ebenso rätselhaft wie die psychedelischen Phänomene eines Drogentrips. «Die Anästhesie ist ein ungeheuer erfolgreicher Zweig der Medizin», sagt Hans Flohr. «Die Erfolge jedoch haben keinen theoretischen Unterbau. Niemand weiß so recht, wie die verschiedenen Narkotika wirken.»

Immerhin eines ist nach langwierigen Untersuchungen bekannt: Phencyclidin reagiert mit Schaltstellen im Gehirn, die nach einem künstlichen Botenstoff mit dem wohlklingenden Namen N-Methyl-D-Aspartat kurz NMDA-Synapsen heißen. Diese Bindungsstellen im Gehirn sind den Forschern zuerst in einem ganz anderen Zusammenhang aufgefallen: auf ihrer Suche nach dem Gedächtnis.

Wie sind Gedächtnisinhalte im Gehirn gespeichert? Wie lernen wir? Lange Zeit fahndeten die Forscher nach stofflichen Spuren des Lernens – ohne Erfolg. Der Durchbruch – zumindest der theoretische – gelang erst 1946. Wenn zwei Nervenzellen gemeinsam aktiv seien, überlegte der kanadische Psychologe Donald Hebb, werde die Verbindung zwischen ihnen verstärkt.

Trifft der Reiz, der die Zellen erstmals aktivierte, erneut ein, wird er schneller verarbeitet – der zelluläre Mechanismus des Lernens. Hebb vermutete deshalb, es müsse neben festen Verdrahtungen im Gehirn vor allem rasch veränderbare Schaltungen geben. Die Form und Größe eines solchen Schaltkreises repräsentiere jeweils ein kleines Stück der Außenwelt, wie etwa die Farbe Rot.

Hebb mußte die Bestätigung seiner Hypothese anderen überlassen. Lange Zeit suchten die Neurologen vergebens nach den Hebbschen Zellverbindungen. Erst 1973 fand Tim Bliss in Schottland die ersten Hinweise auf die von Hebb vermutete innige Beziehung zwischen aktiven Nervenzellen. Ende der achtziger Jahre wurden schließlich auch die passenden Synapsen gefunden. Sie besitzen Ionenkanäle, die ihnen genau die von Hebb geforderten Eigenschaften verleihen. Nur wenn beide Nervenzellen vor und hinter der Verbindungsstelle aktiv sind, öffnet sich der Kanal. Eine zelluläre Maschinerie kommt in Gang. Die Eiweißsynthese wird angekurbelt. Neue Kanäle entstehen und öffnen sich. Schließlich sind die Zellen optimal aufeinander eingestellt, die Chemie stimmt. Und die zellulären Beziehungen werden um so besser, je öfter sie gepflegt werden.

Ursprünglich wurden die flexiblen NMDA-Synapsen nur im Zusammenhang mit längerfristigen Verdrahtungen im Gehirn diskutiert – eben den Inhalten des Langzeitgedächtnisses. Die entstandenen Schaltkreise repräsentieren in den Modellen vieler Lernforscher die jeweiligen Gedächtnisinhalte. Heute mehren sich die Hinweise darauf, daß die NMDA-Synapsen auch kurzfristige Änderungen in der neuronalen Verschaltung ermöglichen. Ein so entstehendes Ensemble aktiver Zellen repräsentiert dann nicht mehr nur Gedächtnis, sondern womöglich auch einen Inhalt gegenwärtiger bewußter Wahrnehmung.

Hans Flohr geht in seiner NMDA-Theorie noch etwas weiter. Er behauptet, der Aktivierungsgrad der Synapsen entscheide darüber, ob das Gehirn nicht nur die Außenwelt abbilde, sondern gleichzeitig die komplexe Aufgabe lösen könne, sich selbst dabei

gleichsam über die Schulter zu sehen. Der schnelle Hebb-Mecha-
nismus, die Bildung komplexer Schaltkreise für die neuronale
Repräsentation des Ich, ist in seinen Augen der Schlüssel zum
Bewußtsein. Und allzu eilig muß die neuronale Beziehungspflege
gar nicht vorgehen. «Bewußtsein ist ein extrem langsamer Prozeß», sagt der Bremer Hirnforscher.

Flohrs Argumentation ist so einfach wie überzeugend. Der
Mediziner und Philosoph glaubt zeigen zu können, daß alle bisher bekannten Anästhetika wie auch das Phencyclidin direkt oder
indirekt auf die NMDA-Synapse wirken und ihre Funktion beeinträchtigen. Die Folge ist Bewußtlosigkeit. In geringer Dosis
rufen viele in der Narkose eingesetzte Mittel Bewußtseinsverzer-
rungen hervor. Sie verursachen Halluzinationen und neurologische Störungen, die an Symptome der Schizophrenie erinnern.
Für Hans Flohr ist daher die Aktivität der NMDA-Synapsen eng
mit dem Phänomen des Bewußtseins verknüpft.

Flohrs Theorie vermag auch andere Formen der Bewußtlosigkeit zu erklären, etwa das Koma nach einer Verletzung des Hirn-
stamms. Hier nämlich findet sich das sogenannte Wecksystem in
der Formatio reticularis. Es bringt die informationsverarbeitenden Bereiche des Cortex überhaupt erst auf Trab. Ist diese Struktur im Hirnstamm zerstört, fällt der Mensch in einen Zustand
tiefer Bewußtlosigkeit. Flohr glaubt, das Wecksystem reguliere
die Aktivierungsfunktion der NMDA-Synapsen im Cortex. Nur
wenn die Zellverbindungen hinreichend voraktiviert seien, könnten sie auf Umweltreize mit der Bildung von Schaltkreisen reagieren und so eine innere Repräsentation der Außenwelt oder ein
neuronales Abbild des Ich erzeugen.

Hat er mit seiner synaptischen Theorie des Bewußtseins den
Stein der Weisen gefunden? Reicht der schnelle Wechsel der
Schaltkreise aus, um die Entstehung neuronaler Repräsentationen von Ich und Welt zu erklären? Die internationale Forschergemeinschaft verfolgt die Arbeiten des Bremer Anästhesisten mit
großem Interesse. Denn: Seine Vorstellung vom Selbstbild im

Kopf stimmt auch mit jüngsten Spekulationen seiner Philosophenkollegen überein. Doch bis in die Tiefen der Chemie hat sich
bisher kaum einer der Bewußtseinsforscher vorgewagt.

Seine Arbeiten wie auch die von Alexander Shulgin oder Solomon Snyder zeigen jedenfalls, wie fragil der menschliche Geist
und sein jeweiliger Zustand mit der Biochemie der Neuronen
verknüpft ist. Ist das Rätsel des Bewußtseins am Ende vor allem
eine Frage der richtigen Chemie? Hans Flohr würde das wohl
ebenso bejahen wie so mancher Techno-Freak.

Exkurs 9
Ist das Ich eine Illusion?
Die Philosophie des Thomas Metzinger

Am Gästehaus der Universität Bremen wälzt sich träge die Weser vorbei. Vom Fenster der derzeitigen Behausung Thomas Metzingers aus blickt man direkt auf den Strom, und wer die gemächlich fließenden Wassermassen zu lange fixiert, gerät ein wenig ins Schwanken. Fast kommt es einem vor, als befände man sich auf einem Schiff, der Gleichgewichtssinn meldet völlig unpassend festen Boden unter den Füßen, doch dem Auge fehlt der ruhende Bezugspunkt.

Ganz ähnlich geht es einem mit Thomas Metzingers Theorie. Wer sich zu lange mit ihr beschäftigt, dem kann leicht schwindlig werden. Unser einzig sicher geglaubter Bezugspunkt, das Gefühl, eine eigenständige Identität zu besitzen, wird durch sie in Frage gestellt. «Denn genau genommen gibt es das Ich nicht», sagt Metzinger. «Das Ich ist eine besondere Art von Illusion – und zwar die beste, die die Natur je erfunden hat.»

Das klingt mehr als irritierend. Hätte der Philosoph recht, dann wäre das fast so etwas wie ein kopernikanischer Umsturz im abendländischen Denken. Wir haben uns zwar mittlerweile daran gewöhnt, daß die Erde um die Sonne kreist und daß unser Sonnensystem nur eines von vielen anderen in einer mittelmäßigen Galaxie irgendwo im Kosmos ist – doch eines schien uns immerhin sicher: unsere eigene Person, jenes «Ich», das all die Eindrücke der Welt bündelt und ihnen dadurch erst Sinn und Bedeutung verleiht. Diese Gewißheit, die für Descartes noch das unumstößliche Fundament des Denkens war, prägt schließlich die abendländische Philosophie bis heute.

Doch eben dieses «Ich» hält Thomas Metzinger für pure Erfindung. «Das Gehirn hat sie sich im Laufe der Evolution geschaffen, um sich in der Welt besser orientieren zu können», behauptet er. Denn wenn man ein gutes Bild von sich selber habe, von seinem Körper, seiner Lebensgeschichte, seinen genetischen und kulturellen Voraussetzungen, und diese Elemente zu einem «Ich» zusammenfasse, dann könne man sich leichter in der Umwelt zurechtfinden, Pläne schmieden und Entscheidungen treffen. «Ein solches Bild schafft also einen evolutionären Vorteil. Doch dahinter steckt höchstwahrscheinlich keine metaphysische Instanz oder gar eine unsterbliche Seele, wie viele glauben», sagt der Philosoph und stellt damit liebgewordene Ansichten in Frage.

Wer ist das, der so spricht? Thomas Metzinger, Jahrgang 1958, ist in Deutschland eine Ausnahmeerscheinung. Der gebürtige Frankfurter gehört zu den wenigen Philosophen, die sich hierzulande intensiv mit den neueren Ergebnissen der Neurowissenschaften auseinandersetzen und auch international einen Ruf vorzuweisen haben. Der Neununddreißigjährige soll beispielsweise 1998 eine große internationale Bewußtseinskonferenz in Deutschland ausrichten. Denn nur wenige kennen hier die angelsächsische Diskussion so gut wie er. Dennoch hat es Metzinger, der mit 26 promovierte und sich bereits mit 34 habilitierte, schwer in Deutschland. Hier, wo man in der akademischen Philosophie immer noch Kant, Hegel und Heidegger buchstabiert, wird sein Rat zwar von Hirnforschern oder auch im Bundesforschungsministerium gern gehört – doch ein Lehrstuhl ist bislang nicht in Sicht. Immerhin wurde er im Frühjahr 1997 als erster «Fellow» an das neugegründete Hanse-Wissenschaftskolleg in Bremen berufen, wo in Zukunft ein Zentrum der deutschen Hirn- und Bewußtseinsforschung entstehen soll. Daß Metzinger dabei von den Natur- und nicht von den Geisteswissenschaftlern eingeladen wurde, wirft ein bezeichnendes Licht auf die Szene.

Noch während seiner Dissertation wurde ihm klar, daß das alte philosophische Leib-Seele-Problem in gewisser Weise schon eine Antwort erfahren hatte. «In der neueren Literatur der wirklich guten Philosophen ging es nur noch darum, welche Variante des Materialismus nun die richtige sei. Die klassische philosophische Frage, ob er überhaupt gültig sei, wurde gar nicht mehr gestellt. Niemand glaubte noch im Ernst an eine Seele oder gar ein Leben nach dem Tod.» Der damals Vierundzwanzigjährige war von dieser Entdeckung zunächst irritiert – und machte sich dann daran, eine eigene Theorie zu entwerfen. Denn trotz der Flut neuer Erkenntnisse in den Neurowissenschaften und all der Ansätze zu einer Bewußtseinsphilosophie vermißte der deutsche Philosoph eine Erklärung des *Selbst*-Bewußtseins, eine Theorie, die jenes subjektive Empfinden beschreiben könnte, das sich durch alle Zeiten und Kulturen zieht und mit Begriffen wie «Seele» oder «Ich» belegt worden ist. Wie können, so fragte sich Metzinger, die Einsichten aus Jahrhunderten der Philosophiegeschichte ins nächste Jahrtausend gerettet werden? «Das ganze Gerede um Qualia und nichtreduzierbare Bewußtseinsteile kommt einfach daher, daß niemand genau sagen kann, was eigentlich die ‹Erste-Person-Perspektive› ist», argumentiert Metzinger in der etwas geschraubten Sprache der Philosophen.

Doch den sensiblen Denker treiben nicht nur akademisches Interesse und kalte Ratio. Thomas Metzinger interessiert sich für die neuesten Ergebnisse der Hirnforschung genauso wie für Phänomene, vor denen «seriöse» Wissenschaftler sonst eher zurückschrecken. Was passiert beispielsweise in der Meditation, fragt er sich. Was geschieht im Wahnsinn, was bei neuropsychologischen Störungen? Oder wie sind die Berichte von sogenannten Out-of-body-Erfahrungen zu werten? Für jene, die ein solches «Loslösen» vom Körper selbst schon einmal erlebt haben, ist dies schließlich ein unumstößlicher Beweis für das Vorhandensein einer Seele. Typische Erzählungen berichten beispielsweise davon, daß man seinen Körper im Bett liegen sehe, während sich das eigene Bewußtsein (oder die Seele oder was auch immer) völlig wach mühelos durch die Luft bewege und ätherische Welten wie auch bekannte Landschaften aus veränderter Perspektive wahr-

Thomas Metzinger

nehme. Die Eindrücke dabei sind so intensiv und real, daß sie nicht mehr als Traum, sondern als faktische Wirklichkeit erscheinen. Verläßt tatsächlich die Seele den Körper, und ist der Materialismus damit widerlegt? Oder sind Leute, die so etwas erleben, vielleicht ein wenig verrückt?

Beide Erklärungen sind Metzinger zu einfach. Ein Gespräch mit der britischen Psychologin Susan Blackmore, die sich intensiv mit solchen parapsychologischen Phänomenen beschäftigt, bringt ihn auf eine andere Spur. Es folgen jahrelange Diskussionen mit Blackmore, die heute Dozentin an der Universität Bristol ist. Sie führt die außerkörperlichen Erlebnisse auf eine mentale Konstruktion des Gehirns zurück. Wenn die äußeren Sinneseindrücke schwach sind (also meistens nachts), kann es nach schweren Unfällen, beim Aufwachen aus der Narkose, unter Drogeneinfluß, bei starker Müdigkeit oder in der Meditation geschehen, daß interne Bilder des Geistes überhand nehmen. «In diesem Zustand ist nicht die äußere, sondern die innere Welt Realität. Alles, was der Betreffende sich deutlich genug vorstellen kann, ist Wirklichkeit», erzählt ihm Blackmore.

Ihrer Meinung nach erzeugt das Gehirn dabei eine eigene Imagination, die ebenso überzeugend wie irreal ist. Fehlende Sinnesdaten ersetzt es durch simulierte, und das Gedächtnis steuert ein visuelles Bild der Umwelt bei, das meist aus der Vogelperspektive erscheint (denn offenbar wird räumliche Erinnerung häufig von oben konstruiert). Da ein ruhig liegender Mensch überdies nur ein geringes Empfinden der Schwerkraft hat, kann es durchaus vorkommen, daß er sich schwebend wähnt. Die Illusion, die das Gehirn erzeugt, ist dabei so perfekt, daß nur eine genaue Selbstbeobachtung Anhaltspunkte dafür liefert, wie der menschliche Geist sich selbst täuscht. Susan Blackmore hat zum Beispiel bei ihrer Erforschung der «Out-of-body»-Erlebnisse festgestellt, daß die betreffenden Personen keine kontinuierliche Bewegungswahrnehmung haben. Ihr scheinbares Schweben ist in Wahrheit ein ruckartiges Springen von einer markanten Erinnerung zur nächsten – etwa vom Lichtschalter zum Fenstergriff zur Straßenlaterne zum Briefkasten… Was als kontinuierliches Schweben erscheine, sei in Wirklichkeit nur eine mentale Bewegung durch die kognitive Landkarte des Gehirns.

Thomas Metzinger ist von der Analyse der britischen Psychologin beeindruckt – und macht sich über die Konsequenzen dieser Erklärung Gedanken. Wenn die «Out-of-body»-Erlebnisse so intensiv erscheinen, daß sie die betreffende Person in diesem Moment für real hält, dann muß das daran liegen, daß auch unsere als normal empfundene Realität in Wahrheit nur ein mentales Modell ist, eine Repräsentation der Welt, die das Gehirn von Moment zu Moment neu erzeugt. Dies erklärt beispielsweise auch das intensive Erleben während veränderter Bewußtseinszustände, bei denen Menschen das Gefühl haben, in andere Welten zu reisen, in eine andere Wirklichkeit einzutauchen. Doch Thomas Metzinger geht noch einen Schritt weiter: Muß diese Schlußfolgerung dann nicht auch für die Wahrnehmung unseres eigenen Ich gelten? Ist der unauslöschliche Eindruck, eine Person zu sein, möglicherweise auch nur ein Modell?

«Es gibt genug gut dokumentierte Befunde aus der Neuropsychologie, die genau dies belegen», sagt Metzinger, «von den Phantomschmerzen, die amputierte Patienten zu spüren vermeinen – nein, tatsächlich spüren, bis hin zu Phänomenen wie Neglect oder Anosognosie.» In seiner Habilitationsschrift *Subjekt und Selbstmodell* führte Metzinger 1993 seine Theorie erstmals detailliert aus. Sein Grundgedanke lautet dabei, stark vereinfacht: Das Gehirn ist ein informationsverarbeitendes System. Sämtliche Wahrnehmungen – auch die innerer emotionaler Zustände – werden zu einer Repräsentation der Welt zusammengefügt, die in sich möglichst geschlossen und logisch konsistent ist. Dazu gehört auch die Selbstwahrnehmung des Körpers. Das Gehirn macht sich ein Modell des Körpers, das dessen Bedürfnissen angepaßt ist. Das könnte auch eine Erklärung für psychosomatische Erkrankungen liefern. «Hat man zum Beispiel Magenkrämpfe, dann wirkt das Gehirn auf das vegetative Nervensystem ein. Das kann jedoch nur funktionieren, wenn das Gehirn eine Karte des eigenen Körpers gespeichert hat, so daß die Reaktion auch an die richtige Stelle gelangt.»

Die Abbildung im Gehirn ist allerdings – wie der «sensorische Homunculus» (Abbildung 6, Seite 135) zeigt – nicht maßstabsgetreu. Es kommt nicht darauf an, daß das geistige Modell völlig mit der äußeren Realität übereinstimmt, entscheidend ist, daß es ein sinnvolles Reagieren erlaubt. Und eine ähnliche Modellbildung findet auch auf anderen Ebenen statt. Um etwa sozial erfolgreich interagieren zu können, entwirft das Gehirn eine Selbstrepräsentation der eigenen Person in Abgrenzung von Mitmensch und Umwelt. Und diese Modellbildung wiederum ist so effektiv, daß wir sie gewöhnlich überhaupt nicht wahrnehmen. «Der Organismus verwechselt sich gleichsam mit dem Inhalt seiner Repräsentation und hält sein Selbstmodell für die Wirklichkeit. Erst dadurch wird es richtig effizient.»

Nur in extremen Situationen bricht diese perfekte Illusion zusammen. Ein spirituelles Erleuchtungserlebnis etwa wäre vermutlich jener Moment, in dem man eben diese ständige Konstruktion des Gehirns durchschaut – die Welt der Illusionen, wie es im Buddhismus genannt wird. Doch: Wer durchschaut hier eigentlich wen?

Eine Störung der Selbstmodellierungsfunktion kann allerdings auch verheerende Folgen haben. Sogenannte multiple Persönlichkeiten beispielsweise entwickeln statt eines kohärenten Selbstbildes deren mehrere und leiden unter dieser Anomalie zum Teil entsetzlich. Doch: Wer leidet hier eigentlich?

Auch bei schizophrenen Patienten oder anderen Geisteskrankheiten ist offenbar die Fähigkeit zur mentalen Konstruktion eines kohärenten Selbst gestört – und damit auch die Möglichkeit zum sinnvollen Interagieren mit der Umwelt. «Viele pathologische Grenzzustände kann man als Formen gestörter Selbstmodellierung erklären», meint Metzinger.

Doch auch wenn das alles einigermaßen plausibel klingt – wie soll man sich denn nun konkret vorstellen, daß das Selbst-Bewußtsein der Inhalt eines Modells ist? Thomas Metzinger setzt einen Tee auf und sagt: «Wenn die Leute zum erstenmal von meiner Theorie hören, finden sie sie meist furchtbar interessant, aber dann gehen gleich die Mißverständnisse los. Man kann zum Beispiel nicht einfach sagen: ‹Okay, ich bin also bloß mein Selbstmodell.› Denn was heißt denn dabei *mein* Modell? Wer ist das, der da von ‹mein› spricht? Das ist ein logischer Fehler», räsoniert der junge Philosoph. «Denn ich bin eine Ganzheit, die aus meinem Körper und dem Inhalt des von ihm in diesem Augenblick erzeugten Selbstmodells entsteht. Ich bin das Gesamtsystem, mit Haut und Haaren – nur kann ich zwischen Körper und Selbstmodell im bewußten Erleben nicht unterscheiden. Das Schweregefühl in meinem Körper jetzt, der Kontakt zur Sitzfläche – auch das ist das Selbstmodell, nicht nur das Denken.» Um im Bild zu bleiben: Das Ich ist eine Illusion, die, recht betrachtet, *niemandes* Illusion ist.

An diesem Punkt wird es dem Besucher langsam ungemütlich. Was bleibt denn dann noch übrig? Wie steht es etwa mit dem freien Willen oder der eigenen Verantwortung? Was, wenn in Zukunft etwa ein Verbrecher einfach behauptete, er sei niemand? «So leicht entkommen wir der Verantwortung nicht», erklärt Metzinger bedächtig und gießt Tee ein. «Wer einfach sagt, er sei niemand oder habe keinen freien Willen, ist ein Heuchler. Für die großen Heiligen oder Mystiker mag das anders sein. Aber die meisten von uns sind keine Erleuchteten: Wir können dieser Illusion, jemand zu sein, nicht entkommen.» Aber werden wir nicht genau dadurch eben erst zu jemand? Und ist die Ich-Illusion, die niemandes Illusion ist, dann vielleicht am Ende doch keine Illusion?

Thomas Metzinger nimmt einen tiefen Schluck aus der Tasse und setzt noch einmal zu einer Erklärung an. «Man muß dabei auch immer das gesamte System im Blick haben. Es gibt ja einen großen Teil des Selbstmodells, der völlig unbewußt ist. Der bewußte Teil dagegen wird eine bestimmte Funktion haben; das Gesamtsystem erklärt sich offenbar damit noch einmal gewisse Prozesse selbst und macht sie so für das eigene Handeln verfügbar. Dadurch entsteht etwas wesentlich Größeres, nämlich eine Gesamteinheit, die auf sehr komplizierte Art und Weise in sich selbst wechselwirkt. Für die Willensfreiheit muß man immer die Person als Ganzes sehen, also physikalisches System plus aktives Selbstmodell plus die daraus resultierenden Globaleigenschaften – und dieses System als Ganzes trägt sehr wohl Verantwortung.»

Freilich gibt der Philosoph auch bereitwillig zu, daß seine Theorie noch einiger Verfeinerungen bedarf. «Es gibt noch viele Aspekte, die integriert werden müssen, zum Beispiel die Tatsache, daß ein großer Teil des Selbstmodells sozial generiert ist. Die Bildung von Gesellschaften wird erst dadurch möglich, daß sich ihre Mitglieder als jemand erleben. Das Zusammenleben in solchen Gesellschaften wiederum festigt dieses Gefühl und hebt es auf eine höhere Ebene. Die subjektive Identität, unser Jemand-Sein, entsteht also aus dem Wechselspiel von biologischer und sozialer Evolution.» Doch genau wie in einer Gesellschaft kann es auch in einer Person Subsysteme geben, die im Widerspruch zueinander stehen. «Ein ‹gutes› Selbstmodell könnte also eines sein, das offen für Veränderungen ist und trotzdem hochgradig kohärent bleibt; dem es also nie passiert, daß ein Subsystem die Handlungskontrolle übernimmt und Fehler begeht, für die dann das System als Ganzes büßen muß.»

Das klingt recht abstrakt und in gewisser Weise szientistisch. Ist denn von der schönen alten Seele gar nichts mehr zu retten? «Der Begriff des Selbstmodells ist in gewisser Weise das, was man früher die Seele nannte», tröstet Metzinger. «In dieser Betrachtungsweise gibt es allerdings für das Selbstmodell keinen Grund mehr, weiterzuleben, wenn der Körper stirbt. Das Selbstmodell verschwindet einfach mit dem Tod.» Das sei eine bittere Pille, meint der Philosoph, und wer so tue, als ob ihm das gleichgültig sei, der mache sich vermutlich etwas vor. «Aber viele andere Vorstellungen, die die Menschheit im Laufe ihrer Geschichte über die ‹Seele› gesammelt hat, bleiben nach wie vor gültig. Es gibt zum Beispiel einen großen Reichtum von Einsichten darüber, wie man seine Seele pflegt oder, um es in der neuen Terminologie auszudrücken, wie man ein schönes, ein gesundes Selbstmodell bekommt und verhindert, daß es kaputtgeht oder krank wird. Diese Erfahrungen gelten weiterhin.» Auch Thomas Metzinger, der lange Spaziergänge in der Natur liebt, weiß um die Wichtigkeit solcher Seelenpflege. «Immerhin zeichnen wir uns in dem uns bekannten Teil des Universums dadurch aus, daß wir vermutlich die einzigen physikalischen Systeme sind, die ein so komplexes und doch kohärentes Selbstmodell haben.»

Aber Thomas Metzinger ist ein Denker, der es sich nicht einfach macht. Offen gibt er zu, daß er nicht frei von Selbstzweifeln ist. Auch hat er ein gespaltenes Verhältnis zu jenen esoterisch angehauchten Bewußtseinsforschern, die meinen, man könne nun endlich westliche Wissenschaft und östliche Mystik miteinander versöhnen. Schließlich vertreten buddhistische Philosophen schon lange die Ansicht, die Welt (und damit auch das Ich) sei nichts als eine große Illusion. Auch Metzinger ist von der Vorstellung fasziniert, daß «dieser beste Gedanke aus der asiatischen Philosophie des Geistes ausgerechnet das brennendste Problem der westlichen Wissenschaft lösen könnte». Dennoch möchte er mit dem ganzen «mythologischen Ballast», der damit einhergeht, nichts zu tun haben. Und die Neigung mancher Kollegen, in Publikationen über eigene mystische Erlebnisse zu berichten und über Erleuchtung zu philosophieren, hält er für «mehr als peinlich». Zwar könne man Erleuchtung vielleicht als das Durchsichtigwerden des Selbstmodells erklären. «Doch eines ist klar: Dadurch, daß man das intellektuell verstanden zu haben glaubt, wird man noch lange nicht erleuchtet», sagt Metzinger mit Schärfe.

Müssen wir also die Hoffnung aufgeben, daß die Bewußtseinsforschung am Ende auch jene Phänomene einschließt, die für viele Menschen zu grundlegenden Erfahrungen wurden und als religiöse Traditionen einen so großen Einfluß auf das Weltgeschehen hatten? «Das einzige, was man machen kann», sagt Metzinger, «ist: sehen, daß es da möglicherweise etwas gibt, und in seinem eigenen Leben dafür offen sein.»

Was allerdings den seriösen Erkenntnisfortschritt angeht, hält Metzinger es mit empirisch gehaltvollen Theorien und seinem berühmten Kollegen Ludwig Wittgenstein: «Was überhaupt gedacht werden kann, kann klar gedacht werden. Was überhaupt gesagt werden kann, kann klar gesagt werden», schrieb Wittgenstein in seinem *Tractatus logico-philosophicus*. Der Versuch jedenfalls, vermeintlich transzendente Erfahrungen in Worte zu fassen oder gar in wissenschaftlichen *papers* zu veröffentlichen, pervertiert in Metzingers Augen die Sache vollständig. Denn das, was sich mit Worten ausdrücken lasse, erfasse eben gerade nicht das Wesentliche einer solchen Erfahrung. Auch das habe Wittgenstein schon gewußt: «Wovon man nicht sprechen kann, darüber muß man schweigen.»

Epilog
Eine neue Ethik
des Bewußtseins

Was ist denn nun Bewußtsein? Am Ende unserer Reise angekommen, gesättigt von vielen unterschiedlichen Eindrücken, soll diese Frage noch einmal, zum letztenmal, gestellt werden. Was haben wir aus den Besuchen bei Philosophen, Wahrnehmungspsychologen, Neuroanatomen oder Robotikern gelernt, aus den Experimenten eines Benjamin Libet, eines Vilajanur Ramachandran oder des Dr. Persinger?

Auch wenn sich die Ansichten und Meinungen der Forscher widersprechen, so scheint sich doch in groben Umrissen ein Bild des Bewußtseins abzuzeichnen. Ein Bild, das nichts Mystisches mehr an sich hat, sondern Bewußtsein als biologische Eigenschaft begreift, entstanden in einem Jahrmillionen dauernden Prozeß der Evolution. Zu seiner Erklärung bedarf es am Ende weder eines Weltgeistes noch einer unsterblichen Seele – doch genausowenig läßt sich diese merkwürdige Fähigkeit des Gehirns in eine einfache Formel pressen oder etwa in einem Kernspintomographen sichtbar machen. Bewußtsein wird immer etwas Einzigartiges bleiben, subjektiv nur demjenigen zugänglich, der selbst bewußt ist und sich das Staunen über diese wunderbare Eigenschaft des Lebens bewahrt hat.

Zunächst scheint das materialistische Bild des Bewußtseins, so wie es die moderne Wissenschaft derzeit entwirft, liebgewordene Vorstellungen zu zerstören: Das beginnt schon damit, daß Bewußtsein offenbar keine Fähigkeit ist, die allein dem Menschen vorbehalten bleibt. Auch Tiere zeigen, wie in Kapitel 1 deutlich wurde, Ansätze von bewußtem Verhalten – sie können sich selbst im Spiegel erkennen, haben sprachliche Fähigkeiten und ein Verhalten, das die inneren Zustände, gleichsam die Seelenlage anderer Artgenossen mit einkalkuliert. Bewußtes Sein scheint demnach eher als graduelles Phänomen im Reich der Lebewesen verbreitet zu sein. Allerdings kommt augenscheinlich dem Menschen die Ehre (und die Verantwortung) einer besonderen Bewußtseinsstufe zu. Wie geht er damit um?

In der langen Geschichte der Gattung Homo, so wurde in Kapitel 2 klar, spielte diese Frage zunächst keine Rolle. Bewußtsein erscheint eher als Abfallprodukt der Evolution: Indem der Mensch zum Aasfresser wurde und die Fähigkeit zum Feuermachen erwarb, konnte das Gehirn überschüssige Energie nutzen. Der Engpaß des weiblichen Beckens sorgte dafür, daß sich das menschliche Gehirn zum größten Teil außerhalb des Mutterleibes entwickelte – und dabei von vielfältigen äußeren Reizen stimuliert wurde. Doch die Zunahme der Neuronen diente anfangs sicher nicht der philosophischen Weltbetrachtung. Egal, ob sich das Gehirn nun ausdehnte, um besser Werkzeuge bearbeiten zu können, Jagdtiere totzuhetzen oder sich im sozialen Clan zu behaupten – immer ging es dabei ums nackte Überleben.

Die Fähigkeit, über sich und die Welt nachzudenken, haben unsere Vorfahren dabei vermutlich nur nebenbei entwickelt. Erst als das Gehirn, das für den täglichen Überlebenskampf so nützlich war, einmal eine bestimmte Größe erreicht hatte, war es zu umfassenderen Leistungen bereit. Nun konnte es nicht nur die reale Welt abbilden, sondern auch abstrakte Begriffe und Konzepte entwerfen wie «Gott» oder «Seele». Die Suche nach Sinn und Bedeutung begann – ein Prozeß, der bis heute andauert. Daß sich diese Suche nun auch auf das Bewußtsein selbst ausdehnt, ist nur folgerichtig. Daß dies allerdings, wie in Kapitel 3 beschrieben, nicht immer zu Einigkeit führt, ist ebenfalls kein Wunder. Der Streit der Philosophen um das Bewußtsein ist nicht zuletzt wohl deshalb so heftig, weil es dabei um die menschlichste aller menschlichen Eigenschaften geht.

Die Experimente der Psychophysiker und Neurophysiologen

in den Kapiteln 4 und 5 zeigen indes, daß dieses Bewußtsein beileibe keine unwandelbare Größe ist, sondern höchst fragil und vom Funktionieren des Gehirns abhängig. Und je mehr die Naturwissenschaft solche engen Verbindungen zwischen neuronaler Aktivität und «höheren» menschlichen Eigenschaften zutage fördert, um so weniger glaubhaft erscheint es, die «Seele» als eigenständige, vom Körper abgetrennte Wesenheit zu begreifen. Nicht nur die Forscher, auch die Philosophen sind mittlerweile eindeutig auf dem Weg hin zu einer reduktionistischen Betrachtungsweise, die den Geist «lediglich» auf das Feuern der Neuronen zurückführt.

Materiell greifbar wird er dadurch noch lange nicht. Das Zusammenspiel von Nervenzellen und geistigen Fähigkeiten entspricht eher einem Bild, das der englische Psychologe Ullian T. Place schon 1956 gebraucht hatte: Er verglich den Geist mit einer Wolke, die aus einzelnen Wassermolekülen besteht. Von weitem betrachtet, wirkt die Wolke wie eine Einheit; bei näherem Herangehen dagegen gerät man in einen Nebel. Eine genaue Analyse offenbart einzelne Wassertropfen, die ihrerseits wiederum aus Wassermolekülen bestehen. Doch was sagt die Molekülstruktur schon darüber aus, wie sich eine Wolke türmt, verändert oder zu einem Gewitter zusammenballt? Das Studium der H_2O-Moleküle erklärt noch lange nicht die Eigenschaften des Phänomens Wolke. Beide Betrachtungsweisen liegen auf unterschiedlichen Ebenen. Der Reduktionismus ist nicht direkt falsch, aber übersieht am Ende doch das Wesentliche.

Natürlich versuchen die Vertreter der Neurowissenschaften eine Brücke zwischen empirischen Daten und psychischen Phänomenen zu schlagen. Die Theorie vom synchronen Flackern der Nervenzellen (Kapitel 6) etwa ist eine solche Brücke. Einen anderen Weg gehen Hirnforscher wie Hans Flohr, die Bewußtsein nicht aus den Rhythmen des Gehirns, sondern durch die Chemie seiner Schaltstellen zu erklären suchen (Kapitel 8). Auch wenn bislang keiner dieser Forscher für sich reklamieren kann, die Verbindung zwischen Neuronen und Geist bereits gefunden zu haben, so zeigen ihre Versuche doch auf, wie diese dereinst aussehen könnte.

Einige grundlegende Einsichten haben die Wissenschaftler dabei schon gewonnen. Um ein Bild des amerikanischen Neurophysiologen William Calvin zu benutzen: Das Bewußtsein ist gewissermaßen das Licht des Geistes, das dann zu leuchten beginnt, wenn verschiedene Faktoren richtig zusammenspielen. Da sind zunächst die «Lichtschalter» in der Tiefe des Gehirns. Nur wenn Bereiche wie der Thalamus im Mittelhirn oder die Formatio reticularis im Hirnstamm funktionieren, ist Bewußtsein möglich. Sind sie zerstört oder beschädigt, fällt der Organismus in die Bewußtlosigkeit. Die Großhirnrinde spielt in diesem Bild die Rolle der Glühbirne. Die Vernetzung und das Zusammenwirken der Cortexneuronen bestimmen die Leuchtkraft und wohl auch die «Färbung» des Bewußtseins. Auch die Schalter in den Tiefen des Gehirns befehlen kein simples «Ein» oder «Aus». Sie scheinen eher wie ein «Dimmer» zu funktionieren. Nicht nur im gesamten Reich der Lebewesen, auch bei jedem einzelnen Menschen ist Bewußtsein ein graduelles Phänomen.

Läßt sich bewußtes Sein mit solchen Überlegungen und Metaphern enträtseln? Ein Hindernis, das zeigen die philosophischen Debatten in Kapitel 3 wie die großen Theorieentwürfe in Kapitel 7, bleibt trotz aller Anstrengungen wohl unüberwindbar: das subjektive Erleben. Denn schließlich ist das Gehirn ein biologisches Organ, das jeweils seine eigene Geschichte hat. Die subjektiven Färbungen von Sinneseindrücken, die Qualia, mit denen sich die Philosophen so quälen, hängen dabei von all den Eindrücken ab, die ein Individuum im Laufe seines Lebens gesammelt hat (und denen seiner Vorfahren, die ihm in Form kultureller Vorurteile eingeprägt worden sind). Das Empfinden der Farbe Rot ist untrennbar mit den Assoziationen jedes einzelnen zu dieser Farbe verbunden (die zum Beispiel lauten können: Rose, Blut, Herz, Liebe, Blaues Barhaus …).

Die Qualia eines Mitmenschen könnte man nur dann exakt kennen oder vorhersagen, wenn man sämtliche Informationen über diese individuellen Erfahrungen und Prägungen besäße – das ist freilich unmöglich. Auch hier hilft ein Bild aus der Physik weiter: Selbst wenn in der Atmosphärenphysik im Prinzip all die Gleichungen bekannt sein mögen, die das Wettergeschehen diktieren, so wird dennoch niemals eine exakte langfristige Wettervorhersage gelingen. Denn dazu müßte man alle Anfangsbedingungen des globalen Systems Atmosphäre genau kennen – eben das aber ist bei der Vielzahl der beteiligten Faktoren unmöglich. Und wie das Studium solcher Systeme in der Chaosforschung lehrt, können selbst minimale Abweichungen in den Anfangsbedingungen zu unvorhersehbaren Entwicklungen führen – daher lassen sich oft nicht einmal Angaben über die grobe Richtung machen, in die sich ein komplexes Geschehen entwickeln wird.

Diese Eigenschaft des Gehirns liefert auch den Schlüssel zu der immer wieder ängstlich gestellten Frage, ob das menschliche Denken oder das Bewußtsein gar eines Tages von Maschinen nachgeahmt werden könnte. Im Prinzip sei das denkbar, sagt sogar der KI-Kritiker John Searle: «Tatsächlich mag es möglich sein, Bewußtsein, Intentionalität und all das übrige mit Hilfe anderer chemischer Grundstoffe zu erzeugen als denjenigen, aus denen die menschlichen Wesen gemacht sind» – aber nur dann, «wenn solche Maschinen über dieselben kausalen Kräfte wie Gehirne» verfügten. Ob das wirklich eines Tages erreicht werden könne, sei letztlich eine Frage der Empirie.

Die vielfältigen Faktoren, die dabei zusammenkommen müssen, lassen den Geist aus der Maschine derzeit allerdings als eher unwahrscheinlich erscheinen. «Für den Moment können wir uns mit dem Wissen zufriedengeben, daß wir Menschen bis jetzt die einzigen bekannten Systeme mit auf Sprache beruhendem Bewußtsein höherer Ordnung sind; rivalisierende Automaten bleiben in weiter Ferne», meint selbst Gerald Edelman, der mit seinem NOMAD just an solch einem Automaten baut.

Denn die Zusammenschau der neurowissenschaftlichen Befunde zeigt, daß Bewußtsein nicht nur von Hirnvorgängen abhängt, sondern auch auf körperliche Rückmeldungen und Gefühle angewiesen ist, wie etwa die Experimente der Damasios oder von Vilajanur Ramachandran beweisen. Und nicht zuletzt ist unser bewußtes Sein ein soziales Phänomen, das sich erst mit dem Aufkommen von Sprache und Kultur entwickelt hat. So sehr uns auf Individualität eingeschworenen Menschen der industrialisierten Gesellschaften das auch mißfallen mag: Erst durch unsere Mitmenschen wird unser eigenes Bewußtsein möglich – und wahrscheinlich ist es gerade zu dem Zweck nur in dieser Form entstanden, um uns das Leben in sozialen Gemeinschaften zu ermöglichen.

Dennoch sorgt der Versuch, das Denken technisch nachzubilden, für wertvolle Einsichten. Erst die Probleme im Umgang mit Robotern wie Cog oder NOMAD machen deutlich, wie leistungsfähig unser Denkorgan tatsächlich ist – und wie hoch der Anteil unbewußter Vorgänge am bewußten Leben und Erleben. Um etwas Vergleichbares zu schaffen, müßte man eine Struktur entwerfen, die genauso flexibel ist wie unser Gehirn; die sich entwickeln und dabei Eindrücke sammeln und bewerten kann; die in der Lage ist, sich an alle möglichen Situationen anzupassen und dennoch eine eigene Integrität zu bewahren; die lernt, einen Großteil der benötigten Fähigkeiten (wie Sprache, Motorik oder emotionales Reagieren) zu automatisieren; die sich mit anderen austauschen und im sozialen Verbund reaktionsfähig bleiben kann; die durch eigene Erfahrung und kulturelle Überlieferung so etwas wie subjektives Empfinden ausbildet…

Im Verlauf dieses Unterfangens ist man inzwischen auf die Erkenntnis gestoßen, daß sich Bewußtsein nicht einfach per se erzeugen läßt, sondern daß sich dieses hochkomplexe Phänomen von selbst entwickeln muß und dabei auf vielfältige Wechselwirkungen mit der Umwelt und anderen Wesen angewiesen ist. Und es hat sich erwiesen, daß es dazu einer gewissen Zeitspanne bedarf. Möglicherweise stellt sich sogar eines Tages heraus, daß die Natur bereits mit der Entwicklung der Erde und der Evolution des Homo sapiens den kürzesten möglichen Weg beschritten hat, der am Ende zu so etwas wie Bewußtsein führt. Die Wertschätzung für den menschlichen Geist wird also durch die Versuche der künstlichen Intelligenz nicht unbedingt gemindert. Im Gegenteil: Sie steigt dadurch sogar noch.

Und doch können die Ergebnisse der Bewußtseinsforschung zu einer radikal veränderten Weltsicht führen. «Der Gedanke an eine unsterbliche Seele wird heute in eine konsequentere Form gebracht als je zuvor», meint Daniel Dennett. «Wir sagen: Was ein Selbst, ein Ich ist, ist letzten Endes nichts anderes als Information.» Noch drastischer drückt es die britische Psychologin Susan Blackmore aus: «Das Selbst ist eine Geschichte, die wir uns immer wieder selbst erzählen. Die Geschichte ist falsch. Jemand zu sein, bedeutet, sich eine Geschichte zu erzählen und sich selbst mit der Hauptfigur in der Geschichte zu verwechseln.»

Welche Folgen hat diese Erkenntnis für unser Weltbild? Vielen Bewußtseinsforschern ist klar, daß ihr Unternehmen einen gewaltigen Angriff auf das traditionelle Selbstverständnis des Menschen bedeutet – und den Wissenschaftlern selbst ist mitunter gar nicht wohl dabei. «Der Mensch hat einfach etwas dagegen, als eine Art von Maschine erklärt zu werden», meint beispielsweise Hans Flohr und fügt hinzu: «Unsere göttliche Wurzel war seit jeher eine gewisse Garantie für unsere Moralvorstellungen. Ich bin selbst nicht sicher, wie wir mit den neuen Erkenntnissen fertig werden können, wenn diese göttliche Wurzel abgeschnitten wird.»

Schon glauben weitsichtige Denker wie etwa Daniel Dennett, das moderne Bild des Menschen könne gar Anlaß zu einem Zusammenprall der Kulturen geben: «Viele Kulturen auf unserer Erde werden dem wissenschaftlichen Bild mit großer Skepsis begegnen. Diese Kulturen fühlen sich ganz zu Recht bedroht durch diese neue Vision. Sie werden nicht freundlich und wohlwollend darauf reagieren. Sich mit ihnen fair und auf sensible Art und Weise auseinanderzusetzen wird eines der größten Probleme der Zukunft sein.» Droht also auch hier der «Clash of Civilizations»? Werden statt religiöser oder ethnischer Konflikte in Zukunft Kriege um den Geist stattfinden? Noch ignorieren die meisten Menschen die Konsequenzen, die aus dem veränderten Bild des Geistes erwachsen. Und sicherlich ist die Frage berechtigt, ob das wissenschaftliche Weltbild denn überhaupt Auswirkungen auf das seelische Alltagsleben haben muß.

Vielleicht wären solche Konsequenzen aber auch wünschenswert. Denn dem Horrorszenario vom Krieg um die Seele stehen die Hoffnungen mancher Forscher entgegen, ihre Arbeiten könnten gerade zu mehr Verständnis und einer menschlicheren Welt beitragen. «Wir können den durchschnittlichen Freiheitsgrad des Menschen erhöhen», sagt etwa Paul Churchland und hofft auf «Freiheit von Wahnsinn, Verwirrung oder Depressionen». Seiner Meinung nach können die Fortschritte der Bewußtseinsforschung dazu führen, daß wir «unser ständig ablaufendes psychologisches Drama gegenseitig besser verstehen und lernen, uns auf menschlichere Art und Weise damit auseinanderzusetzen».

Doch werden wir wirklich lernen, mit den mächtigen Mitteln auch umzugehen, die uns die Wissenschaft an die Hand gibt? Schließlich ist jeder wissenschaftliche Fortschritt, jede technische Weiterentwicklung auch mit der Gefahr des Mißbrauchs behaftet. «Was wir derzeit erleben, ist allem Anschein nach erst der Anfang einer umwälzenden Entwicklung: Menschliches Bewußtsein wird technisch verfügbar, subjektives Erleben kann beeinflußt und effektiv manipuliert werden. In vielen dieser neuen Handlungsräume werden unsere moralischen Intuitionen versagen», warnt der deutsche Philosoph Thomas Metzinger. Er fordert daher bereits eine «Neuroethik» und eine neue «Bewußtseinskultur».

Damit sind nicht nur die klassischen Debatten über medizinethische Fragen gemeint, wie sie sich etwa im Zusammenhang mit dem Hirntodkriterium oder Hirngewebsverpflanzungen stellen. Auch scheinbar so weit auseinanderliegende Bereiche wie Sterbehilfe, Tierschutz oder Drogenpolitik werden von den Fortschritten der Bewußtseinsforschung auf lange Sicht betroffen sein. Wenn wir Tieren Bewußtsein zuerkennen, wie müssen wir dann in Zukunft mit ihnen umgehen? Welche Form von Bewußtseinsveränderung können wir bei unseren Mitmenschen billigen oder sogar begrüßen? Für den Umgang mit solchen Fragen gibt es mit Sicherheit kein Patentrezept. Denn fatalerweise hat eben jenes Wissen, dessen Bändigung jetzt der Gewißheit und verläßlicher Entscheidungskriterien bedürfte, wesentlich dazu beigetragen, die Mythen und Glaubenssysteme zu erodieren, aus denen wir einst Gewißheit schöpften, wie der Frankfurter Hirnforscher Wolf Singer feststellt: «Noch nie hat die Menschheit so viel gewußt und gekonnt wie jetzt, und nie zuvor war sie so ratlos oder – versöhnlicher formuliert – sich ihrer Ratlosigkeit so bewußt.» Da helfe auch das simple Argument nicht weiter, «gut» sei, was «natürlich» sei. Denn dann müßten wir alles, was die Natur hervorgebracht hat, als gut bewerten, einschließlich der Krankheitserreger und Naturkatastrophen – und nicht zuletzt auch unseren eigenen Drang, immer neues Wissen zu erwerben. «Auch die menschliche Neugier ist nur eine Errungenschaft der Evolution», sagt Singer, «da sie im Kampf um das Überleben half.»

Wie kann man unter solchen Voraussetzungen zu einer neuen Art von Bewußtseinskultur kommen? Wolf Singer warnt vor «einfachen Lösungen» und meint, nur durch «Versuch und Irrtum» könne die Menschheit nach und nach gangbare Wege finden. «Die Kriterien zur Legitimation unseres Handelns müssen wir dabei pragmatisch aus der individuellen Erfahrung dessen ableiten, was guttut und Leid mildert.» Auch Thomas Metzinger gibt nicht vor, den Stein der Weisen gefunden zu haben. Für ihn würde Bewußtseinskultur darin bestehen, «Individuen zu ermutigen, die Verantwortung für ihr eigenes Leben zu übernehmen».

So kann sich Metzinger beispielsweise vorstellen, daß man schon in den Schulen Möglichkeiten der Selbsterfahrung anbietet: bestimmte Formen der Meditation beispielsweise oder autogenes Training. Auch eine vorurteilsfreie Debatte über psychoaktive Substanzen gehörte wohl dazu. «Woran liegt es eigentlich, daß ein so uninteressanter Bewußtseinszustand wie die durch Äthanol ausgelöste dumpfe Enthemmung zum globalen Spitzenreiter in der psychopharmakologischen Freizeitgestaltung werden konnte?» fragt Metzinger.

Der Drang, Grenzerfahrungen zu machen und veränderte Bewußtseinszustände zu erleben, ist vermutlich so alt wie die Menschheit selbst. In vielen Kulturen begeben sich Heranwachsende auf die Suche nach solchen Grenzzuständen – allerdings oft in einem rituellen Kontext oder einem gesellschaftlich sanktionierten Rahmen. «Die westliche Kultur hat dagegen äußerst wirksame und gefährliche Möglichkeiten zur Bewußtseinsveränderung entwickelt, ohne dafür einen angemessenen Kontext anbieten zu können», kritisiert Metzinger. Viele Jugendliche würden bei ihrer Erkundung der Bewußtseinswelten einfach allein gelassen.

Am Ende führen also die Fortschritte der Neurowissenschaften dazu, daß solche Fragen drängender nach einer Antwort verlangen als je zuvor. Vielleicht tragen ja gerade die als reduktionistisch verschrienen Neurowissenschaften dazu bei, daß sich unsere Kultur stärker auf einen sorgsamen Umgang mit dem Bewußtsein besinnt. Statt «Bewußtseinskultur» hätte man früher wohl Seelenpflege gesagt. An ihrer Notwendigkeit indes hat sich auch heute nichts geändert.

Zitierte und
weiterführende Literatur

Zu Kapitel 1

Volker Arzt und Immanuel Birmelin: Haben Tiere ein Bewußtsein? C. Bertelsmann, München 1993

Dorothy L. Cheney und Robert M. Seyfarth: Wie Affen die Welt sehen. Carl Hanser, München 1994

Marian Stamp Dawkins: Die Entdeckung des tierischen Bewußtseins. Spektrum Akademischer Verlag, Heidelberg 1994; Rowohlt Taschenbuch, Reinbek 1996

Dean Falk: Braindance oder warum Affen nicht steppen können. Die Entwicklung des menschlichen Gehirns. Birkhäuser, Basel 1994

Jane Goodall: Wilde Schimpansen. Verhaltensforschung am Gombe Strom. Rowohlt, Reinbek 1991

James L. Gould und Carol C. Gould: Bewußtsein bei Tieren. Spektrum Akademischer Verlag, Heidelberg 1997

Donald R. Griffin: Wie Tiere denken. BLV, München 1985

Donald R. Griffin: Animal Minds. University of Chicago Press, 1992

Sue Savage-Rumbaugh und Roger Lewin: Kanzi, der sprechende Schimpanse. Droemer Knaur, München 1995

Peter Singer: Animal Liberation. Die Befreiung der Tiere, Rowohlt Taschenbuch, Reinbek 1996

Peter Singer: Wie sollen wir leben? Ethik in einer egoistischen Zeit. Harald Fischer, Erlangen 1996

Frans de Waal: Wilde Diplomaten. Carl Hanser, München 1991

Frans de Waal: Der gute Affe. Der Ursprung von Recht und Unrecht bei Menschen und anderen Tieren. Carl Hanser, München 1997

Zu Kapitel 2

Valentin Braitenberg und Inga Hosp (Hg.): Evolution. Entwicklung und Organisation in der Natur. Rowohlt Taschenbuch, Reinbek 1994

Jared Diamond: Der dritte Schimpanse. Evolution und Zukunft des Menschen. S. Fischer, Frankfurt a. M. 1994

Dean Falk: Braindance oder Warum Affen nicht steppen können. Die Entwicklung des menschlichen Gehirns. Birkhäuser, Basel 1994

John und Mary Gribbin: Ein Prozent Vorteil. Wie wenig uns vom Affen trennt. Birkhäuser, Basel 1993

Marvin Harris: Menschen. Wie wir wurden, was wir sind. Klett-Cotta, Stuttgart 1992

Nicholas Humphrey: Die Naturgeschichte des Ich. Hoffmann und Campe, Hamburg 1995

Jonathan Kingdon: Und der Mensch schuf sich selbst. Das Wagnis der menschlichen Evolution. Birkhäuser, Basel 1994

Richard Leakey und Roger Lewin: Wie der Mensch zum Menschen wurde. Hoffmann und Campe, Hamburg 1978

Richard Leakey und Roger Lewin: Der Ursprung des Menschen. S. Fischer, Frankfurt a. M. 1993

Heinrich Meier und Detlev Ploog (Hg.): Der Mensch und sein Gehirn. Die Folgen der Evolution. Piper, München 1997

Friedemann Schrenk: Die Frühzeit des Menschen. Der Weg zum Homo sapiens. C. H. Beck, München 1997

Nancy Tanner: Wie wir Menschen wurden. Der Anteil der Frau an der Entstehung des Menschen. Campus, Frankfurt a. M. 1994

Christopher Wills: Das vorauseilende Gehirn. Die Evolution der menschlichen Sonderstellung. S. Fischer, Frankfurt a. M. 1996

Zu Kapitel 3

David Chalmers: The Conscious Mind. In Search of a Fundamental Theory. Oxford University Press, Oxford 1996

Patricia Churchland: Neurophilosophy. MIT Press, Cambridge 1986

Patricia Churchland und Terrence Sejnowski: Grundlagen zur Neuroinformatik und Neurobiologie. Vieweg, Braunschweig 1997

Paul Churchland: Matter and Consciousness. MIT Press, Cambridge 1984

Paul Churchland: A Neurocomputational Perspective. The Nature of Mind and the Structure of Science. MIT Press, Cambridge 1989

Paul Churchland: Die Seelenmaschine. Eine philosophische Reise ins Gehirn. Spektrum Akademischer Verlag, Heidelberg 1997.

Daniel Dennett: Brainstorms. Philosophical Essays on Mind and Psychology. MIT Press, Cambridge 1978

Daniel Dennett: Philosophie des menschlichen Bewußtseins. Hoffmann und Campe, Hamburg 1994

Daniel Dennett: Kinds of Minds. Toward an Understanding of Consciousness. Basic Books, New York 1996

Owen Flanagan: The Science of the Mind. MIT Press, Cambridge 1991 (2. Aufl.)
Owen Flanagan: Consciousness Reconsidered. MIT Press, Cambridge 1992
Colin McGinn: The Character of Mind. Oxford University Press, Oxford 1982
Colin McGinn: The Problem of Consciousness. Blackwell, Oxford 1991
Thomas Metzinger (Hg.): Bewußtsein. Beiträge aus der Gegenwartsphilosophie. Schöningh, Paderborn 1995
John Searle: Minds, Brains and Science. MIT Press, Cambridge 1984
John Searle: Die Wiederentdeckung des Geistes. Artemis Verlag, München 1993

Zu Kapitel 4

Antonio Damasio: Descartes' Irrtum, Paul List, München 1995
Eric Kandel, James Schwartz und Thomas Jessell (Hg.): Neurowissenschaften. Eine Einführung. Spektrum Akademischer Verlag, Heidelberg 1996
Kenneth Klivington: Gehirn und Geist. Spektrum Akademischer Verlag, Heidelberg 1992
Alexander R. Lurija: Das Gehirn in Aktion. Einführung in die Neuropsychologie. Rowohlt Taschenbuch, Reinbek 1992
Robert Ornstein und Richard Thompson: Unser Gehirn – das lebendige Labyrinth. Rowohlt, Reinbek 1986; Rowohlt Taschenbuch, Reinbek 1993
Michael Posner und Marcus Raichle: Bilder des Geistes. Hirnforscher auf den Spuren des Denkens. Spektrum Akademischer Verlag, Heidelberg 1996
Jacques-Michel Robert: Nervenkitzel. Den grauen Zellen auf der Spur. Spektrum Akademischer Verlag, Heidelberg/Berlin, 1995; Rowohlt Taschenbuch, Reinbek 1997
Gerhard Roth, Wolfgang Prinz: Kopf-Arbeit. Gehirnfunktionen und kognitive Leistungen. Spektrum Akademischer Verlag, Heidelberg 1996
Heinrich Schipperges: Welt des Auges. Zur Theorie des Sehens und Kunst des Schauens. Herder, Freiburg 1978
Richard Thompson: Das Gehirn. Von der Nervenzelle zur Verhaltenssteuerung. Spektrum Akademischer Verlag, Heidelberg 1994

Zu Kapitel 5

Bruce Goldstein: Wahrnehmungspsychologie. Eine Einführung. Spektrum Akademischer Verlag, Heidelberg 1997
David Hubel: Auge und Gehirn. Neurobiologie des Sehens. Spektrum Akademischer Verlag, Heidelberg 1989
Nicholas Humphrey: Die Naturgeschichte des Ich. Hoffmann und Campe, Hamburg 1995
Manfred Ritter (Hg.): Wahrnehmung und visuelles System. Spektrum Akademischer Verlag, Heidelberg 1986
Irvin Rock: Wahrnehmung. Vom visuellen Reiz zum Sehen und Erkennen. Spektrum Akademischer Verlag, Heidelberg 1995
Heinrich Schipperges: Welt des Auges. Zur Theorie des Sehens und Kunst des Schauens. Herder, Freiburg 1978
Wolf Singer (Hg.): Gehirn und Kognition. Spektrum Akademischer Verlag, Heidelberg 1990
Hans Peter Zrenner und Eberhart Zrenner (Hg.): Physiologie der Sinne. Spektrum Akademischer Verlag, Heidelberg 1994

Zu Kapitel 6

Erol Basar und Theodore Bullock (Hg.): Induced Rhythms in the Brain. Birkhäuser, Basel 1992
Thomas Metzinger (Hg.): Bewußtsein. Beiträge aus der Gegenwartsphilosophie. Schöningh, Paderborn 1995
Tor Nørretranders: Spüre die Welt. Die Wissenschaft des Bewußtseins. Rowohlt, Reinbek 1994; Rowohlt Taschenbuch, Reinbek 1997
Ernst Pöppel: Grenzen des Bewußtseins. Über Wirklichkeit und Welterfahrung. Deutscher Taschenbuchverlag, München 1987
Ernst Pöppel (Hg.): Gehirn und Bewußtsein. VCH Verlagsgesellschaft, Weinheim 1989
Ernst Pöppel: Lust und Schmerz. Über den Ursprung der Welt im Gehirn. Wolf Jobst Siedler, Berlin 1993

Zu Kapitel 7

Francis Crick: Was die Seele wirklich ist. Die naturwissenschaftliche Erforschung des Bewußtseins. Artemis und Winkler, München 1994; Rowohlt Taschenbuch, Reinbek 1997

René Descartes, Abhandlung über die Methode des richtigen Vernunftgebrauches und der wissenschaftlichen Wahrheitsforschung. Reclam, Stuttgart 1961

John C. Eccles: Das Gehirn des Menschen. Piper, München 1975

John Eccles: Die Evolution des Gehirns – die Erschaffung des Selbst. Piper, München 1989

Gerald Edelman: Unser Gehirn, ein dynamisches System. Die Theorie des neuronalen Darwinismus und die biologischen Grundlagen der Wahrnehmung. Piper, München 1993

Gerald Edelman: Göttliche Luft, vernichtendes Feuer. Wie der Geist im Gehirn entsteht. Piper, München 1995

From Animals to Animats: Proceedings of the Fourth International Conference on Simulation of Adaptive Behaviour. MIT Press, Cambridge 1996

Christof Koch und J. Davis (Hg.): Large Scale Neuronal Theories of the Brain. MIT Press, Cambridge 1994

Raymond Kurzweil: Das Zeitalter der Künstlichen Intelligenz, Carl Hanser, München/Wien 1993

Christa Maar, Ernst Pöppel und Thomas Christaller (Hg): Die Technik auf dem Weg zur Seele. Forschungen an der Schnittstelle Gehirn/Computer. Rowohlt Taschenbuch, Reinbek 1996

Karl R. Popper und John C. Eccles: Das Ich und sein Gehirn. Piper, München/Zürich 1982

Walther Ch. Zimmerli und Stefan Wolf (Hg.): Künstliche Intelligenz. Philosophische Probleme. Reclam, Stuttgart 1994

Zu Kapitel 8

Samuel H. Barondes: Moleküle und Psychosen. Der biologische Ansatz in der Psychiatrie. Spektrum Akademischer Verlag, Heidelberg 1995

Otto Benkert: Psychopharmaka. Medikamente, Wirkung, Risiken. C. H. Beck, München 1995

Ira Black: Symbole, Synapsen und Systeme. Die molekulare Biologie des Geistes. Spektrum Akademischer Verlag, Heidelberg 1993

Elke Dangeleit: Technoszene und Drogenkonsum. Magisterarbeit, Freie Universität Berlin, Institut für Ethnologie, Oktober 1996

Michel Jouvet: Die Nachtseite des Bewußtseins. Warum wir träumen. Rowohlt Taschenbuch, Reinbek 1994

Robert Julien: Drogen und Psychopharmaka. Spektrum Akademischer Verlag, Heidelberg 1997

Eric Kandel, James Schwartz und Thomas Jessell (Hg.): Neurowissenschaften. Eine Einführung. Spektrum Akademischer Verlag, Heidelberg 1996
Brian Kolb und Ian Whishaw: Neuropsychologie. Spektrum Akademischer Verlag, Heidelberg 1996
William Langston und Jon Palfreman: The Case of the Frozen Addicts. Vintage Books, New York 1996
Christoph Lanzendörfer und Joachim Scholz: Psychopharmaka. Pillen für die Seele. Springer, Heidelberg 1995
René Renggli und Jakob Tanner: Das Drogenproblem. Geschichte, Erfahrungen und Therapiekonzepte. Springer, Heidelberg 1994
Gerhard Roth und Wolfgang Prinz (Hg.): Kopf-Arbeit. Gehirnfunktionen und kognitive Leistungen. Spektrum Akademischer Verlag, Heidelberg 1996
Nicholas Saunders und Patrick Walder: Ecstasy. Verlag Ricco Bilger, Zürich 1994
Richard Schultes und Albert Hofmann: Pflanzen der Götter. Die magischen Kräfte der Rausch- und Giftgewächse. Hallwag, Bern 1980
Alexander und Ann Shulgin: PHIKAL. A Chemical Love Story. Transform Press, Berkeley 1995
Solomon Snyder: Chemie der Psyche. Drogenwirkungen im Gehirn. Spektrum Akademischer Verlag, Heidelberg 1988

Allgemein

William Calvin: Die Symphonie des Denkens. Wie aus Neuronen Bewußtsein entsteht. Carl Hanser, München 1993
Jutta Fedrowitz, Dirk Matejovski und Gert Kaiser (Hg.): Neuroworlds. Gehirn – Geist – Kultur. Campus, Frankfurt a. M. 1994
Michael Gazzaniga (Hg.): The Cognitive Neurosciences. MIT Press, Cambridge 1995
Brian Kolb und Ian Whishaw: Neuropsychologie. Spektrum Akademischer Verlag, Heidelberg 1996
Thomas Metzinger: Subjekt und Selbstmodell. Die Perspektivität phänomenalen Bewußtseins vor dem Hintergrund einer naturalistischen Theorie mentaler Repräsentation. Schöningh, Paderborn 1993
Tor Nørretranders: Spüre die Welt. Die Wissenschaft des Bewußtseins. Rowohlt, Reinbek 1994; Rowohlt Taschenbuch, Reinbek 1997
Ernst Pöppel (Hg.): Gehirn und Bewußtsein. VCH Verlagsgesellschaft, Weinheim 1989

Wolf Singer (Hg.): Gehirn und Kognition. Spektrum Akademischer Verlag, Heidelberg 1990

Wolf Singer (Hg.): Gehirn und Bewußtsein. Spektrum Akademischer Verlag, Heidelberg 1994

Robert Spaemann: Personen. Versuche über den Unterschied zwischen ‹etwas› und ‹jemand›. Klett-Cotta, Stuttgart 1996

Gerhard Strube (Hg.): Wörterbuch der Kognitionswissenschaft. Klett-Cotta, Stuttgart 1996

Arthur Zajonc: Die gemeinsame Geschichte von Licht und Bewußtsein. Rowohlt, Reinbek 1994; Rowohlt Taschenbuch, Reinbek 1997

Bildquellen

Die Illustrationen gestaltete Regina Otteni, Hamburg. *S. 25* Foto entnommen aus: James L. Gould / Carol Grant Gould, *Bewußtsein bei Tieren*, Spektrum Akademischer Verlag, Heidelberg / Berlin / Oxford 1997, S. 222 (Aufnahme: Kari Rene Hall, *Los Angeles Times*). *S. 49* Aufnahme: Ingrid von Kruse. *S. 81* Aufnahme: Daniel Peebles. *S. 83* Aufnahme: Jerry Bauer. *S. 105* Aufnahme: Landmann / Gamma/Studio X. *S. 141* Aufnahme: Heinz Heiss. *S. 147* Aufnahme: Max-Planck-Gesellschaft / Filser. *S. 171* Aufnahme entnommen aus: Tor Nørretranders, *Spüre die Welt: Die Wissenschaft des Bewußtseins*, Rowohlt, Reinbek 1994, S. 347. *S. 197* Autorenfoto: Foto-Archiv, R. Piper GmbH & Co. KG; Gebäudefoto: Prospekt des Neuroscience Institute. *S. 201* Aufnahme: James Aronovsky / *Spektrum der Wissenschaft*, September 1994, S. 75. *S. 235* Aufnahme: Rick Chard. *S. 275* Rowohlt Taschenbuch Verlag GmbH.

Register

rororo science: Die Titel

Amdahl, Kenn
Elektronen gibt es hier nicht
Elektrizität für coole Köpfe
60727 1

Baeyer, Hans Christian von
Das All, das Nichts und Achterbahn
Physik und Grenzerfahrungen
60357 8

Regenbogen, Schneeflocken und Quarks
Physik und die Welt, die wir täglich erleben
19709 X

Barrow, John D.
Ein Himmel voller Zahlen
Auf den Spuren mathematischer Wahrheit
19742 1

Die Natur der Natur
Wissen an den Grenzen von Raum und Zeit
19608 5

Basieux, Pierre
Abenteuer Mathematik
Brücken zwischen Wirklichkeit und Fiktion
60178 8

Die Top Ten der schönsten mathematischen Sätze
60883 9

Die Welt als Roulette
Denken in Erwartungen
19707 3

Die Architektur der Mathematik
Denken in Strukturen
61119 8

Beck-Bornholdt, Hans-Peter
Dubben, Hans-Hermann
Der Hund, der Eier legt
Erkennen von Fehlinformationen durch Querdenken
60359 4

Blech, Jörg
Leben auf dem Menschen
Die Geschichte unserer Besiedler
60880 4

Braun, Karl-Ferdinand
Geheimnisse der Zahl und Wunder der Rechenkunst
60808 1

Crick, Francis
Was die Seele wirklich ist
Die naturwissenschaftliche Erforschung des Bewußtseins
60257 1

Dawkins, Marian Stamp
Die Entdeckung des tierischen Bewußtseins
19743 X

Dawkins, Richard
Das egoistische Gen
19609 3